JN327484

世界を旅した女性たち

Victorian Lady Travellers

世界を旅した女性たち

ヴィクトリア朝
レディ・トラベラー物語

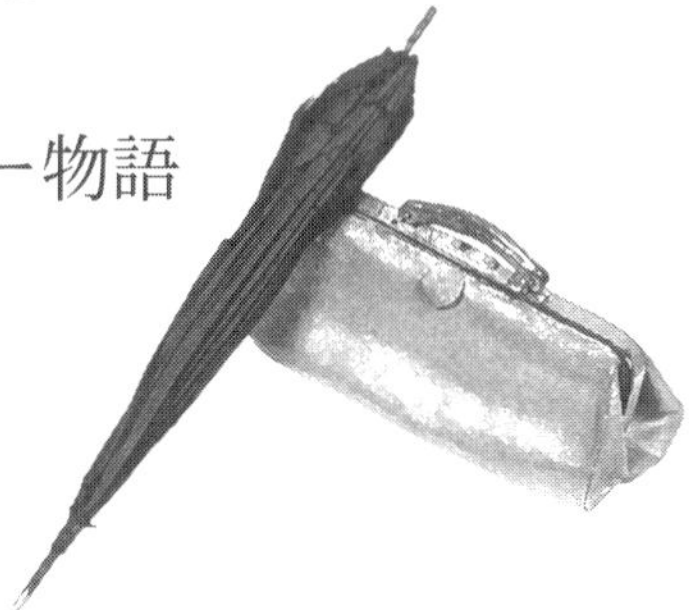

D.ミドルトン［著］
佐藤知津子［訳］

八坂書房

献　辞

＊

ずっと昔、私にこの本を書くように言ってくれた
愛するシドニー・エリザベス・バトラーに捧ぐ。

＊

Dorothy Middleton :
VICTORIAN LADY TRAVELLERS
Routledge & Kegan Paul, London, 1965

◆世界を旅した女性たち

目次

＊原著について

本書は Dorothy Middleton : VICTORIAN LADY TRAVELLERS, Routledge & Kegan Paul, London, 1965 の全訳である。原著は一九八二年に、新たな序文を付したペーパーバック版として Academy Chicago からも刊行されているが、訳出にあたっては一九六五年の初版を使用した。

＊図版について

原著に収録されている口絵は十三点のみだが、日本語版ではさらに多くの図版をこれに補った。また、関連の地図も新たに書き起こしたものである。

＊註記について

★印をつけて欄外に記したものは、すべて訳者註である。

まえがき

この本を書こうと最初に思い立ったのは、今から十年以上も前になる。ミスター・J・G・マレーから、イザベラ・バードの手紙に目を通してほしいとお声がかかったのがきっかけだった。その何通かの手紙は彼女の旅の見聞録で、ジョン・マレーが一八七〇年代から八〇年代にかけて出版した本も、これがもとになっている。私は『コーンヒル・マガジン』(一九五二—五三年、冬季号)にイザベラに関する記事を書いたあと、さらに手を加えて完全な伝記にするか、あるいは広く一般の〝女性旅行家《レディ・トラベラー》〟に関する本を書くつもりでいた。ところがそのあと、ほかの仕事がつづけて入ったために、計画はそれきりになってしまった。それでもこのテーマはずっと私の心を離れなかったので、一九六一年の夏、『ジオグラフィカル・マガジン』の編集長のミスター・セルウィン・パウエルから、ヴィクトリア時代に旅をした女性たちについて執筆を依頼されたときは、飛びつくようにお受けしたのである。同誌で〝女性の先駆者たち《レディ・パイオニア》〟のシリーズを始めるにあたって、ミスター・パウエルはファニー・バロック・ワークマンをまっ先にもってきたいというお話だったので、私はファニーの同時代の女性の中からほかのレディ・トラベラーを選ぶことにした。もちろん、イザベラ・バードもちゃんと入っていた。十九世紀末から二十世紀初頭という〝世紀の変わり目〟は、おあつらえむきに多くのレディ・トラベラーを輩出していて、一冊の本におさまりきらないくらいの候補があがった。こうして、ファニー・バロック・ワークマン、イザベラ・バード・ビショップ、ケート・マーズデン、メアリ・キングズリ、メイ・フレンチ・シェルドン、マリアンヌ・ノースの話が、一九六一年の十二月、一九六二年の一月、三月、五月、六月、十二月にそれぞれ掲載された。本書はこれらの原稿と『コーンヒル・マガジン』に載せたイザベラの記事をもとにし、さらにアニー・テイラーの章を新たに書き下ろして加えたものである。

この本が完成するまでには、実に多くの方々のお世話になった。まず、レディ・トラベラーについて書くという願ってもない機会を与えてくださったミスター・パウエルに、心からの感謝を捧げたい。連載されたシリーズの原稿をたくみに再構成し、図版を本書に使用させてくださったスタッフの方々にも厚くお礼を申し上げたい。このほか、本書の執筆を勧めてくださった、ラウトリッジ・アンド・キーガン・ポール社のミスター・コリン・フランクリンからは、企画の段階で貴重な励ましと助言をいただいた。また、そもそも私がイザベラ・バードに取り組むきっかけとなったミスター・マレーは、当時の調査資料を本書で用いることを承諾してくださった。あわせてお礼を述べさせていただく。ちなみに、未出版の資料を入手できたので、イザベラ・バードに関してはほかのレディ・トラベラーよりも深く掘り下げて調べることができた。イザベラの章がほかの章と比較して、不釣り合いに長くなったのはこのためである。

資料の収集にあたっては、多くの方々や諸機関からひとかたならぬご協力をいただいた。王立地理学協会の会長と事務局長をつとめておられるミスター・L・P・カーワンは、地理学協会が保管している記録や資料の使用を許可してくださった。地理学協会の図書室と地図閲覧室の同僚も、私のために参考文献や地図を探し、地理的なことがらについて助言をするなど、おしみなく協力してくれた。また、アニー・テイラーの章で中国とチベットの地名を確認するにあたっては、〝地理学的名称に関する常任委員会〟の、ミスター・G・クライトンにご教示をあおぎ、エベレスト山財団のミスター・T・S・ブレイクンには、ワークマンの章で取り上げたヒマラヤの地勢に関する疑問点を解決していただいた。とくに、貴重な助言をたまわるだけでなく、世界地図を書いてくださったミスター・G・S・ホランドに深く感謝の意を表したい〔日本語版ではこれを参考にして新たに書き起こした〕。

本書の各章は、そのほとんどがフォーセット図書館の資料をもとにまとめたもので、フォーセット協会の事務局長ならびに図書館員のミス・ドゥーイになみなみならぬお力添えをいただき、調査に関するお二方の示唆に、大いに刺激を受けた。また、ミセス・ローズ・ルイーズ・

とミスター・ピーター・フレミングの著書はそれぞれ、イザベラ・バード・ビショップとアニー・テイラーの背景を知るうえで貴重な参考資料となり、お二人からは、さらに調査を進めるうえで有益なご助言をいただいた。同様に、アニーの晩年に新たな光をあてたF・M・ベーリー中佐にもお世話になった。ケート・マーズデンについては、英国癩病救済協会に情報の提供をお願いしたところ、〔旧〕ソ連邦ドネックのN・トーリスエフ教授をご紹介いただいた。このために便宜をはかってくださった救済協会の医療局長、ロス・イネス博士と、教授ご自身に心からの感謝を述べたいと思う。教授がすぐにおりかえし返信された手紙をミスター・デービッド・バルフォア氏が翻訳してくださり、それまでの調査でわからなかった詳細な情報が得られ、とても助かった。

このほか、中国内陸伝道団、トテナムのプリンス・オブ・ウェールズ総合病院、エドモントン公立図書館にも少なからぬご協力をいただいた。とりわけ、キュー王立植物園の園長はノースギャラリー所蔵のマリアンヌ・ノースの絵の写真を撮る便宜を与えてくださった。最後になったが、ミスター・ロジャー・ノースのご厚意で、ノーフォークの〝ラファム館〟に保存されているスケッチや写真をお借りすることができた。あらためてお礼の言葉を述べる次第である。

ドロシー・ミドルトン

第一部「会員の条件」

1 — イザベラ・バード・ビショップ
2 — マリアンヌ・ノース
3 — ファニー・バロック・ワークマン
4 — メイ・フレンチ・シェルドン
5 — アニー・テイラー
6 — ケート・マーズデン
7 — メアリ・キングズリ

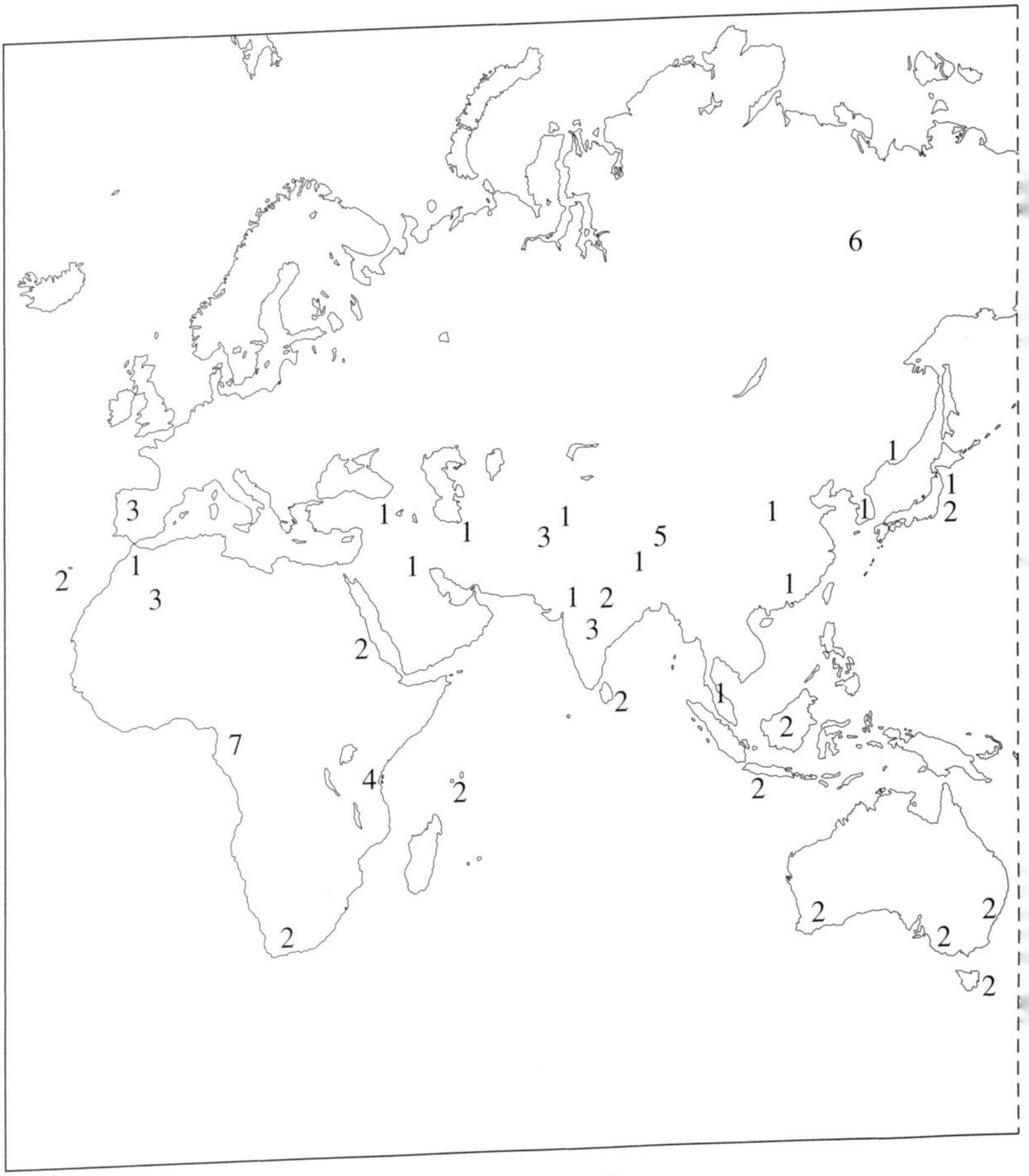

◆レディ・トラベラーたちの主な足跡◆

デクスター夫人は、心からわたしに同情してくださった。というのも、彼女は船室のハッチを見下ろしただけで気分が悪くなるからだ。けれどもわたしは、不便なことがあっても同情していただくほどのことではない、楽しいことを追い求めていれば辛抱できるからと言って、わかっていただいた。

『サンドイッチ諸島の六か月』
イザベラ・バード

たとえば誰かに、ヴィクトリア朝時代の女性旅行家《レディ・トラベラー》に関する本を執筆中なんです、と言うと、たいてい、こんな返事がかえってくる——「それじゃ、レディ・ヘスター・スタノップ★のことを書いてらっしゃるんでしょう？　もちろん、ガートルード・ロージアン・ベル★のことも。」

　けれども、私が興味をひかれているのは、片や十九世紀初頭の奇才、片や二十世紀の学者として傑出したこのふたりのレディではなく、ヴィクトリア女王治世の後半期に海のかなたに飛び立っていった、驚くほどたくさんの女性たちであり、何が彼女たちを旅にかりたてたかという、その動機なのである。およそ一八七〇年頃から、かつてなかったほどの、そしておそらくはその後もないほどの多数の女性が、はるかな未開の国々に旅立ちはじめた。それも一個人としての私的な旅で、事情はさまざまだが、もはや若くない中年の女性が大半で、しかもその多くがなんらかの持病を抱えていた。道徳観、知的水準はきわめて高く、驚異的な数の旅行記を残している。ほとんどの場合、白人の同行者のないひとり旅で、何かの先鞭をつけたり、流行を生み出したりということもなく、その単独行は、たとえば、近年の女性だけで編成されたヒマラヤ探検隊とはまったく種類を異にしている。

　こうした女性たちのエネルギーの奔出が、女性の政治的社会的解放を求める

★H・スタノップ（一七七六―一八三九）　旅行家。一八一四年シリアに居を定め、一時土地のアラブ人たちから予言者・支配者として尊敬されたが、晩年は悲惨であった

★G・L・ベル（一八六八―一九二六）　英国の旅行家・アラビア学者。第一次世界大戦で英国の諜報活動に従事。戦後はイラクの委任統治問題に関与してファイサル国王の政治顧問を務めた

運動の高まりと関連していることは間違いない。だがそれは、ヴィクトリア朝時代の特徴のひとつである男性の探検熱の模倣でも、またそれを押し進めたものでもなかった。男性であれば、著名な旅行家が単独踏破した場所には規模が大きく多様な探検隊が派遣されるものだが、女性が旅したあとにはそうはならなかった。ひとつ釜の飯を分け合うキャンプの共同生活は極地探検家や登山家にとっては忘れられない醍醐味だが、女性の追い求めるものではなかったし、ファニー・バロック・ワークマンやメイ・フレンチ・シェルドンのような強固な女権擁護者にとっては何の意味ももたなかった（ワークマンは夫を旅行に同伴しているが、シェルドンは夫をナポリに置いて旅を続けた。ただし、著書を夫に捧げている）。概して、発見や探検というのは女性の分野外のことだったのである。

家に縛りつけられ、男の支配下に置かれていたヴィクトリア朝時代の女性にとって、旅行はひとりの人間としての表現手段だった。女らしい従順さと自制心にあふれ、自分の属する階級への責務や宗教への献身も怠りない理想の女性——そうした不可能とも思われる理想像をめざして生まれてこのかた訓練されてきた女性たちには、知的な面ばかりでなく、感情面でのはけ口が必要だったのである。彼女たちはそれを旅の中に、多くは人生の後半になって見いだした。

〝家庭の天使〟を育成するために、中産階級の女性向けに書かれた手引書『イギリスの女たち』の挿絵

★担いかご　寝台または長椅子を長柄で支えて運ぶ乗り物で、多くは屋根と周囲にカーテンがつく

★ハウダー　象やラクダの背中に取りつけた数人乗りの輿

淑女《レディ》としての品位を損なうようなまねは厳重につつしみ、しばしば、がさつな連中と同行することになっても、厳格な道徳規準を崩さなかった。それでも、祖国では考えられないような行動の自由を満喫することができたのだ。子どものように無垢な勇敢さを盾とし、啓蒙という女性の使命の剣をかざして、長いスカートと、日焼けを防ぐための日傘や帽子で鎧《よろ》った十九世紀のレディ・トラベラーは何千マイルも旅をした。それも手紙や日記をしたため、絵を描き、さまざまなものを観察し、植物を採集し、伝道につとめ、珍しい品の収集を行ないながらである。後期には写真撮影も加わった。ときには男のように馬にまたがらなければならないこともあったが、彼女たちはそれを嘆かわしく思ってめったにズボンをはこうとはしなかった。旅に出れば必要に迫られて、駅馬車や石炭船のほかに、担いかご★や荷車、クーリーの背や象のハウダー★といった奇妙な乗り物に乗ることも多く、はては車椅子にもやむなく乗ったが、いったん祖国に戻れば、ロンドンのバス★にも尻込みをしたようだ。マリアンヌ・ノースはミス・ゴードン・カミングに説得され、そうした「危険な乗り物のひとつ」に乗るはめになったが、方向が違うのに気がつき、降りる口実ができたのでほっとして辻馬車を呼びとめたという。

メアリ・キングズリという特例を除けば、彼女たちは政治にはそれほど関心

★ロンドンのバス　祖先は一八二九年パディントン・グリーン－イングランド銀行間で定期輸送を始めた三頭立て馬車。四七年には二階建てが登場。一九〇〇年にガソリンエンジン付きバスが運行を開始し、一一年馬車は廃止された

をもたなかった。その多くが――といっても決して全員ではないが――伝統に従った、社会的に認容された宗教生活を送っており、概して、階級や人種に関してもありのままに受けとめていた。召使いや未開人には一様に礼儀正しく、思いやりのある態度で接していたが、どことなく上から見下ろすような感があるのは否めない。

ヴィクトリア朝時代の娘たちは大半が十分に教育を受けていなかったから、そのことを考えると、彼女たちが情報を集めるのにどれだけ骨を折ったか、その熱心さには驚かずにいられない。植物学にはとりわけ秀でており、人類学の分野においてもなかなかのものだ。訪れた土地そのものよりも、そこに住む人々や自然の様子を観察するのに熱心で、地形上の特徴などにはあまり関心がなかったので、注目に値する地形記録者はひとりも出ていない。遺跡研究にしても、訪れた寺院や記念建造物について深く説明するよりも目にしたそのままを伝え、念入りな数字をあげることに心を砕いていた。まるで、楽しみのために旅をするのはいけないことだと恐れていたかのようだ。ジャワを自転車で横断したり、毛深い日本のアイヌ民族の中で暮らしたりという、軽率に見えかねないふるまいを正当化するためには、統計的な数字を書きこんだノートやスケッチブックをぜひとも持ち帰る必要があったのだろう。

百科事典が普及してきた今日では、物についての知識が豊富になればなるほど、人のことがわからなくなるような気がするが、レディ・トラベラーの著書についても知識を重視しすぎると思うことがある。ジェーン・オースティンの小説『マンスフィールド・パーク』に登場するミス・メアリ・クローフォードは、自分はルイ十四世の宮廷に出てきた、あの有名なドージェ★みたいなものだと語っている。「この植込みでなにが不思議といって、わたしがその中にいることほど、不思議なこともない、と言えそうですわ。★★」もし、本書で取り上げたレディ・トラベラーの中に、このメアリ・クローフォードタイプの女性がもっと大勢いたら！　そして園芸について熱心に語り、道徳的な意見を述べる主人公のファニー・プライスタイプの女性がもっと少なかったら！　もし、レディ・トラベラーたちが本物の木々についてはもっと寡黙に、植え込みの中にいる自分自身の不思議さについてはもっと雄弁に語ってくれたら、彼女たちの著書は、さらに魅力的なものになるだろう。

　職業旅行記作家として草分け的存在となったアレック‐トウィーディ夫人は、勇気と美しさを兼ね備えた若き未亡人である。その彼女が北欧《スカンジナビア》の国々における女性の政治的・社会的地位を説明することにあれほど熱心でなかったら、ガタゴトと「荷車にゆられてフィンランドをゆく」夫人と友人たちのもっと楽

★ドージェ　通常はヴェネツィア大使を指すことが多いが、ここではフランスの隣国ジェノヴァの大統領と思われる。ジェノヴァは十四世紀以降、力を失い、一時期フランスの支配に屈した

★★臼田昭訳『マンスフィールド・パーク』世界文学全集十七、集英社

しいエピソードをたくさん載せることができたのにと思う。ミス・ゴードン・カミングの著書にしても、あまりにもたくさんの知識や情報を詰めこみすぎているので、読むのに辟易してしまう。メアリ・キングズリが、西アフリカの〝魚と物神崇拝《フィッシュ・アンド・フェティッシュ》〟★に関することは長い補遺に押しこみ、知識や情報にとらわれない生き生きしたエピソードで読者を楽しませようとしたのは、実に正解だった。だが、このキングズリにしても、私たちの知りたいことはまだまだたくさんあるのだ。たとえば、若くて丈夫な身体の持ち主にとってさえ過酷な旅を、彼女たちはどうやって耐えたのだろう。誰もがもはや若いと呼べる年齢ではなかったし、しばしば伝記に病弱だったと記されているのも、あながち伝記作家の想像とばかりは思えない。イザベラの手紙からは、脊柱側彎性からくる慢性の背痛とは別の疾患のあったことがうかがわれるし、メアリ・キングズリは偏頭痛と神経痛、マリアンヌ・ノースは寒い気候によってひきおこされた関節炎に生涯悩まされた。ケート・マーズデンをおそったさまざまな苦難は〝内科的疾患〟をもたらした。これに対して同時代の男性旅行家は、医者も薬剤師もいない土地を小さな薬箱を頼りに旅することがいかに大変かを、もっとざっくばらんに語っている。リビングストン★はアフリカに行く直前にグラスゴー大学で医学の学位を取得した医師でもあったが、剛胆な性格で、自分の病状をありの

★〝フィッシュ〟は大英博物館自然史部門所属の魚類学者、アルバート・ギュンター博士の依頼で収集を試みた熱帯に棲む新種の淡水魚のこと。〝フェティッシュ〟はキリスト教にもイスラム教にも影響されなかったアフリカ西岸に暮らす民族独自の信仰のこと

★D・リビングストン（一八一三—七三）　スコットランドの宣教師・アフリカ探検家。白人最初のアフリカ大陸横断者

ままに書き記しながら、現地で行なわれている荒療治を我が身でためしている。フランシス・ゴールトン★も、悪いものを食べて吐きたいときは、吐剤の代わりに弾薬一発分をぬるま湯か石鹸水にとかして服用すればいいと、こともなげに勧めている。

　同様に、レディ・トラベラーが旅行の費用をどうやって調達したかについても興味深いものがある。この点に関しては情報がまったくないので、〝個人的な資金〟であろうと見当をつけるしかないのだが、ワークマン夫人とシェルドン夫人が裕福な女性であったことは間違いない。マリアンヌ・ノースも、父親が亡くなって世界中を自由に旅するようになったとき、かなりの遺産を相続していたはずだ。メアリ・キングズリは旅費の捻出には苦労していて、その慣習を研究対象としているコンゴ族との物々交換でなんとかしのいでいた。また、これ以前あるいはこれ以後の旅行家がそうであったように、彼女たちも著書の印税を頼りにしており、なかでもイザベラ・バードは成功をおさめていた。女性の多くは両親や年老いた肉親への義務感と愛情から祖国にとどまっていたようだが、同時にお金がなくて抜け出せなかったという感じもする。たとえば、ミス・ダンカンのような責任感の強い娘や姪たちは、遺産を相続すると、そのささやかな収入を旅行に投じる決意をしているからだ。

★F・ゴールトン（一八二二―一九一一）英国の遺伝学者・人類学者。チャールズ・ダーウィンの従弟《いとこ》で、西南アフリカなどの探検旅行を行なう。優生学の創始者

「自分を高めたい――それとともに他人をも向上させたい」というヴィクトリア朝社会独特の情熱は、旅行にそのはけ口を見いだした。はるかな水平線の彼方への憧れも同様で、宣教師や貿易商人、帝国主義者がこぞって目的の達成を求めて旅立っていった。海を渡ることは、階級を問わず、小さな島国のすべての住民にとってごく自然な発想であり、海外移住は当時の英国の社会的病弊に対するとっておきの解決策だった。かのリビングストンはニアサランド★の何もない高地を満足げに眺めながら、そこに開ける〝正直な貧民〟への大いなる可能性に思いをはせていた。イザベラ・バードは旅行家として本格的な活動を始めるまえにカナダに出かけているが、これは自ら計画し移住させたマル島★の貧しい小作人たちが新世界に無事に定住できたか確かめるためだった。またマリアンヌ・ノースも、幸運を求めて西部に渡った召使いを訪ねるために、苦労して北米を横断している。海外への移住によって恩恵を受けたのは、〝貧しい〟人々だけではなかった。一八六二年に中産階級女性移住協会が設立されたことで、専門的な教育や訓練を受けた中産階級の女性は就業の機会を与えられ、十九世紀の後半にニュージーランドやオーストラリア、カナダ、南アフリカに学校の教師や家庭教師として移住していった。

さらには、異教徒の改宗も同じように渡航動機としては多かった。アニー・

★ニアサランド　アフリカ南東部マラウイ湖西岸および南岸にあるマラウイ共和国の旧称。もと英国の保護領

★マル島　スコットランド西岸沖、インナー・ヘブリディーズ諸島中の島

テイラーは宣教師として中国に渡り、チベット人の魂の救済をめざして秘境チベットの奥地ラサに足を踏み入れた。ケート・マーズデンはシベリア北東部の癩《らい》病患者の窮状を救うことを自らの使命とした。不可知論★者のメアリ・キングズリは知識を求めて西アフリカに旅立ったが、帰国後、南アフリカの戦場の看護婦を志願して帝国への責務を果たした。

けれども、根底にあるもっとも強い原動力は、十九世紀の女性たちの、自立したい、チャンスを得たいというあくなき願望だった。このますます高まる欲求が、因習からの女性の解放と婦人参政権の獲得をめざす大きな運動として結実したのである。レディ・トラベラーの中には、とりわけこの問題を意識し、影響を受けた女性たちがいる。ファニー・バロック・ワークマンはヒマラヤ山脈の山頂で、〝女性に参政権を〟と書いたプラカードを持って写真を撮らせているし、フレンチ・シェルドン夫人は「男性にできることなら、なんでもわたしのほうがよくできる」と気炎をあげ、ヘンリー・モートン・スタンリー★をお手本としたアフリカ探検旅行に乗り出していった。

一九八〇年代から九〇年代になると、女性たちは自転車や登山の楽しみを覚えた。休日には汽車でひとり旅をしたり、ときには仲間をつのって乗馬や散歩にくりだすこともできるようになった。一八八九年に出版されたリリアス・キ

★不可知論　物の本質や実在の最後の根拠は認識できないとして、経験を超越する問題を扱わない立場

★H・M・スタンリー（一八四一―一九〇四）　ウェールズ生まれの米国のジャーナリスト・アフリカ探検家。三年間連絡が途絶えていたリビングストンを発見し、名を馳せた

ャンベル・デビッドソンの『レディ・トラベラーへのヒント集』を読むと、男性よりも弱いとされている女性にどんな冒険が可能になったかだけでなく、当時の女性がどれだけ多くの制約から解放されるようになったかがよくわかる。この小気味のいい小冊子は、前書きで次のように断言している――「今日、多くの女性が旅をするようになりました。その数は、過ぎし昔に家庭という安全な場所から勇敢にも飛び立っていった女性の百倍にも及んでおります。こうした時代に、海外の旅という広大なテーマにおけるいくばくかの実用的ヒントをお伝えすることは、必ずや海外渡航の経験に乏しいご婦人方のお役に立ち、歓迎していただけるものと思います」。この本を読めば汽車の切符の買い方もわかるし、おつきのメイドは旅には「足手まといになるだけ」というアドバイスも受けられる。また、〝自転車旅行クラブ〟の会員だからといって、旅で出会った冒険好きの若者全員と親しくなる必要はないが、食事で同席した人とはぜひおしゃべりをなさい、と勧めてくれる。「旅の必需品」には水の濾過装置や、鉄道のガイドブック、携帯用のバスタブがあげられているが、中でもキーティングズ★の缶は「絶対に忘れないように」注意している。物を包むには「ティッシュペーパーをたっぷり使い」、服は一枚ずつ専用の浅箱にしまう。靴も一足ずつ装飾文字のついた包み紙にくるむようにというヒントの数々を読むと、な

『パンチ』誌の風刺画
「女性のサイクリストには危険がいっぱい」

★キーティングズ　十九世紀英国の化学者トーマス・キーティングが開発した粉末殺虫剤

るほど、これならメアリ・キングズリが誰の手も借りずに荷造りをすませられたわけだと合点がいく。キングズリは両開きの旅行鞄と黒いバッグを一個ずつ、それに防水加工した袋に何足かのブーツと本、数枚の毛布をつめこんだものを持って、意気揚々とリバプールの貨物船に乗りこんだのだ。イザベラ・バードも、馬の鞍の後部に円筒状の荷物を自分の背まで届くくらい積みこんだ。（それでも、メイ・フレンチ・シェルドンがキリマンジェロに行く途中で、アフリカの酋長に会うときに着用した衣装はさぞかし荷造りに手間がかかったにちがいない。彼女は金髪のかつらと、模造宝石《ラインストーン》で飾りたてた絹の舞踏会用ドレスで正装して、酋長たちのどぎもを抜いたのである。ましてや、仕上げを飾る儀式用の刀については、どれだけ梱包が大変だったかは容易に想像がつくだろう。）

実際、服装に関して言えば、本書で取り上げたレディ・トラベラーのいでたちは特筆すべきものがある。おそらく、ハイカラーのブラウスと長いスカートの下には、本国にいるときとほとんど変わらぬ下着類をつけていたのだろう。これは、メアリ・キングズリが男性の同行者と一緒にジャングルの道に分けいったときの話だが、彼女はどうしても連れの男性のあとを歩くといってきかなかった。あいにくのどしゃぶりで白いブラウスがぐしょぬれになり、黒い靴紐でコルセットを締めていたのが透けて見えてしまうからだ。

正装したシェルドン

　一九〇二年に夫に同行してナイジェリアを訪れたコンスタンス・ラリーモアは、三十度以上の猛暑でもメリノ羊毛製の上下続き《コンビネーション》の肌着を手放せない知人をやんわりとからかっているが、ことコルセットに関しては断固とした意見を述べている――「コルセットは常に身につけていること。どんなに暑い夕べであっても、家でご主人とふたりだけで食事をするときであってもです。コルセットをつけないなんて、髪にカールごてをぶらさげたままでいるのと同じくらい、はしたないことですから」。

　彼女たちのズボンに対する偏見は非常に強かった（ズボンについては、男性でも〝trousers〟という言葉を用いず、〝inexpressibles〟〔言い表せないもの、の意〕と遠回しに言う傾向があった）。いささか風変わりなところのあるメアリ・キングズリでさえ、「大地に接する身体の一部」をあんなもので覆うくらいなら「衆人環視のさらし台に登った」ほうがましだと、例のごとく、ずばりと言いきり、ジャングルの中を歩きまわるにはスカートのほうがふさわしいと主張している。『タイムズ』紙がロッキー山脈を馬で越えたイザベラ・バードを、〝男ものの服を着こんで〟と報道したとき、彼女はジョン・マレー★にこう訴えた――わたしには名誉を守ってくれる父も兄もおりませんので、あなたさまがじきじきに『タイムズ』紙の特派員に馬の鞭をお見舞いしてくださるものと期待して

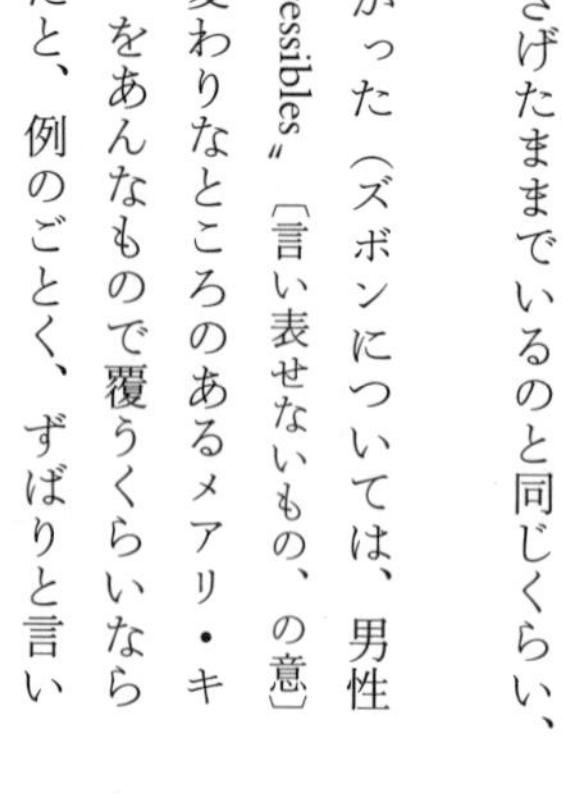

ロッキー山脈のイザベラ・バード

★J・マレー（三世、一八〇八―九二）　ジョン・マレー社はロンドンの老舗出版社。マレー三世はイザベラの著書を出版すると同時に、顧問の役割を担った

おります。

　そうはいっても、レディ登山家たちは、山で険しい箇所にさしかかった際のスカートの始末に思いきった工夫をこらしていた。スカートにいくつも小さな輪を縫いつけ、その中に糸を通して、巾着袋の口のようにきゅっとスカートを引っ張りあげるのだ。なかには、人の目にふれないときは脱ぐことができ、リュックサックにしまえる乗馬用スカートを提唱した女性までいるくらいだ。かの有名なル・ブロン夫人には、こんなエピソードが残っている——はるばる山を越え、ようやく自分の家が見えてきたとき、ル・ブロン夫人は山向こうの小屋に乗馬用スカートを脱いできてしまったのを思い出した。それでスカートを取りに、今来た道をまた引き返さなければならなかった……。

　とはいえ、ズボンもしだいに受けいれられつつあった。一八九〇年にリーズで開かれた英国学術協会のE分科会でのこと——。論文発表者はミス・メネ・ミューリエル・ダウイー。題目は最近訪れたカルパティア山脈★の旅に関するものだった。さて、論文を読むために立ちあがった彼女に、分科会の参加者は一瞬にして魅了された。そのときのダウイーの様子を、『クイーン』★誌は「趣味のよい服装をした、すらりと背の高い少女めいた容姿」と表現している。「ふくらんだ袖と見事なレースで飾られた茶色の服を着こなし、洒落た小さな帽子

★カルパティア山脈　スロバキア東部からルーマニア中部に及ぶ山脈
★『クイーン』　一八六一年創刊の安価な月刊女性雑誌。社交界と宮廷の消息や流行記事を中心に掲載していた

をかぶっていた。」そんな彼女の姿から「旅行中見せていたはずの格好を思い浮かべるのは、聴衆にとっては至難の業だった」。「彼女自身の言葉を借りれば、遠く離れたあの山岳地では、ハイドパーク★のように人の目を気にする必要はまったくないから、スカートを脱ぎすて、ニッカーボッカー★の恩恵にあずかり、ポニーにまたがった。そして乗馬にあきると、サンダルを脱ぎすて、裸足で山の中を歩きまわったという。」

一八九五年に行なわれた自転車用の服のショーでは「もっとも大胆なニッカーボッカーから、もっともおとなしめのスカートまで」さまざまな服が出品された。こうしたニッカーボッカーは、『クイーン』誌のファッション・ライターからも、ディバイディッド・スカート★よりも好ましいと推賞されている。もちろん、カントリーウエアに限定されてはいたが——。リリアス・キャンベル・デビッドソンだったら、こうしたものはすべて認めなかっただろう。彼女は登山をするレディに、スカートはできるだけ短くするよう助言しているものの、それは「くるぶしを出す」という意味で、「登山と鹿狩り用の現代の女性服」とは一線を画すものだったのだから。そうした服装では、「スカートは、膝下三センチから五センチの申しわけ程度の丈しかなく、その結果、理想の女性像からはほど遠いものになってしまっているのです」。

★ハイドパーク　ロンドン中西部の公園。スピーカーズコーナー等の自由な公開演説、討論の場として有名

★ニッカーボッカー　ニッカーズともいう。ゆったりした膝下までのズボン。十九世紀から一九二〇年代まで男女ともに用いられた

a　b　c　d　e　f

ファッション誌に紹介された
サマーコスチューム（1894年）

a ―― 散策または旅行用
b ―― 乗馬用
c・d ― 自転車用
e ―― 海辺のドレス
f ―― テニス用

←「丈の短い」
登山用ドレス

★ディバイディッド・スカート　一見スカート風のいわゆるキュロットスカート。ちなみに、元来のキュロットは脚にぴったりした膝丈のズボンで十七―十八世紀に貴族の間で流行した伝統的な理想の女性像――これはレディ・トラベラーを旅にかりたてるすべての衝動や願望の背後にあって、彼女たちがけんめいに維持しようとつとめたものだった。粗末な山小屋や貨物船で出会った男たちは、そこに女性（あるいは、彼女たちが好んで自称しているように「英国のレディ」）が同席しているときは、悪態をついたり下品な言葉を控えるようになる。英国の名はいよいよ輝かしいものとなり、全員が崇めるヴィクトリア女王への従順さもいや増すというものだ。もしレディ・トラベラーというきわめて多様な集団を一般化することが可能なら、それは彼女たちがロマンス――つまり、恋のロマンスを求めて旅していたのではないということである。他者に依存しない、自立した存在としての女性の出現は、ハーレムの概念を否定した清教徒主義《ピューリタニズム》に伴うもののようだ。その理念は、かのジョン・ミルトン★が高らかに語る「彼はただ神を仰ぐように、彼女は彼の内なる神を仰ぐようにと、造られていた★★」の詩句にもうかがえる。先にあげたアレック-トウィーディ夫人は幸せそのものの結婚生活を送り、ふたりのりっぱな息子にも恵まれていながら、女性たちに送るアドバイスの中で「夫たちの肉欲主義★★★」にいささかあてつけがましく言及しており、彼女の著書はこの点を重要視しすぎているきらいがある。

こうした中で異彩を放っているのが、イザベラ・バードとロッキー山脈で出

★J・ミルトン（一六〇八―七四）英国の詩人。ピューリタン革命に参加、言論の自由を主張し、共和政府に関与。王政復古後は、失明と孤独のうちに詩作に没頭した

★★平井正穂訳『失楽園』岩波文庫（全二巻）

★★★道徳、知性、精神の力より感覚的、肉体的欲望を第一とすること

会ったジムの悲恋である。確かにこれは、世に出た出版物だけでなく、イザベラの自筆の手紙を入手できたからこそ明るみにでたわけで、たとえ本書のほかのレディ・トラベラーに恋愛体験があったとしても、彼女たちが読者に語ることはなかっただろう。しかしながら、男性とふたりだけで旅をしたり、坑夫のキャンプや米国西部の辺境地帯にある酒場に女ひとりでいたとさらっと書かれているのを読むと、彼女たちの心の中に性的な冒険《アバンチュール》への期待があったと想像するのは無理がある。まわりの善意の紳士たちは拳銃《リボルバー》を携帯するよう（おそらくは淑女としての名誉を守るために）強く勧めたが、実際にそれを使わなければならなかったという記録は皆無で、彼女たちにしてもわざわざそんなものを持ち歩きたがらなかった。祖国を離れたことのない友人や親戚にあてた手紙では、なんの心配もないから、レディひとりでもアフリカの人喰い人種や野蛮な日本人、そして（おそらくもっと危険な）アメリカの辺境《フロンティア》の荒くれ男の中でも旅ができると、その安全性をことあるごとに強調している。

同様に彼女たちは、人との出会いやありきたりのつきあいを求めて旅していたわけではなかった。なにしろ、他人を心地よくもてなすことをモットーとする中産階級の出身だから、人づきあいなら祖国でさんざんしてきている。

社交的意味合いが濃かった家庭でのアフタヌーン・ティー

マリアンヌ・ノースは、計画が思うように運ばなかったのは同行者がいたときだけだと語っているし、ネパールの奥地、ラダックの谷でばったり顔をあわせたミス・ジェイン・エレン・ダンカンとミス・エラ・クリスティは、きわめて愛想よく挨拶をかわしたあと、互いに離れられるだけ離れてテントを張り、一緒に旅することにならないように、違った日々にテントをたたむことを申し合わせた。これは、どのレディ・トラベラーにも共通していえることだ。彼女たちは自分の身内や友人を大切に思っていた。けれども、さまざまなしがらみから逃れて、異国の空の下で自分らしくのびのびふるまうことも、同じように大切だったのである。愛する妹が南太平洋の旅に加わったり、お気に入りの姪の用事でロンドンに足止めを食うなんて、とんでもないことだった。

さて、この時代に旅行家として名をなすには、王立地理学協会のお墨付が必要だったが、同協会は女性にその資格があることをなかなか認めようとしなかった。一八四七年に、女性会員受け入れの提案がなされたものの、その件を審議するには「今は時宜にあらず」として却下された。一八六〇年には、レディ・フランクリンにパトロンズ・ゴールドメダルが授与された。その功績は北極地方で行方不明になったと見られる夫の捜索にねばり強く探検隊を送りつづけたことが、地理学の知識の増大と、長らく探求されていた北西航路★の発見を

★北西航路　カナダとアラスカの北極沿岸航路で太西洋と大平洋を結ぶ

★M・サマービル（一七八〇—一八七二）　英国の科学書著作家。オックスフォード大学の女子カレッジ、サマービル校は彼女にちなんで命名された

もたらしたというものだ。一八六九年には、当時八十九歳のメアリ・サマービル★が、地理学教育に対する貢献を認められ、パトロンズ・ゴールドメダルを受けた。これには、一八四八年に出版され、評判となった彼女の労作『自然地理学』に遅ればせながら敬意を表する意味もあった。どちらも本人が直接メダルを受け取ったわけではなく、その賞にしても、女性全体の地位を高めるものではなかった。ちなみに、一八三〇年の同協会の創立以来、こうして表彰を受けた女性が全部で五人しかいないことは興味深い事実といえよう。一八六〇年、ジョン・ハニング・スピーク★は、ナイル川の支流ガザル川に到達したオランダの旅行家アレクシーヌ・ティネに対する熱狂的な賞賛を抱いてアフリカから帰国し、彼女を名誉会員にするよう提案したが退けられている。

ヴィクトリア女王即位五十周年を迎えた一八八七年には、会員としては認められない女性が協会の後援者《パトロン》としてなら厚遇されるという奇妙な事実を強調する出来事があり、一八九二年に評議会は、女性旅行家に講演を依頼するという思い切った決断をくだしている。二十数年間にわたって世界中を旅しつづけ、レディ・トラベラーとしてめざましい活躍をしていたイザベラ・バード・ビショップは、一八八四年の設立当初から女性会員を受け入れていた王立スコットランド地理学協会の特別会員となっており、高い評価を受けていた。東洋の旅

★J・H・スピーク（一八二七―六四）英国の探検家。アフリカ大陸を数回探検、一八五八年にはヴィクトリア湖に到達、これを白ナイルの水源地と確認したが、一八六四年に銃の暴発で謎の死を遂げる

王立地理学協会が一八三八年から一九一三年まで使っていた建物

から戻ったばかりの彼女はちょっとした名士で、王立地理学協会の依頼に対する答えはすぐに出た。すでにスコットランド地理学協会からも講演の招待を受けていて、そちらに優先権があると判断したのだ。こうしてイザベラは、王立地理学協会の近くに設立されて間もないスコットランド協会のロンドン支部で、チベットの旅に関する講演を行なった。アーガイル公を議長に迎えた会合はすばらしい成功をおさめ、ロンドンで開催されたスコットランド人の講演会としては最後のものとなった。ライバル学会の成功に並々ならぬ危機感を抱いた王立地理学協会が英国のほかの地理学協会の全会員に会合を公開したからで、その結果、女性をも、言ってみれば裏口から入れるような形で認めることになったのである。これは滑稽とも思える苦肉の策だったが、一八九二年七月四日の評議会で、会長はバード・ビショップ夫人を特別会員として迎え入れる提案を行ない、評議会は満場一致で女性を男性と同等の条件で選出することに同意した。この決定は八月の会報で発表され、一八九二年十一月二十八日には十五人の〝会員にふさわしいレディたち〟が選出された。彼女たちは、会員リストの最初にアルファベット順に掲載されて紹介され、長らく使われなかった次のような常套文で迎えられた――「王立地理学協会の名と権威において、ここに貴殿を当協会の会員とすることを宣言する」。Bではじまるイザベラ・バード・ビショップの名前はアルファベット順からいってもリストのトップにあったが、彼女が海外に出ていて欠席したため、歓迎の辞はミス・マリア・エリナー・ヴィア・カストが受けることになった。エリナーの父親のロバート・ニーダム・カスト★は著名な東洋学者で、女性会員受け入れの熱心な支持者だった。エリナーは父の秘書を長年つとめていたが、インドで宣教師の働きも行ない、一九五八年に九十五歳の長寿をまっとうして亡くなっている。

女性会員の選出という〝既成事実〟を携えて協会総会に臨んだ評議会は、それを不服とする会員グループの猛烈な反発を受け、会員選出の能力自体を疑われることになった。反対は表向き、法的根拠に立っていた――評議会は総会にかけずに会員を選出する権利を認められているが、はたして女性を選ぶ権利まで含まれるのか？　評議会は、協会の設立勅許状の会員資格には女性を除くとはひと言も書かれていない、協会の細則に書かれた〝彼〟や〝彼の〟という代名詞はあらゆる階級の「女王陛下の忠実なる臣民」を便宜的に指すもので、男性と限定するものではない、と主張した（公共図書館法には〝紳士〟とうたっているので、言い逃れるのはこれほど簡単ではなかったが、図書館の規則と協会の細則とは別ものであった）。さらに評議会は、自分たちの主張の裏付けとして姉妹学会のケースを引きあいに出してきた。たとえば王立統計学協会では、

★R・N・カスト（一八二一―一九〇九）英国の東洋・アフリカ研究者。インド官吏を退職後、インド・アフリカ・オセアニアの諸言語についての著作を出版

一八五八年に最初の女性会員であるミス・フローレンス・ナイチンゲールを通常のやりかたで選出しているし、動物学協会は六十年前から女性を会員としている。また王立アジア協会には、最近の会合で紹介されたばかりの「きわめて優秀で学識の深い女性副会長」がいる、というように。

反対分子を率いていたのはフランシス・レオポルト・マックリントック提督★だった。彼はジェーン・フランクリンによって探検隊の隊長に選ばれ、ほぼ四十年前にジョン・フランクリン卿とエレボス号、テラー号★の乗員の運命を突きとめたことで知られていた。一八六〇年には捜索の終了と、フランクリンの北西航路発見を記念して、レディ・フランクリンへのパトロンズ・ゴールドメダルの授与と、マックリントックへのファンダーズ・メダルの授与がなされている。にもかかわらず、マックリントック提督は、「ご婦人がたを受け入れることは地理学協会を多少なりとも楽しいものにするかもしれないが、そのことで当学会の地理学的な特性が強められるとは思えない」と主張した。ハリディ・ケーブ提督はこの問題をもっと説得力のある法的観点からとらえようとしたが、この論争が、評議会の越権行為への高尚な抗議から、女性が協会に所属することと、ひいては協会運営に携わること（このほうがもっと警戒されていた）の是非をめぐる下世話な方向に変わるまでにいくらも時間はかからなかった。

★F・L・マックリントック（一八一九—一九〇七）　英国の北極探検家。一八三一年海軍に入り、ジョン・フランクリン卿隊の惨事を調査・解明した

★エレボス号、テラー号　一八四五年五月、フランクリンを指揮官として、グリーンランドの西岸を北上する航路を開発するために北極に向かった英国の船。合わせて百二十九人の乗組員は同年七月、デービス海峡で行方不明となった

そのあいだにも、論争はさまざまな波紋を及ぼした。英国男性の集まりでは、女性に関して真剣に討議するよう求められると、「レディたちよ！　彼女たちに神の哀れみのあらんことを！」と言うのが恒例となった。レディは美しくあるべきか、それとも学究的であるべきかと茶化して訊ねる会員もいれば、我々の学会が園遊会《ガーデンパーティ》クラブに堕落してしまうのではないかと嘆く会員もいた。ある講演者は〝ご婦人《レディ》〟という言葉を使わずに〝女《ウーマン》〟と言って非難をあびた。また、レディたちの入会を百年延期したいと希望する会員もいた。「レディが同席しているとまずいような」質問が議題にのぼるのではないかと危惧する会員もいて、女性選出を支持する会員が説得につとめた。いずれにしても、誰かがレディを評議会に選抜しようと言いだすのではないかという心配は「長いこと」まったく無用だった――英国学術振興協会は、五十年ものあいだ、そんなことは行なっていなかったのだから。イングルフィールド提督は制限付きの選出に同意し、ケーブ提督（海の強者たちの攻撃のすさまじかったこと！）は次のような意見をすでに公表していた――「この伝統ある学会が婦人たちに牛耳られるのを見るのはなんとも忍びない」。この論争の余波は長く影響を及ぼし、ようやく一九三三年になって、著名な旅行家パトリック・ネス夫人が女性として初めて王立地理学協会の評議会に選出された。夜の会合のまえに講演者をもてなす地理学クラブに加わる資格は、依然として女性には与えられていない。(反対分子で固めた) 特別総会は女性会員の選出を否決したが、全会員の全体投票は、無条件の女性選出に対して明らかに賛同の意を表すものだった。法律顧問は両方の側から意見を求められ、『タイムズ』紙の投書欄は騒然となった。アジアの旅から戻ったばかりのジョージ・ナサニエル・カーゾン★は、女性の入会に猛反対を唱えた――「女性を女性たらしめるもの、またその受けてきた訓練も、ともに探検への適性を女性に与えるものではありません。また最近、米国で世界を旅することを一種の職業とする女性旅行家が話題になっていることは我々も知るところですが、これは十九世紀の後半における脅威のひとつであります」。こうして不満を残した妥協が成立した――女性の選出は今後中止されるが、これまでに会員になった二十二名はそのまま残ってよいというものである。次にあげる『パンチ』誌や、王立地理学協会の会長を辞任したダグラス・フレッシュフィールドをはじめ、論争も解決策も笑止千万、愚劣きわまりなしとみる人々は多かった。

　レディの探検家?　スカートをはいた旅行家?
　そいつはちょっとばかり、浮世離れしすぎてるんじゃないか?

★G・N・カーゾン（一八五九―一九二五）　初代ケドゥルストン侯爵。英国の政治家（保守党）でインド総督、外務大臣を務めた彼女たちを家にいさせて、赤ん坊の面倒をみさせよう。
さもなければ、我々のシャツのほころびをつくろわせよう。
だがしかし、彼女たちは地理学に関わるべきではないし、関われないし、
絶対に関わらせちゃならんのだ。

それでも、海軍軍人たちは頭から煙をたてて激怒し、
それでも、レディたちは居座っている。
だが、女性がそこにいるだけで、
彼女たちにうんざりさせられた海軍軍人の面々は病気になった。

なぜなら、女性はひとりとして――やれやれ、神よ！――
いったん評議会に会員にしてもらったら、
もう梃子《てこ》でも動こうとしないからだ。

『パンチ』誌の言うとおりだった。意見を変えるどころか、ミス・マーズデンは、一八九四年に、毎年恒例の晩餐会に出席したいと要望している。だが、これは「二百人の参加者のほとんどが煙草を吸うなかの、たったひとりのレデ

ィである」という理由で退けられた。北東シベリアの森林をコサック騎兵隊にエスコートされて馬で駆けぬける旅から戻ってきたばかりの、あのケート・マーズデンなら、そんなことくらい何の障害にもならなかっただろうに——。それから二十年たった一九一三年、賛成派に鞍替えしたカーゾン卿が会長を勤める王立地理学協会に、ふたたび女性会員選出の問題が提起された。会の全体投票の結果は三対一で、女性選出を可決（一八九三年には二・五対一の割合だった）。またしても法律顧問の意見が求められ、特別総会は提案を承認し、ライシーアム・クラブは、良識がまたひとつ勝利を収めたことを祝う晩餐会を催した。

一八九二年から九三年のあいだに選ばれた二十二人のレディのうち、本書に取り上げるだけの十分な記録を残したのはたった三人に過ぎなかった。マリアンヌ・ノースは会員に選出されるには活躍の時期が早すぎ、メアリ・キングズリとファニー・バロック・ワークマンは遅すぎたのである。だが、ケート・マーズデンとメイ・フレンチ・シェルドンは、自分の名前のあとに王立地理学協会会員（F.R.G.S）の肩書きをつける資格があることを誇りにし、シェルドンは大英博物館所蔵の自分の著書にこの名称を書きこんだほどだ。イザベラ・バードード・ビショップは学会の煮えきらない態度に憤慨していたが、とりわけカーゾンが女性旅行家に対して無礼な言及をすることに腹を立てていた。というのも、彼女はカーゾンとトルコとペルシアの旅で顔を合わせていて、親しい仲だと思っていたからだ。それでも彼女は、会員に選ばれたことには十分満足しており、積極的に学会と緊密な関係を保っていた。九〇年代の機関誌《ジャーナル》には極東の旅の様子をつづった書簡を掲載し、一八九七年には四川《スーチョワン》地方の旅のすべてを網羅した講演を王立地理学協会で行なっている。一九〇五年にファニー・バロック・ワークマンがヒマラヤの旅に関する講演を行なうまでは、女性の講演者はイザベラただひとりだった。このファニー・ワークマンも男性が講演する会合のディスカッションに参加し、常に非常な敬意を払われていた。

さて、本書で取り上げた〝会員にふさわしいレディたち〟の記述については、ほとんどすべて当人の出版物を基にしており、完全な人物描写を意図したものではない。メアリ・キングズリの政治観を分析したり、ワークマン夫妻がさかんに自分たちの登頂記録を主張していた頃のヒマラヤ探検史に言及することは、たとえその能力があったとしても、著者の意図するところではない。本書に登場する女性の大部分は、外国と同じように本国でも充実した多忙な生活を送っているが、そのことについてはほとんど、あるいはまったくふれていない。本書では彼女たちは、純粋に旅行家として登場する。その旅行家としての姿に私はもっとも心を惹かれており、あえて言わせていただくなら、いちばん彼女たちらしいと思っている。もちろん、楽しいエピソードはたくさんある。ファニー・バロック・ワークマンがクレバスに落ち、肩まですっぽりはまってしまった話や、メイ・フレンチ・シェルドンが輿《パラーキン》★に乗った話には思わず笑みを誘われる——実際、彼女たちはしばしば自分のことを笑いの種としているのだ。けれども、その笑いが静まったとき、あとに残るのは、彼女たちのバイタリティーと不屈の精神に対する深い賞賛にほかならない。そして私たちもまた、人間の感情の中でもっとも幸せな気分にひたることができる——それは、目で見られるかぎりの世界の美を心から喜び、楽しむことだ。ジェーン・エレン・ダンカンも同じく魅力的なレディ・トラベラーのひとりだが、残念ながら、活動面でも記録の面でもこの本に登場する女性たちには及ばず、本書には取り上げなかった。彼女は著書『西チベットを夏にゆく』の中で、レディ・トラベラーを代弁するかのように、思いを語っている——

海抜ゼロフィートの気圧は一平方インチあたり十五・二二ポンドだが、チャン-ラ★よりやや高い一万八千フィートともなると、七・六六ポンドまで下がる。この大気圧の低下は多くの場合、頭痛やめまい、鼻と耳からの

★パラーキン　通例、もとインドその他の東洋諸国で用いた旅客用一人乗りかつぎかごを指す。箱についた棒を数人の者がかついで運んだ

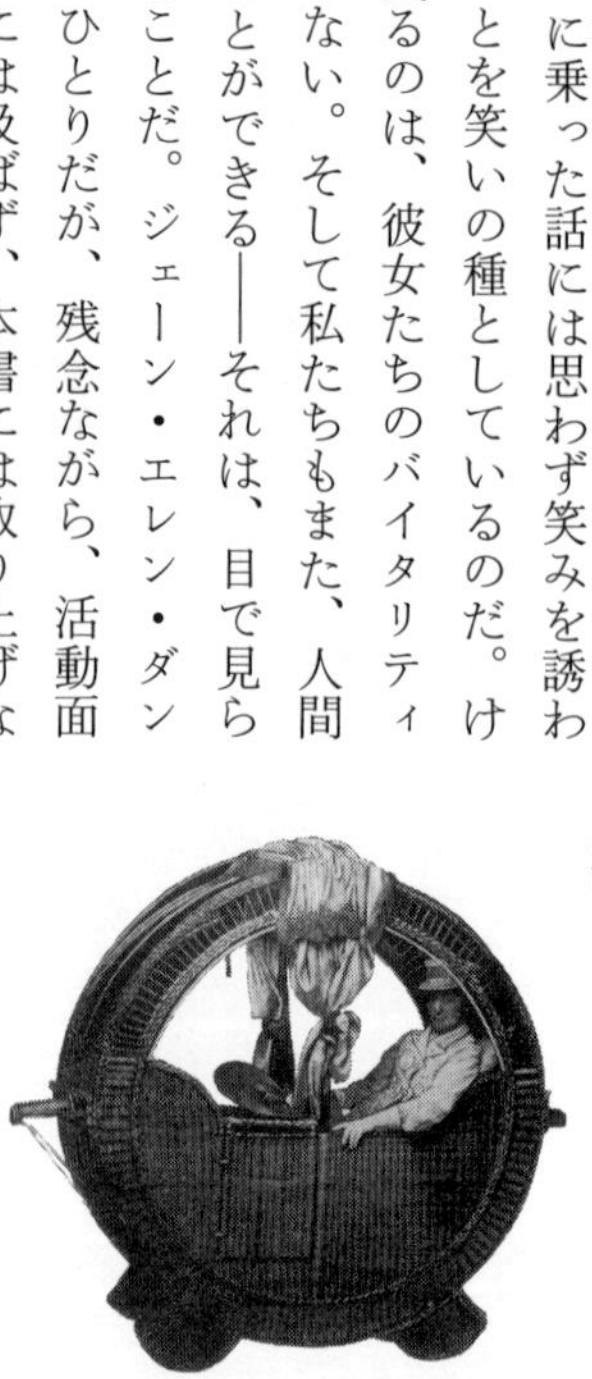

★チャン-ラ　中国、チベット自治区南部で、エベレスト山の北三〇キロに位置する鞍部。別称ノース・コル

出血をもたらす。また心臓が弱い場合は、きわめて深刻な結果となる恐れもある〔…略…〕けれどもわたしの場合は、大気にとても元気づけられた。もし誰かがそばにいてくれたら、きっとうれしくてうれしくて、声をたてて笑い、歌い出していただろう。その日は、七時間半も馬に乗っていて疲労感もなかった〔…略…〕このチャンーラ横断のことをつづった記録を、文学好きな友人に読んでもらったが、彼の批評は、旅の苦しみを十分に書き尽くしていないというものだった。でも、わたしはなんのつらさも感じなかったので、どうやって書いたらいいかよくわからないのだ。そのときは、全行程を通じて、誰にでもたやすくできる平凡なことのように思えたし、その平凡なことに魔法をかけ、とてつもない功績に見せるようにうまく書く才能も、わたしはまったく持ちあわせていないのだから……。

第二部　世界を駆ける

第1章 イザベラ・バード・ビショップ

Isabella Bird Bishop 1831-1904

星たちが消え始めると、
キャラバンは虚空の夜明けに向かって旅立つ
——おお、急げよ！

『ルバイヤート』★
エドワード・フィッツジェラルド訳

★『ルバイヤート』 ペルシアの詩人・数学者・天文学者ウマル・アル・ハイヤーミー（一〇四八―一一三一？）作の人生の悲喜をうたった四行連詩

「すばらしいわ！　お三方が一度にお揃いになるなんて！」〝レディA〟は、イザベラ・バードのために開かれたパーティで顔を合わせた三人のレディ・トラベラーを前にして、歓声をあげた。けれども、この出会いを自伝に記したマリアンヌ・ノースと、その「肩に大きな手を置いて」立っていたミス・コンスタンス・ゴードン・カミングは、そんなふうにはしゃぐ気持ちにはなれなかった。ふたりはイザベラ・バードに引きあわされたものの、マリアンヌの辛辣な筆によれば、「さっさとその場を失礼して」しまったのである。「ミス・バードは少しも動じる様子もなく、いかにもパーティにふさわしく堂々としていた。」

この一八八二年、世界を旅する女性旅行家として名声の絶頂にあったイザベラ・バードの姿は、もっともドラマティックな人生を送ったヴィクトリア朝レディ・トラベラーと呼ぶにふさわしいものだった。「彼女は、奥の応接間の大きな肘掛け椅子に座っていた。足台に乗せた両足には金糸の刺繍をした上靴をはき、スカートには、これも金糸と銀糸で日本の輪模様が一面に刺繍されている。肩にかけたリボンの勲章はサンドイッチ諸島★の王様から賜ったもの。いわゆるヤンキー流の気さくさで次々に人々が話しかけているところで、わたしは部屋に入ったとたんに、彼女のもとに連れていかれた。」マリアンヌは、イザベラに会うまでは、儚《はかな》げな小さな女《ひと》を想像していたのだが、実際は「小柄でが

★サンドイッチ諸島　ハワイ諸島の旧称。一七七八年に上陸したクック船長による命名

っちりした、頑強そうな身体つきの女性で、背は低いけれど肩幅がある。★いやにきっぱりした口調で、計ったように同じ調子で話をする。まるで、自分の書いた本を暗唱しているような感じだった」。

イザベラ・バードは決して万人に愛されるタイプではなかった。イザベラに会った女性たちは、彼女に対して憧れといらだちを、そして内気な女性が個性の強い同性に寄せる崇拝にも似た感情を、ほぼ同じ割合で抱いた。感情は激しく、健康状態も不安定に揺れ動いていたが、そのエネルギーは並はずれていた。鉄のような強固な消化力は、食物だけでなく、旅で目にするさまざまな光景や現実に対しても、いかんなく発揮された。ひとにぎりの米と干しぶどうを常食とし、世界の最高峰の峠を馬で越え、最果ての川を現地の小舟で何千マイルも踏破した。自然の驚異に感嘆の声をあげ、見るもの聞くものに夢中になった。そしてまた、知識と倫理観の向上という命題に対しても、この時代に生きる女性として、目と耳と心をフル回転させてのぞんだ。「わたしが心を引かれる滝はナイアガラだけです」――ほぼ三十年のあいだ、世界中を旅して自然の崇高さを求めつづけたイザベラの情熱を、この一文は端的に表現している。噴火する火山、「激しいうなりの尾を引いて」吹きすさぶハリケーン。幻想的な雪のロッキー山脈。荒涼としたアジアの高地――そうした体験に出会うたび、慢性

★四フィート十一・五インチ（約百五十一センチ）というから、かなり小さい

疾患に悩まされながらも、クラパム派★の信仰に裏打ちされた、この高潔で知的なヴィクトリア朝レディは、深い喜びと感動に心をうちふるわせたのである。

＊＊＊

イザベラ・ルーシー・バードは一八三一年十月十五日、ヨークシャーのバラブリッジで、神と地域社会への奉仕を伝統とする裕福な中流家庭に生まれた。彼女の祖父母はいとこ同士で、親族にウィリアム・ウィルバーフォース★がいる。彼の影響はタプロウの古いバードの家に色濃く及んでおり、クラパム派のメンバーが足繁く訪れていた。イザベラの幼い頃の思い出は、福音派協会の長い礼拝のあいだじゅう、立ちっぱなしだったせいで背中が痛くなるというものだった。叔母たちが厳しくて、礼拝中に座ることを許されなかったせいである。叔母のひとり、メアリ・バードは宣教師となってインドに渡り、ヘンリエッタ叔母はある牧師から求婚されたが、信仰上のためらいから結婚を断念し、憔悴していた。奴隷制度に反対するレベッカ叔母とキャサリーン叔母は、奴隷を酷使する西インド諸島のサトウキビ・プランテーションに対する抗議の印として、砂糖抜きで紅茶を飲んでいたが、奴隷制が廃止され、その必要がなくなってか

★クラパム派　英国国教会の福音主義者（教会の権威や儀礼より聖書の教えと説教を重んじる）のグループ。奴隷制廃止や布教活動の充実などを主張し、一七九〇年頃から一八三〇年頃まで活動

★W・ウィルバーフォース（一七五九－一八三三）　英国の政治家・著述家。奴隷貿易の廃止と英国領における奴隷制度の廃止を強く訴えた

1881年、結婚当時のイザベラ・バード・ビショップ
“もっともドラマティックなヴィクトリア朝レディ・トラベラー”の肖像

らも長らく、この心打たれる習慣をつづけた。父親のエドワード・バードは、三十歳を過ぎてからカルカッタの法廷弁護士という世俗的な成功に背を向けて聖職につき、牧師の娘であるドラ・ローソンと結婚した。当時としては高い教育を受けていたドラは教えることがとても上手で、その才能は夫の日曜学校とふたりの娘の教育にいかんなく発揮された。

イザベラが義務にがんじがらめにされたこの世界から逃れる自由の鍵を手にしたのは、まだ幼い頃だった。彼女のような病弱で落ち着きのない子はできるだけ外の空気にふれさせたほうがいいと、医者たちが勧めたからだ。イザベラはよくチェシャーの教区を巡回する父親のおともをしたが、父の馬に乗せてもらうのではなく、十歳にならないうちからひとりで別の馬に乗っていた。それが娘たちに対するバード家の典型的な教育方針だったのである。この家庭では、子どもを幼児扱いすることは絶対にしなかった。赤ちゃんじみた本を与えることも、子どもの質問におとぎ話に出てきそうな非現実的な答えをすることも許されなかった。子どもたちは初めから大人用の馬に乗ることや、聖書をまるまる一冊読むこと、どんな事柄に対しても完全な真理を理解することを学んだ。

高潔で直情的な性格のエドワードは節制を遵守する、きわめて熱心な安息日厳守主義者だった。彼は家族を伴ってチェシャーの田園地方からバーミンガムの陰鬱な教区に移ったが、安息日に働くことに強く反対する父は、この地の人々の価値観との対立から誹謗や屈辱を受け、苦難の日々を送ることになった。このとき、イザベラはまだ十代に入ったばかりだったが、父の教会の日曜学校で教え、父親の苦境が家族に及んだときも、それに耐える支えとなった。ついに健康を害したエドワードは、ハンテンドンシャー（ウィリアム・クーパー★のオウルネイの近く）のワイトンで暮らすことを受け入れ、ここで一八五八年に亡くなった。父はわたしにとって人生の源泉だったと、イザベラは語っている。実際、ふたりは実によく似ていた。有能で探求心のある精神はささいなことでいらだちやすく、互いに相手を悩ませた。妹のヘンリエッタ・バードは母親似だったようで、母同様、強い知的好奇心ときわめて敬虔な信仰をもっていた。父の死後、イザベラがその激しい感情をぶつけたのは、愛情深いけれども感情を表に表さない、このふたりの女性だったのである。

エドワードの死後、母と娘たちはエディンバラに移り住んだ。一八六六年に母がこの世を去ると、イザベラは妹のヘンリエッタにいっそう強い愛情を注ぐようになった。だが、ヘンリエッタがマル島のトバモリーに居を定めることに決めたときは、さすがのイザベラも一緒に住む気にはなれなかった。マル島の気候にはとても耐えられないと言うのが、その理由だった。後年は、ペルシア

★W・クーパー（一七三一－一八〇〇）英国の詩人・賛美歌作者

高地の凍りつきそうな冷たい風や、気力もなくなってしまうほどのマレー半島の暑さ、ハワイの豪雨にも負けなかった身体なのに、このときはマル島で暮らすことを——しかも、島民たちが土地の聖者のように受け入れている妹の陰に隠れて暮らすことを考えただけで、気力が萎えてしまったのだ。イザベラはちょうど人生の転換期ともいうべき更年期にさしかかっていた。ひっきりなしにつづく背中の痛み。絶えず悩まされている不眠症と神経の不安はますますひどくなり、このままでは本当にだめになってしまいそうだった。事実、強い性格の人にありがちの自己中心主義は彼女の中で満たされぬまま、自由を求めてあがいていたが、ヴィクトリア朝時代の女性の置かれている枠組みの中では解き放つすべは見つからなかった。

医師たちはそんなイザベラに転地療養を勧め、彼女は一八七二年七月、一年半の予定でオーストラリアに旅立った。結局、オーストラリアにもアンティポティーズ諸島にも長居はせず、一八七三年の一月一日には、ニュージーランドのオークランドからサンドイッチ諸島経由でサンフランシスコに向かうネバダ号に乗りこんだ。この船旅でイザベラ・バードは、ようやく自分を発見することになる。ネバダ号はもう航海に耐えられないのではないかと噂されていた船で、ハリケーンは今にも壊れそうなネバダ号に容赦なく襲いかかった。このた

妹ヘンリエッタ

マル島トバモリーのヘンリエッタの住居

めに給仕《スチュワード》は業務を停止してしまい、おまけに船客のデクスターという青年が肺の病気で重体に陥ったが、イザベラは、そのすべてを生まれ変わったような生き生きした思いで受け止めた。彼女はヘンリエッタ宛に、この旅は乗り合わせた船客の「道徳的・精神的・社会的質の高さ」のおかげで「実に快適」だったと書き送っている。イザベラは自分の服を繕ったり、『国王牧歌』★を読むかたわら、気の毒なデクスター青年の看護を買って出た。そのあいまにはスリッパでゴキブリを殺し、甲板の輪投げ遊びにも参加した。

デクスターはなんとか持ち直したが、サンドイッチ諸島で下船して治療を受けることになり、イザベラも彼の母親のたっての頼みで彼らに同行することになった。結局、彼女はサンドイッチ諸島に半年間滞在したわけだが、そこで多くの宣教師と出会い、原住民の宗教生活をつぶさに見てまわった。のんびりした生活習慣は受け入れがたいところもあったが、イザベラの中の野生児はこの島で目をさまし、光と美と戸外への愛は一挙に花開いた。彼女はどんなにそれを愛したことだろう。

なかでもうれしかったのは、乗馬の喜びを取り戻せたことだ。背中の痛みがますますひどくなり、大好きな乗馬もあきらめなければならないほどだったのが、原住民だけでなく白人の女性までが、一日じゅう昼間のような幸せな土地

★『国王牧歌』　アーサー王伝説を扱った英国の詩人アルフレッド・テニスン作の長篇叙事詩（一八五九―八五）。全十一巻

で馬にまたがっているのを見ると、自分もその乗り方をためしてみたくなった。両方の足を片側にそろえ、身体をひねって乗る伝統的な横座り式よりも、自分に向いているかもしれないと思ったのである。ヴィクトリア朝レディ・トラベラーの大半がそうであったように、イザベラも文明化に対する女性の使命を自覚すると同時に〝男と張り合う男まさり〟な女性に強い不快感を抱いていた。初めは、中世の騎士のように馬にまたがるなんて女性としてあるまじきことだと思っていたのだが、熱心に勧められたあげくに乗ってみて、実に楽で安全な、およそ考えられるかぎりのもっとも快適な乗り方だということがわかったのだ。ロープなどをかける取っ手《ホーン》のついた乗り心地のいいメキシコ式の鞍に乗り、「マグレガーのフラノ生地」で作った「上品なブルーマー服★」に身を包んで、ハワイ諸島の探検にでかけた。その冒険ぶりがあまりにも堂に入っていたので、祖国の友人たちはびっくりし、イザベラを快く思っていない人々は、彼女が話を誇張して旅行記をでっちあげているのだと非難したほどだった。

イザベラは馬で火山に登り、小峡谷をかけ抜けた。谷底を流れる川の水が氾濫して、危うくおぼれかけたこともある。広々した緑の草地を馬で疾走するイザベラの姿を見て、同行した原住民たちは感心したように「パニオーラ★！パニオーラ！」と口々に叫んだ。イザベラは、彼らがスペイン人女性と間違えて、

★ブルーマー服 短いスカートと、足首のところでギャザーをつけボタンで留めた長いゆったりとしたズボンからなる婦人服。しばしばコートとつば広の帽子と共に着用された。米国のアメリア・ブルーマーが一八四九年に考案。ズボンの採用が特色で、女性の地位向上のために改良された衣服

★panioloはハワイの言葉でカウボーイのこと。paniolaはその女性形か？

〝スパニオーラ〟と言ったと思ったのだが、ライス夫人に聞くと、こんな答えが返ってきた――「ああ、それはね、投げ縄で牛をつかまえたりとかね、まあ、そういうたぐいのことよ」。イザベラはそれでも、言外にほめことばの意味を含んでいると受け取りたかった。「でもR夫人に、〝わたしがそう言われたんだけど〟と言うと、彼女は大笑いして、〝先にそれを聞いてたら、もうちょっとかげんして言ったのに〟と答えたのです！」

　こうしてイザベラは健康を取り戻し、薄い便箋にびっしり書かれた長い手紙が、トバモリーのヘンリエッタのもとに次々に届けられた。それにはひとりでキャンプをする楽しさが綴られ、この島々ではレディでも「まったく安全に」旅行できると書かれていて、ヘンリエッタを安心させた。イザベラは原住民の小屋に泊まることもあれば、噴火を見に火山の頂上まで登ることもあった。目の前に勢いよく溶岩が吹き上がるのを見て、彼女は身の震えるような感動を覚えた。かねがねマウナ・ロア★に登りたいと思っていたので、ミスター・グリーンという男性から、すばらしい炎のショーを見に行きませんかと誘われたときは、ふたつ返事で承諾した。このようにイザベラは、男性の同行者と遠くまで馬で旅することがしばしばあった。誰もそれを不道徳だとは思わなかったようで、とりわけ彼女自身がもっともそう思っていなかったらしい。イザベラは男

ハワイの女性の乗馬服。
『サンドイッチ諸島の六か月』より

★マウナ・ロア　標高四一七〇メートル。ハワイ島の中南部にある盾状火山で、山頂に楕円形のカルデラをもつ。一九七五年に噴火し多量の溶岩を流出した

性とうまくやっていくすべをこころえていたし、むしろ同性よりも好ましく思っていたくらいだった。旅の興が乗ってくると、ひたすら目的地に着くことで頭がいっぱいになり、同行の男性と道中、身近に接するようになっても、とまどったり、恥ずかしく思うことはなかった。日本の旅では日本人の従僕、マレー半島やインドでは行政官、アメリカはカウボーイ、中国においては宣教師——おしゃべりの相手をして無聊《ぶりょう》を慰め、目的地に行きつくのを助けてくれさえすれば、誰であっても同じだった。イザベラの心は、不思議な光景や自然の物音でいっぱいで、連れのことを気にする余地はなかったのである。

今回の旅では、イザベラとミスター・グリーンはマウナ・ロア山の大きなクレーターの縁に張った小さなテントに、原住民のガイドたちと一緒に寝泊まりした。夜中にノミに刺されて目がさめたイザベラは、眠っている男たちの身体を平気で乗り越えて這っていき、テントを出て噴火口で繰り広げられる炎のショーを眺めた。★イザベラは、「世界でもっとも壮大な火山の激烈な轟き」を聞きながら溶岩の尾根の上で眠ることの不思議さと不安にふれ、「めったにできない、すばらしい体験でした」とヘンリエッタに語っている。

イザベラはこの火山の旅だけでなく、さまざまなものから精神の高揚と興奮を得ていた。入植者や宣教師の家を訪問して歓待され、原住民の小屋を訪れて

★火山の噴火には、中小爆発を繰り返す「ストロンボリ式噴火」、激しい爆発型で噴煙の高さが一万メートルにも及ぶ「ブルカノ式噴火」などいくつかの形式があるが、溶岩流出を主とする比較的穏やかな噴火を「ハワイ式噴火」と呼ぶ。中でもマウナ・ロアとキラウエア両火山の溶岩はより流動性に富み、秒速十五メートルにもなることがある。日本では伊豆大島・三宅島の火山がこれに属する

調査を行ない、学校を視察した。モロカイ島に隔離された癩病患者の居留地にも足を運び、教会の礼拝にも出席した。ヘンリエッタは姉が健康を取り戻し、すっかり元気になったことをとても喜び、私もそちらに参って旅にご一緒しましょうかと手紙に書いてきた。ハワイでの生活に夢見心地になっていたイザベラは、そこではっと我に返った。「あなたからの手紙、届きました。一年ほどこちらに来たいということなので、急いで返事をしたためていますが、この手紙があなたのもとに着く頃には、わたしはロッキー山脈の山中にいることでしょう」と、一八七三年八月六日にホノルルから書いている。「あなたが来ることに賛成しかねるのは、前にも書いたように、もっと刺激的な気候のところに移ったほうがわたしの健康のためにはいいと思うからなのですが、まだほかにもいくつか理由があります。その最大の理由は、もしここでわたしたちが一年も暮らしたら、〝昼も夜も海岸に〟座ったまま、〝わたしたちのふるさとの島〟のことを忘れ、

キラウエア火山のクレーターの夜景。
『サンドイッチ諸島の六か月』より

〝夢とも現実ともつかぬ世界にまどろむ〟ことに心を奪われ、〝二度と祖国に戻らなくなってしまう〟からです。」

ヘンリエッタはなぜか、自分の役割を勘違いしてしまったのだ。ふたりは、いわば磁石の針と極の関係だった。いつも針が指し示している受け身の極――それがヘンリエッタの役割だったのである。極は常に一定の場所に留まっていなければならず、そうでなければ船乗りは迷ってしまう。ふたりの関係は奇妙なものだった。イザベラにとってヘンリエッタは自分の半身で、自分の体験したことをひとつ残らず伝えなければ完全な自分にはなれないというような――。だから、もし体験を共有してしまったら、いったい誰にそれを伝えたらいいのか。もしヘンリエッタがヒロに来ていたら、おそらく〝邪魔者《ドゥ・トロ》〟になっていただろう。イザベラもトバモリーで自分自身をそう感じていたと思うふしがあるが、それと同じだったのではないだろうか。一八八〇年にヘンリエッタがこの世を去ったあとも、イザベラは多くの興味深い、価値ある旅をなしとげたが、どの旅についてもこれほど魅力的な筆致で書くことは二度となかった。

イザベラの手紙には、どれも深い愛情のこもった表現が記されていた。「わたしのペットへ」はお気に入りの呼びかけで、ときには「わたしのいちばん大切なあなたへ」となり、「ペットのペット」で結ばれた。当然来ると思っていた手紙がこなかったりすると、気が気ではなくなり、けんめいに手紙をしたため、「ペットのかわいそうなペットより」とサインした。また、手紙文には彼女が考え出したちょっとした造語がちりばめられていた。たとえば〝dil〟は、〝dull《元気がなく》〟で〝inactive《活動的ではない》〟という意味だった。妹を安心させようとして、よく便箋の最上部に目立つようにこう書いた――「困ったことはなにもありません」イザベラにとっての「困ったこと」は、もっぱら感情面でのことだった――ホノルルにおける彼女の賛美者については「困ると思うようなことは少しもありません」と書いているが、たとえ「困る」ことがあったとしても、それはそれとして、イザベラは自分に輪をかけてはつらつとした友人たちの生き方を楽しんでいたのだろう。

　ヘンリエッタは姉からの手紙をきちんと保管していた。ジョン・マレーはこれをもとにしてイザベラの本を出版し、関係者全員に喜びと同時に利益をもたらした。イザベラにとってマレーはかけがえのない友人となり、たいていのことは彼の意見に従った。ウィリアム・グラッドストーン★に引きあわせてもらったり、三輪自転車を買おうとして、一緒に選んでほしいと頼んだこともある。また、第一部でも述べたように、ロッキー山脈での服装について新聞に誤報されたときは彼の援護射撃を求めている。

★W・グラッドストーン（一八〇九―一八九八）　英国の政治家・首相

一八七三年八月七日、イザベラ・バードはひきつづき健康を回復するためにホノルルを発ち、サンフランシスコに向かった。九月二日には、ネバダ州のタホ湖からヘンリエッタにあてて手紙を書いている。人里離れた美しい湖畔の静寂を破るものは、木こりの斧の音だけだった。コロラドの清浄な山の空気は病人にいいと言われていたので、イザベラも入植者の家に泊まって、ロッキー山脈の名所をあちこち見てまわることにした。

彼女はハワイから乗馬服を持参してきていた。それは「ゆったりした上着と、くるぶしまで届くスカート、それにしぼったフリルがブーツにかぶさるトルコ風のズボン——登山をはじめ、世界中のどんな場所への過酷な旅にも適した、実に着やすく女らしい服」★からなっていた。山で最初に馬に乗ったときは、突然現れたハイイログマに馬が驚いて降り落とされはしたものの、それ以外はすべて順調だった。貸し馬屋の主人も、彼女がメキシコ式の鞍に「騎士スタイル」で乗ることに少しも驚かなかった。それでもイザベラは、人の多い地域では、従来の「両足をそろえた横座りの」乗り方をすることもいとわなかった。世界の未開地で「自分のことばかりうるさく主張し、男まさりで身持ちの悪い」女性のおよぼす悪影響のことが頭から離れなかったからだ。それだから、のちに『タイムズ』紙が、ロッキー山脈の旅で「男物の服」を着ていたと報じたとき

★後述の『タイムズ』紙への反論として、著書『ロッキー山脈における淑女の生活』第二版の前書きの註に書かれたもの

は、猛烈に怒っている。

イザベラは、ワイオミング州シャイアン以降は、そのときどきに応じて馬や荷馬車を使い、ロッキー山脈の東の丘陵地帯に向かって南西に進んだ。ロングズ・ピークのふもとにある、有名な未開発地《オープンスペース》のエスティズ・パークに行くつもりだったのだ。現在、この場所はロッキー山脈国立公園の一部になっている。

九月も終わろうとする頃、イザベラは、日が傾きかけているのにうだるような暑さの中を、埃っぽい小さなロングモントの町についた。町じゅういたるところハエだらけだったが、十マイルほど離れたロッキー山脈のかなたに沈んでいく夕日の眺めは素晴らしかった。その日、泊まった宿の主人は陽気で親切な男だった。イザベラがエスティズ・パークには行けそうもないというとひどく気の毒がって、寒さを気にしないで「馬をゆっくり走らせる」ことができるなら、明日の付き添い役を見つけてあげようと言った。結局、次の日にエスティズ・パークに行くふたりの青年が道案内をしてくれることになった（宿の主人はこのふたりを〝純真そうな〟と形容したが、どういう意味でそう言ったのか、イザベラは彼らと旅をするあいだ、ついにわからなかった）。

ハワイの乗馬服を着たイザベラ

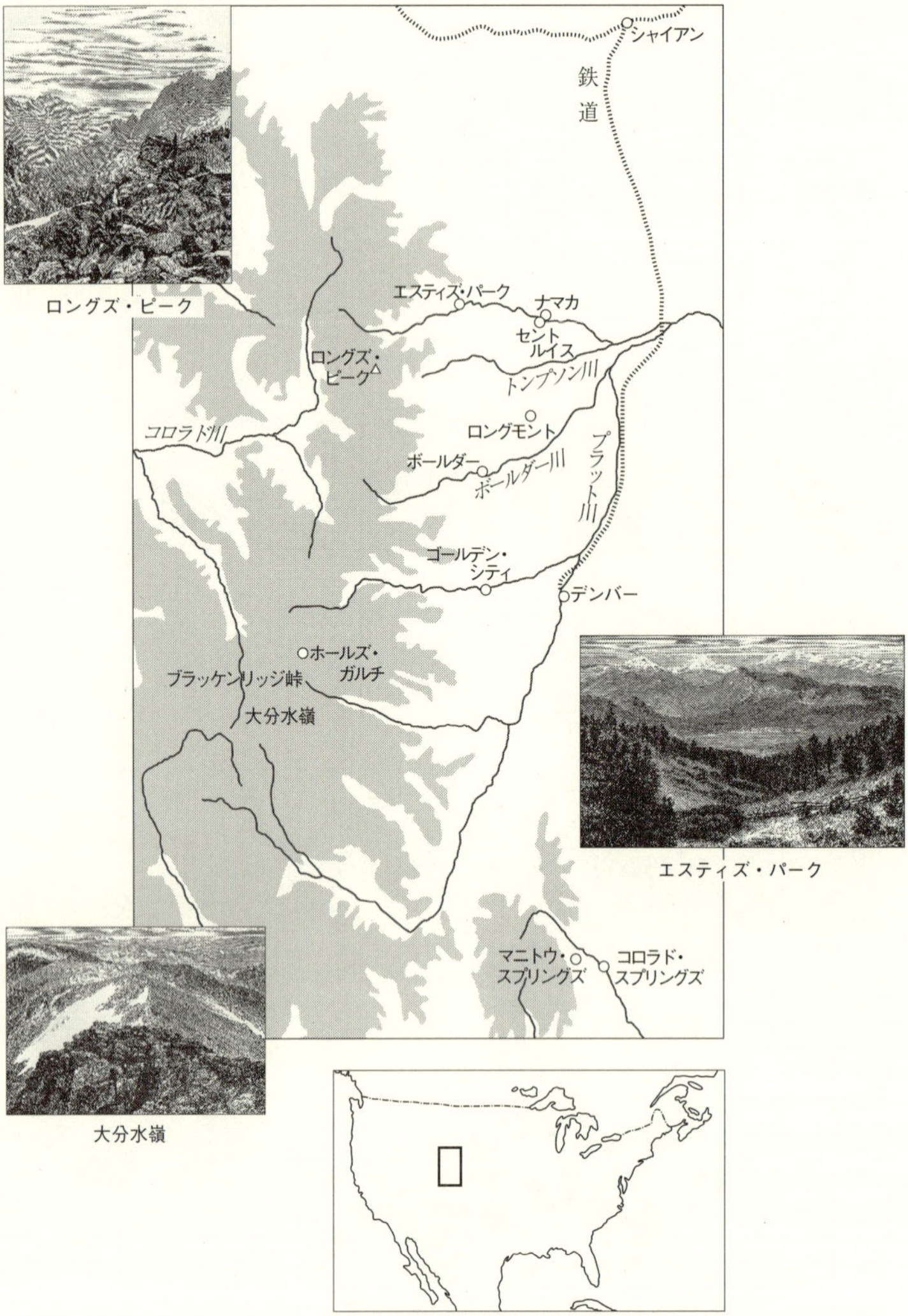

◆イザベラが旅したロッキー山脈の概略図◆

風景は『ロッキー山脈における淑女の生活』より

さらに宿の主人は、馬も一頭、貸してくれるという。イザベラは自分にそんな冒険をする力が残っているか疑問だったし、健康にも自信がもてなかったが、それでも主人の申し出に飛びついた。彼女が「エスティズ・パーク!!!」から書き送った手紙には三つの感嘆符が記され、うれしくて舞い上がるような気分をよく表している。

エスティズ・パークはロングモントから三十マイルほど離れたところにあり、今日ではコロラド州高速道路のひとつを使って楽に行くことができる。だがイザベラの時代には、緑のコットンウッドと金色のアスペン★の中を、曲がりくねった山道を馬で行くしかなかった。この道をたどって絵のように美しいセント・ブレインの峡谷を抜け、九千フィートの高さまで登ると、山と山のあいだにマッギンズ・ガルチに続く、割れ目のような峡谷が開けていた。ここから道幅が広がり、イザベラたちは、両側に高い松が生え、草の生い茂る道を進んでいった。

こうして十時間の旅のあと、ようやく一行はマッギンズ・ガルチの尾根についた。目の下千五百フィートのところに美しい高地の渓谷が広がり、トンプソン川とロングズ・ピークが沈みゆく夕日にまばゆく輝いている。今度ばかりは、このすばらしさを伝えたくても、ヘンリエッタはあまりにも遠かった。イザベ

★コットンウッド、アスペン　どちらもヤナギ科ハコヤナギ属の樹木。通称ポプラ

ラには今、この瞬間を共有できる相手が必要だったのである。人を求めてあたりを見回したとき、一軒の粗末な小屋が目に入った。あそこにいけば誰かに会えるはず——そう思って近づいていったイザベラに、戸口にいたコリーが吠えかかってきた。美しいアラブの雌馬が近くで草をはんでいる。

そこへ、ひとりの男が姿を現した。熊のように毛深くて、いかにも山男という感じだが、物腰にはどこか優雅なものがある。「肩幅が広く、がっちりした(男性で)」——これから幾度となく会うことになる男のことを、イザベラは最初の出会いでこう描写している——「背丈は中背。古びた帽子をかぶり、着古した灰色の狩猟服を着て〔…略…〕腰には金鉱夫が使うようなスカーフを巻きつけています。ベルトにはナイフをさし、胸のポケットには文字通りの″心の友″である拳銃が顔をのぞかせていました。男にしてはかなり小さめの足は素足で、馬の皮で作ったモカシンのようなぼろ靴をはいていました」。

″ロッキー山脈のジム《マウンテン・ジム》″として知られるジム・ヌージェントは、カナダ生まれのアイルランド人だった。少年の頃に家を飛び出し、ハドソン湾会社★で数年勤めるなどの冒険を重ねたあと、南に下り、アメリカに来た。当時はフロンティア拡張をめざし、英雄たちが活躍していた時代で、ジムはアメリカ軍に雇われて偵察兵となり、入植者を護衛して平原を越え、敵対するインディアンと戦

★ハドソン湾会社　北米インディアンと毛皮取引をするために一六七〇年に認可された英国商社

った。優れた先発兵だった彼はインディアンに果敢に立ち向かい、全盛期の活躍は伝説にまでなっていたが、「勇敢な戦いぶりで幾多の手柄を立てた名声」は「罪を重ねることで地に落ちて」ていた。浴びるほど酒を飲み、陰鬱で危険な精神状態に落ち込みやすく、病的なまでに迷信深かった。その反面、本をよく読み、聡明で機転が効き、誰にでも気前がよく、その気になれば宮廷に仕えられるほどの作法も心得ていた。そして、過去にうち立てた記録を誇りにし、地元の新聞に自分のことがたびたび載るのに気を良くしていた。そして、偵察隊の制服に赤い飾り帯を腰に締め、十六本の金の巻き毛を肩にたらした姿で、さっそうと町に馬で乗り入れた日々のことを話すのが好きだった。女たちが歓声を上げてそんな彼のもとに駆け寄ってきた、かつての日々のことを——。

だがジムは、悪徳の生活を送る中で、女性を食い物にするようなことはしなかった。この地方では、彼の騎士道精神は有名で、「りっぱなご婦人たち」にきちんと敬意を払うこともよく知られていた。熊のような毛深い外見が親しみを感じさせるのか、子どもたちはすぐに彼になついた。

イザベラと出会ったときのジムは四十歳くらい。彼女はすぐにジムが魅力的な男性であることに気がついた——「とても流暢な、耳に快い話し方！」。けれども、どれほど彼の魅力に心を動かされたのか、彼の性格の欠点をどれほど長所が埋め合わせてあまりあるかについては、まだ十分にはわからなかった。ジムはハンサムな男性だったが、身なりのひどさと熊につけられた顔の傷が、その美しさをそこねていた。「片目が完全につぶれているので、そちらの側から見ると気味悪く感じられるのですが、反対側から見た顔は、まるで大理石で作られた彫像のようでした」と、イザベラは記している。もう片方の深くくぼんだ青い目、整ったわし鼻と形の良い唇に彼女は心を惹かれた。

このみすぼらしい身なりの男がぼろの帽子を脱ぎ、アイルランド人らしい心地よい声で何かご用ですかと聞いてきたとき、イザベラはその紳士ぶりに驚いた。旅をするには、ふたりの〝純真な〟青年よりもいい同行者になりそうだった。青年たちはイザベラよりずっと遅れて、まだ追いつかなかったのだ。イザベラが水を飲ませてほしいと頼むと、男はブリキのコップに水を入れてもってきてくれた。イザベラの人生の彩りとなったロッキー山脈のロマンスは、こうして始まったのである。

イザベラは残りの道のりを全速力で馬を走らせ、小さな湖の近くにある丸太小屋のそばで馬を止めた。お腹はすいていたが、心は浮き浮きとして幸せな気分だった。手入れの行き届いた小屋のまわりには牛の囲い柵のほか、家畜小屋などの農場の施設がひととおりそろっている。いかにも陽気そうな男が駆け寄ってきてイザベラを出迎え、グリフィス・エバンズと名乗った。彼はランベリス近くの石切場出身のウェールズ人で、パートナーのエドワーズと一緒に、この牧場を経営している。全部で千頭もの牛がエスティズ・パークの中に放牧されていた。この小さな開拓地はエバンズとエドワーズの家族が中心となっていて、スポーツや健康上の理由で山を訪れる客たちは、夏のあいだじゅう、ここに宿泊できる。イザベラもさっそく、こぢんまりした快適な小屋をあてがわれ、好きなだけ滞在するように言われた。もっとも、シーズンもそろそろ終わりに近く、エバンズとエドワーズの妻子は、下山してデンバーで冬を過ごす準備にかかっているところだった。

イザベラはたちまちのうちに〝陽気で楽しい〟エスティズ・パークの開拓地になじんだ。さわやかな空気に生き返った思いで、天候が落ち着いているうちに、さっそくロングズ・ピーク（海抜約一万四千七百フィート）に登り、エスティズ・パークを足場にしてこの地域を旅してまわることを決めた。マウンテン・ジムがロングズ・ピーク登攀のガイドを引き受けてくれた

イザベラが滞在したエバンズの小屋。
『ロッキー山脈における淑女の生活』より

ので、ふたりの〝純真な〟青年も一緒に、十月初旬に出発した。装備と食料は最小限にして三日分に抑えたが、それでもイザベラは、毛布三枚とキルト一枚をメキシコ式の鞍の後ろに肩まで届くほど積み込むことになった。鞍のホーンには登山用にエバンズから借りた狩猟用のブーツをぶらさげた。

ジムはまるでぼろをまとった浮浪者のような格好で現れると、馬の駿足を見せつけるように馬を飛ばしたが、その態度が実に優雅だったのと、よどみない会話がとても快かったので、イザベラはすぐに彼のひどい身なりのことも、ひけらかすような行為のことも気にならなくなった。三時間はあっというまに過ぎた。友情と愛をへだてる微妙な、そして喜びに満ちた境界に足を踏み入れたイザベラとジムにとって、互いの人となりを探り、信頼を育むには時間はいくらあっても足りなかった。彼女はこの旅について、ヘンリエッタに次のように書き送っている――「〝山間の広い谷間《パーク》〟と林間の空き地、湖と川、山また山を越えていく道程は、ロングズ・ピークの頂きで最高潮に達する、すばらしい景観と驚異の連続でした。そして、ロングズ・ピークに従属する高度一万一千フィートの山を進んでいくにつれ、ロングズ・ピークはますます雄大な、ますます恐ろしげな偉容を現してきたのです」。

一行は、高木の生える限界地点を越えたところでキャンプを張った。ロングズ・ピークの山肌は万年雪に覆われ、消えなずむ夕日の残光に染まった天空には、大きな半月が輝いている。ふたりの青年が「ごくあたりまえの礼儀さえわきまえていない」のに比べ、ジムは紳士として扱えば紳士らしくふるまう、と言われていたので、イザベラはいつもそのことを念頭において、「ミスター・ヌージェント」と呼びかけるようにしていた。彼女はヘンリエッタに、ジムの態度は「一般に紳士と言われている人たちに比べると、気ままなところはありますが、想像していたような欠点はまったくみつかりません」と強調している。

ジムが愛犬のリングにイザベラのそばを離れるなと命じると、忠実な犬はすぐに寄ってきて、彼女の膝に頭を預けて寝そべったが、そのあいだもずっと主人の顔から目を離さなかった。一同は焚き火を囲んで、歌をいくつか合唱したあと、ジムの語るインディアンの話と「彼が創作したすばらしい詩」に耳を傾けた。イザベラは松の若葉を毛布で覆った「贅沢なベッド」に、馬の鞍を枕代わりにして横になったが、なかなか寝つけなかった。だがそれは、祖国でしばしばあったような心の悩みや身体の痛みのせいではなく、ひとえに精神の高揚によるものだった。そのおかげで、闇の向こうから聞こえてくるオオカミの遠吠えも、肌を刺すような寒気もまるで気にならなかった。イザベラの背中には犬のリングが寄り添っていた。「その手を血で染めたこともある悪名高きならずもの」が、消えかかるたき火の炎に照らされて、「静かな寝息をたてて無心に眠りこけているのは、なんとも不思議な眺めでした。けれども、何より感動的なのは、ここにこうして眠っていることでした。ロッキー山脈のちょうど真ん中、高度一万一千フィートの山中で氷点下十二度。しかも、風よけに松の枝を組んだ寝室しかないところで――。香り高い松の天蓋から透かし見る、無数のまたたく星。矢のようにほっそりした松が天蓋の四隅を支える柱で、焚き火の赤い炎がナイトランプの代わりでした」。

　翌日の三千フィートに及ぶロングズ・ピークの登攀は、イザベラにとって忘れられない試練となった。疲労とめまいがひどかったので、「もしもジムがわたしを〔…略…〕尽きせぬ忍耐をもって実にたくみに、いやおうなしに引っぱり上げてくれなかったら」、絶対に山頂に到達することはできなかっただろう。青年たちは、こうした旅には女性は足手まといだとほのめかしたためにジムの不興を買い、これ以後いっさい、彼の助力をあてにできなくなった。ようやく山頂に達したイザベラは、「愛や憎しみといった嵐のような熱情さえも超越した思いで」、北アメリカ大陸を支える背骨の上に立った。マウナ・ロアで感じたのと同じ、この世と隔絶した壮大な世界に足を踏み入れた喜びに酔いしれたのである。

下山は登攀に劣らず、つらいものだったが、ジムがずっと親切に付き添っていてくれたおかげで、イザベラは無事に昨夜キャンプした場所に戻ることができた。ふたりとは別の、近いけれど険しい道を選んだ青年たちも合流し、一行はもう一晩、ここで野営することにした。イザベラはふたたび松の寝室ですぐに眠りについたが、夜中に目がさめた。空には月が煌々と輝いている。冷え切った足を温めるために焚き火のそばに寄り、夜が明けるまで座っていた。頭上には祖国で見たのと同じなつかしい星々が、ゆるぎない不変のあかしのようにきらめいている。北斗七星と不動の北極星、燦然とした光を放つ牡牛座の昴《すばる》、そして偉大なオリオン座が暗く冷たい空に広がっていた。

こうして、祖国への思いと自分自身の高潔さとに守られて、イザベラは北米の夜を徹して、ジムの快い声音に耳をかたむけた。彼は頬に涙を伝わせながら、自分の人生における悲劇を――彼を無法の生活にかりたてた若き日の「深い悲しみ」を語りつづけた。「ジムは自分でも意識しないで、そうした芝居じみた行動をとったのでしょうか？」イザベラはいぶかしく思った。「それとも、この静けさと美しさ、そして若き日の思い出によって、彼の暗い魂が本当に根底からゆさぶられたのでしょうか。」

その数日後に書かれたイザベラの手紙からは、彼女の浮き立つような思いが伝わってくる。内気で信仰心の厚いエディンバラのレディ——学びと慈善事業とに時間をとられて、社交生活にも縁がなく、病気がちで遊興からも遠ざかっていた小柄な女性は、この地にきて、いちやく人気者の〝ミスB〟に変身を遂げたのである。陽が昇ると、グリフ・エバンズが陽気にドアを叩いて彼女を起こし、声をかける——「牛の群を追うのに手を貸してくださらんか。どれでも好きな馬を選んでいいよ。人手が足りないんでね」。イザベラは、彼らの言葉を借りれば、男も顔負けなほどうまくやってのけた。馬で雨裂《うれつ》★を抜けて草地を疾走し、爽やかな秋の日に十時間ほども牛の群をかり集めたのである。

日曜日には男たちは狩りか釣りに出かけてしまうので、イザベラは聖書と祈禱書を手にひとり残り、「人の手に寄って作られたのではない聖堂」で「ずらりと並んだボンネットの後ろ姿に気をそらされることもなく」礼拝をささげられる喜びを味わった。夕方ともなれば、広い暖炉に薪を高く積み上げ、エバンズのリードで「ジョン・ピール★」や「ルール、ブリタニア★」を歌う。陰気で絶対禁酒主義のエドワーズがシャーマン将軍★とともにジョージアを進軍したときの話を披露させられることもあった。ときにはエスティズ・パークまでヘラジカ狩りにきた英国旅行者のひとりがハルモニウム★でストラスペイ★を演奏することもあり、イザベラは喧しい音楽やフランス系カナダ人の青年が演奏するハー

★雨裂　通例、急流の浸食でできた狭小な渓谷

★J・ピール　伝説的なイングランドの狩りの名人。湖水地方で狐を追いまわし、家庭や仕事を顧みなかった

★「ルール、ブリタニア」「大英帝国よ、統治せよ」と歌う、十八世紀に生まれた英帝国讃歌。現代においても愛国心高揚の場面でしばしば登場する

★シャーマン将軍（一八二〇―九一）南北戦争時の北軍の将軍

★ハルモニウム　オルガンの一種だが、欧米ではオルガンというと本来パイプオルガンのことを指し、ハルモニウムは、共鳴管《パイプ》を使わずに金属弁《リード》の振動だけで音を出すリードオルガンに分類される

★ストラスペイ　四拍子のテンポの遅いスコットランドの踊り。またそのための音楽

モニカの調べにあわせて手紙を書きつづった。★★男たちは、イザベラがおやすみを言って湖のそばのひとりだけの小屋に戻るときがくると、いつも冗談を言って笑わせた。イザベラがスカンクを見つけたときは、お腹を抱えて笑いころげた。このスカンクはなんと彼女の小屋の床下に巣を作っていたのだが、追い払おうとする勇気のあるものは誰もいなかった。

この開拓地の、いかにも和気藹々とした小集団が一触即発の危険をひそませていることに、ほどなくしてイザベラは気がついた。マッギニス・ガルチの小屋で暗い過去を思い悩む〝マウンテン・ジム〟は、人気者で陽気で短気なエバンズと反目し合っていた。ふたりともよく酒を飲んだ——エバンズは付き合いのために、ジムはむっつりと押し黙って。喧嘩もしばしばだった。だが、この十月はこれという大変なこともなく、穏やかにすぎていった。ジムが感情を激発させることもなかった。日がたつにつれ、エバンズの小屋を訪ねてきたジムの小柄なアラブ馬が、母屋につながれているのを見ると、イザベラはそれだけで心に暖かいものを感じるようになった。彼女は「わたしが今ここでのびのびとくつろいで、なんでも自由にやれるのを、あなたが見ることができないのはとても残念です」とヘンリエッタに書いている。馬の手入れをし、皿を洗い、パンを焼き、話をして聞かせる。イザベラが〝なんでもできる〟ことを証明し

★★ここではハルモニウムを弾く英国旅行者と、ハーモニカを演奏するフランス系カナダ人を分けているが、イザベラの著書『ロッキー山脈における淑女の生活』では「陽気なフランス系カナダ人の若者がハルモニウムを弾いています」（十月十二日付）とあるだけで、英国旅行者とハーモニカの記述はみあたらない（参考文献 *A Lady's Life in the Rocky Mountains*, 1881 による）

たので、エバンズは、冬のあいだ週六ドル出すから自分とエドワーズの世話をしてもらえないかと頼んだほどだった。エバンズ夫人たちが山を下り、ゆっくりと朝寝のできるデンバーへ帰ってしまうからだ。「そうすると、しょっちゅうパン焼きに追われそうだから」と、イザベラはいたずらっぽくエバンズに言った。「それより牛を追い回している方が合っているもの」と――。いずれにしても、心に決めていた旅を実現し、この地方を見てまわるためには、これ以上ぐずぐずしているわけにはいかなかったのである。

十月二十日、エスティズ・パークに吹き荒れる激しい吹雪が、そこまで冬がせまっていることを告げていた。それでもイザベラは「黒い絹のドレスもちゃんと入れた数週間分の荷物」を、バーディという名の鹿毛のインディアン・ポニーの鞍の後ろに縛りつけ、旅に出発した。このバーディは「鉄のように丈夫な駿足をもち、忍耐強いうえにおとなしく、しかもかしこかった」。ジムはロングモントに続く小道に、彼女を見送るためにやってきた。みかけはあいかわらず放埒な感じだったが、その「優しく思いやりのある態度」にイザベラは心を引かれた。彼は一瞬、彼女の馬に身を乗り出して言った――「おれはあなたに出会えてすごくよかったと思ってる。本当にうれしいよ。それでは、神の恵みがあるように」。こうしてイザベラは、馬で元気に旅立った。音楽好きなフランス系カナダ人がエスコート役で、あれこれと気を配ってくれた――「わたしはなすべきこと、言うべきことをきちんと心得ている紳士にはとても好感をもっています」。

　ロングモントからデンバーまでの馬の旅は長く退屈だった。何の変哲もない大草原《プレーリー》★をひたすら三十マイルも進む。その単調さを破るのは、ときおりみかける痩せたテキサス牛の群や、ライフルを膝に乗せてひとり馬を走らせる男、かろうじて見分けのつく道をあえぐように進む幌馬車だけだった。彼女は「南に進路をとり、いちばん踏みならされた道をたどる」よう言われていたので、その通りにして、終日、ひとりで馬を進めた。そして迫り来る嵐と競争しながら、午後遅くになって、ようやくかなりの高さから「準州★の中心都市である偉大なる〝大平原《グレートプレーンズ》★の都市〟」デンバーを見下ろすことができた。

　エバンズの留守宅を訪ねていくと、夫人と子どもたちは心から歓迎してくれ、イザベラはすぐにロッキー山脈における彼女流の言い方で〝心を奪い去られるような楽しみ〟の冒険ルートのプランをたてた。それによると、交通手段はバーディしかなかったが、こまわりもきくし、他の手段に頼る必要はなかった。イザベラはコロラド・スプリングズをめざして南下し、山脈のふもとの丘陵地帯《フットヒルズ》を抜けて戻ることにした。このルートは、マニトウのグレート・ゴー

★プレーリー　米国テキサス州からカナダ中南部にかけてミシシッピー川を中心に広がる大草原。西はグレートプレーンズにつながる

★準州　米国で州としては認められなかったが独自の議会を持っていた地域。大統領が指名し上院が承認した知事などが統治した

★グレートプレーンズ　米国・カナダのロッキー山脈東方の大草原地帯

ジ★や岩層が美しい〝神々の国★〟のような有名な場所を見ることができる。イザベラは、もし天候がずっと崩れなければ、西に進んで、北米大陸の分水界を極めるつもりだった。

米国の極西部地方の準州が開かれてから二十年ほどのあいだに、デンバーはりっぱな都市に発展していた。「街頭における発砲騒ぎはリバプールと同じくらいまれで、朝起きて外を見たら街灯の柱に男たちが吊るされていたということも、もうありません！　ここはにぎやかなところで、広大な地域に配送する貨物保管所であり、優良店やまずまずのホテルがそろっており、工場もいくつか、そして例のごとく、文明の醜さと優雅さが同居しています。」イザベラの目を引いたのは、酒場の数の多さと、いかにも放埒な感じの男たちがうろついていることだった。彼らは、イザベラがこの都会では馬に「横座りに」乗らなければならないのを厄介だと思っているように、文明の拘束をうっとおしく思っているのだろう。彼女は、街頭に群れているほとんど男ばかりの群衆を観察した。ハンター――罠で獣を捕って毛皮を売る罠猟師――ホルスターに回転式拳銃《リボルバー》を下げた大平原の男――革の服を着た御者――バッファローの毛皮のブーツをはいたカウボーイ――子牛の手袋をはめ、ブロードウェイばりにめかしこんだ伊達男――ハンサムだが人を小馬鹿にしたような顔つきの英国人旅

★グレート・ゴージ　ナイアガラ滝の下手の大峡谷

★神々の国　コロラド州コロラド・スプリングズの近くの赤と白の砂岩層がある地域

行者――小さなポニーにまたがった、何を考えているのかわからないインディアン――ここはマウンテン・ジムやバッファロー・ビル★のような男、その他もろもろの男たちが猟で稼いだ金を使うために訪れ、大酒をあびて馬鹿騒ぎをしたり、はるか荒野まで流れてきた数少ない女性の前でこれみよがしにいいところを見せようとする場所だということを、イザベラは知っていたのである。

彼女はグレイト・プラット・キャニヨンに向かって、川や雨裂、峡谷をこえて南に進み、機会が与えられれば（やむなくそうすることもあったが）牧場や開拓地に泊まった。ある粗末な小屋に泊まったときは、いかにも烈女といった感じの妻がいっさいを取りしきっていて、陶器のパイプで煙草をふかしては家族にも回し呑みさせていた。また別の家では、イザベラもジャガイモの皮むきをしたり、スコーンを作ったりして手伝い、うさん臭そうに見ていた気むずかしい開拓者たちの気持ちをなごませたこともあった。ほとんどの場合、イザベラは暖かな歓迎を受けた。女たちはイザベラがか弱そうに見えるのに、驚くほど勇気があることに感嘆の声を上げた。男たちはイザベラの見るところでは、たいてい自分たちと同じくらい強いと思っているようだった。ある夜、イザベラが吹雪の中を百万長者の牧場にたどりついたときは、彼女のために熱いお湯が用意され、黒人の召使いのひとりが給仕してくれた。またあるときは、若い

★バッファロー・ビル＝ウィリアム・フレデリック（一八四六―一九一七）米国の開拓者・興行師

結核患者が亡くなったばかりの下宿屋に泊まり、こわばった不気味な足がベッドカバーから突き出ているのを、目にしたこともあった。

デンバーを立ってから一週間後、百五十マイル離れたコロラド・スプリングズに入ったイザベラは長いスカートをはき、横座りにバーディに乗っていた。「奇妙な、生まれたばかりのような場所」だと彼女は思った。「けれども発展しつつあるし、これからも発展していくことでしょう。」ユト峠を抜け、コロラドでもっとも魅惑的な景色――見渡すかぎりの不思議な色彩の岩々と峡谷の中を登っていった。冬が山々に迫ってきた十一月一日、彼女は北西に馬を進め、ロッキー山脈の大分水界をめざして、どんな野生の獣が飛び出そうとひそんでいるかもしれない森林地帯を抜けていった。イザベラの宿泊先のひとつでは夜、数人の男たちが分水界に向かう最適なルートについてさんざん議論をたたかわせたあげく、彼女の行こうとしている道は、もう雪が深くつもっているだろうから、ロッキー山脈の中でも最悪だということに意見が一致した。

それでもイザベラは、サウス・パークの鉱山町の北端を抜け、ブラッケンリッジ峠を通ってロッキー大分水嶺へ登っていく道を選んだ。この行程を楽しませてくれたのは、道中たまたま一緒になったコマンチ・ビルというコロラドでは有名な人物だった。このいかにも人目を引く男は、みなりのいい点では、エスティズ・パークの無法者にまさっていた。カールした髪は腰近くまで垂れ（この記述はミス・バードの誇張では？）、飾り玉をつけたバックスキン★のスーツ、大きな真鍮の拍車★という出で立ちで、ピストルとリボルバーが各二丁、それにライフル銃とカービン銃とナイフという、実に多くの武器を装備していた。彼は何年も前にスピリット湖★でインディアンに両親を虐殺され、妹を連れさらわれていた。それ以来、彼は復讐のためにインディアンを片っぱしから皆殺しにしながら、妹を捜してきたのだった。彼はイザベラに「率直でしかも丁重」な態度で接し、ロッキー山脈分水嶺まで案内してくれた。そこでは雪どけの水が小川となり、東はプラット川と大西洋へ、西はコロラドと太平洋へと別れて流れ出すのを見ることができた。ビルはイザベラに丁重な別れの挨拶をして旅を続け、一方、彼女は〝デンバーの駅馬車道〟へと戻っていった。

その夜はホールズ・ガルチで酔漢のパーティに迷い込み、「酔いつぶれる前の、ご機嫌な」男に迎えられた。イザベラはヘンリエッタに、ウィスキーは西部における災いのもとだと書いている。飲酒が禁止されているところでは通常の犯罪はほとんどなく、ドアは施錠されたためしがない。それでいて絶対に安全なのだ。女性ひとりでも、どこへでも馬でいくことができる（イザベラは世界のどんな僻地に旅しようとも、いつも妹にはそう言って安心させた）。けれ

★バックスキン　丈夫な黄色がかったもみ皮。もとはシカだが現在は通例、羊や子牛の皮を使う

★拍車　靴のかかとにつけて、馬の腹を刺激する金具

★スピリット湖　ワシントン州南西部、セント・ヘレンズ山の北麓にある湖

ども、ウィスキーは人に殺人を犯させ、あらゆる堕落におとしめる、と――。ジムがしきりに勧めたので、イザベラはこの旅にリボルバーを携行してきたが、ずっと邪魔でしょうがないと思っていた。ホールズ・ガルチは、彼女が唯一、このリボルバーのことを真剣に意識した場所だった。

ゴールデン・シティとボールダー経由でロングモントに引き返したイザベラは、手持ちの金が乏しくなってきたので、ここからエスティズ・パークに戻ることにした。エスティズ・パークでなら、旅に出るまえにエバンズに用立てた金を返してもらうまで、現金がなくても暮らせるからだ。つまるところ、「人里離れた僻地の高みにあり、野獣が出没する雄大かつすばらしい住処《すみか》」に戻ることは、それほど悲観する成り行きでもなかった。ひとりでロングモントから戻ったイザベラは、マッギンズ・ガルチでジムに迎えられたあと、一緒にエスティズ・パークに戻ったが、牧場にはカヴァンとバカンというふたりの青年がいるだけで、双方がちょっとした落胆を味わうことになった。エスティズ・パークで猟をしていた彼らは、エバンズとエドワーズがデンバーから戻ってくるまで留守を預かることにしたのだが、数日のつもりで引き受けたのである。実際には、主人たちがふたたび姿を見せるまでたっぷりひと月近くかかった。イザベラにとって精神的に困難な状況にひきこまれるには十分な長さで、そこから逃れて、感情にゆるがされないヘンリエッタの冷静さの中に逃げ込みたくなった。ちょうど、旅に出発することでヘンリエッタへの愛情から逃げ出すことが習い性となっているように——。

イザベラとふたりの青年はうまく暮らしていった。青年たちは薪や水を運び、イザベラは皿洗いや部屋の掃除や片づけをする。古いショールをテーブルクロス代わりにし、戸棚には不自由しないだけのお茶の蓄えもある。だが、ジムとのことはそれほどたやすくはいかなかった——吹雪の中を長いこと馬を走らせながら、彼はイザベラを愛していると語った。ジムが自分の感情に初めて気がついたのはロングズ・ピークの旅で、彼女の不在でますますその気持ちが強まったと。イザベラは自分が戻って以来、どうして彼がずっと寡黙だったか——〝dil〟だったか、やっとわかった。しかし彼は、今やその埋め合わせをするように、気の進まない彼女の耳に、無為に過ごした自分の人生について語りはじめた。これまでに聞いた話も多かったが（ジムはアイルランド人で、口が重い方ではなかった）、今、明かされたエピソードは初めて耳にするもので、さらに不名誉なものであり、イザベラにはかりしれない苦痛を与えた。ジムが死んでから数年後、イザベラは、彼がこの午後に話したことが「日中、ときおり頭に浮かび、また夜中にめざめて思い出すことがあります」と語っている。ショックを受けると同時に不思議な興奮を覚えたイザベラだったが、心を占めたのはジムに対する哀れみだった。彼女は、こんなにも愛すべき魅力的な男性が——「真の天分」を持った人間が、これほどまでに自らの人生をだいなしにしてしまったことへの嘆きに、心を引き裂かれる思いがした。「私が旅に出てまもなく、彼はわたしが好きだということに気づき〔…略…〕〝こんな気持ちになったのはロングズ・ピークからなんだよ〟と彼は言いました。わたしはこわくなって全身が震えだし、しまいには泣き出してしまいました。彼はどんな女性でも愛したくなるような男性ですが、良識ある女性なら誰も結婚までは考えないでしょう」というのが、思い悩んだ末の彼女の決断だった。彼がどれほど深く酒におぼれ、彼の気性がどれほど御しがたいかを知っていたからだ。イザベラはあまりにも悲しくて、また怯えきっていたために涙にくれ、口もきけなかった。ジムはふりしきる雪の中で馬の向きを変えると、これからイザベラが旅立つまでスノーウィ・レンジでキャンプをすると言いすてて、去っていった。イザベラは自分を落ち着かせようとしたが、夜の闇が迫ってくると、思いは、彼女の愛を求めて山腹で凍えている無法者のうえに向かっていった。

数日後、スノーウィ・レンジにいるものと思っていたジムが、ロッジの居間に入ってきて、丁重だが冷ややかな態度で、前に知りたがっていた渓谷の道を教えてほしいかと訊ねた。長期の罠猟にでかけるので、もしイザベラが自分で帰り道を探せるなら、そこまで連れていってやるというのだ。彼は先日会ったときのことには何も触れずに、道中ずっとひどく咳き込み、死人のように生気が感じられなかった。別の道に分かれるとき、ジムは別れの挨拶はしたがイザベラの手にはほとんどふれようとしなかった。彼女はひどく傷つけられて憤慨し、彼の態度は然るべき礼儀を欠いていると思ったので、怒りを表す形式ばった（「拝啓」で始め、「敬具、I.L.B.」で締めくくる）手紙を書き、自分がエスティズ・パークに滞在しているあいだは姿を見せないでほしいと頼んだ。彼の、「非難に値する」ふるまいが、ふたりのあいだにこんなにも大きな桎梏《しっこく》を生じさせたからだと――。

　手紙を届けにジムの小屋に馬ででかけたイザベラは、猟から戻ってきた彼とばったり会った。ジムはひどく具合が悪そうだった――彼は肺に受けた矢の古傷が痛むのだとつらそうに語り、ベッドに入った。悲しみに沈んだ様子で礼を言い、丁重に手紙を受け取ると、読まずにそのまま、ポケットにしまった。かわいそうなイザベラ！　彼女は馬を急がせ、小屋に戻った。ジムがかわいそうでたまらなかった。ジムを連れて帰れたら、どんなによかっただろう。「彼に熱いお茶を入れ、優しくしてあげられたら……。」

翌日、ふたりは、自分の本当の気持ちをこれ以上押し隠すのはやめようと心に決めた。イザベラは衝動的にバーディァに鞍を置き、マッギニス・ガルチの小屋に全速力で疾走させた。ジムが死んでしまうにちがいないと思ったからだが、その途中でこちらに向かって馬を走らせてくる彼と出会った。ジムは叱られたこどものような表情で、「一時間ほど話」をできないかと聞いてきた。

ふたりは木の下に座り、激しい感情の嵐のあとに訪れる穏やかさの中で、静かに語り合った。そばにいるのはバーディァと小さなアラブの雌馬だけだった。ジムはイザベラに、今、自分が置かれている状況とこれからの見通しとを「落ち着いて理性的に」語った――彼にあるのは、この地の開拓地所有権とテキサス牛四十頭、それに罠猟師としての技《わざ》だった。ジムはミス・ヘンリエッタ・バードもエスティズ・パークにきて自分たちと合流できるのではないかと仄めかした。「あなたも、それからわたしたちの友人も、ジムに会ったらきっとすごく気に入るでしょう」とヘンリエッタに書いたときのイザベラは、おそらく、彼に対する好意のために盲目になっていたのだろう。それでも彼女は、「あらゆる事情がうまくいって、あなたのことを心から愛したとしても、ウィスキーのことがあるから、わたしの幸福をあなたにゆだねる気にはなれない、とジムに語った」のである。この日は、芝居がかった言動は何もなかった。イザベラは、お酒をやめてほしいと必死にかきくどいてもジムがそれほど心を動かされなかったことはわかっていた。それでも、語り合ったことでふたりは前よりも幸せを感じていた。

イザベラはジムを愛していたのだろうか？「わたしが結婚していたかもしれない男性がいます」と、のちに彼女は、ヘンリエッタにあてて書いた日誌の中で認めている。初めから終わりまで、ジムは魅力的で愛すべき男性であった。そして、イザベラにとってかけがえのない友人でもあったのである。彼女は話の上手な男性が好きだった。それだけではなく、イザベラにとってジムは、誰も持ちえないほどの愛情を捧げた荒々しい自然そのものだった。イザベラはヘンリエッタの死後は、妹にあてた手紙のようにすべてをさらけだして書くことは二度となかったが、それでも、彼女が人生の終わりまで、きわめて男らしい男性との旅を楽しんだことは、のちの著書の行間に読みとることができる。ここでいう男らしさとは「豊かな機知と、荒々しいまでの率直さ」を指すが、それだけでなく、この十六年後、イザベラをペルシア山中の旅に同行したソーヤー大佐が示した深い思いやりも含まれている。このペルシアの旅でイザベラは、〝ミスター・ヌージェント〟と出かけたロングズ・ピークの旅で味わった喜びを、多少なりとも得ることができたのである。

一方、ジムのほうは、イザベラの勇敢な精神を高く評価し、その完璧なまでの善良さを尊敬していたにちがいない。彼女にはひとりよがりのところがまったくなかったからだ。イザベラ・バードは、決して相手にあるがまま以上のことを期待したりはせず、自分が人並みはずれた長所を持っていることを誇ったりもしなかった。しかも、一緒にいてとても楽しかった！ その敬虔さにもかかわらず、イザベラは共通の知人の奇談を、悪気のないからかいをこめ、面白おかしくジムに語ってきかせた。彼は子どものように笑いころげた。一方、彼がまじめな気分のときは、水準の高い会話で受け答えをした。イザベラはジムの愛する詩については彼より知識があったが、ふたりとも心安くいられる荒涼とした土地や自然の営みに関して彼に教わるのがうれしかった。こんなふうにふたりでいるときの喜びは尽きなかった。またジムは、イザベラが彼を怖がっていないことや、彼の芝居がかった態度に動じないのを面白がるだけの賢さも持ち合わせていた。

ある日のこと、ジムは、雪の中をロングモントへの道を馬でくだろうとするイザベラの頭上に銃を発射するという正気とは思えないふるまいをして、彼女にひどいショックを与えた。彼はそのあと、イザベラを馬から引きずりおろして自分の小屋に連れていき、こんな日に外に出てはいけないと叱りつけた。それに対してイザベラは、「自分のような経験を積んだ山男は、こんな日には出かけない」というジムに、「本当は出かけたくてたまらないのに、馬を放してしまったから行けないんでしょう」と勇ましくも切り返して、彼を大笑いさせた。ふたりは暖炉のそばに座って、仲むつまじくコーヒーを飲んだ。それから彼の様子はどこまで見せかけなのだろうと思いながら（もっとも、これが初めてではなかったが）、最初の予定どおり、ロングモントに向かって馬を進めた。確かにイザベラは、ジムが真顔で自分に向かって銃を構えている夢を見たこともあったが、その夢の中でさえ、まったく危険がないことはわかっていた。

木の下で話しあった日から、ふたりのあいだには前の親しさが戻り、イザベラは、またジムと遠乗りに出かけた。あるとき、ライマンという青年を連れてジムの小屋を訪ねた。このライマンは、牧場に居着いた若い学生で、乏しくなってきた食料を自分の分け前以上に食べてしまう傍若無人ぶりを発揮していた。イザベラはデンバーの雑誌『アウトウェスト』誌に載せるつもりでロングズ・ピークの登攀記を書き上げ、ジムに批評してもらうために持参していた。ひとつのことに夢中になるとほかのことが考えられなくなるイザベラは、その遠征のときにジムとの不幸な恋が芽生えたことをすっかり忘れていたのである。彼女はジムのむさくるしい小屋の中で不思議なくつろぎを感じていた。ふたりは詩や心霊主義について語り、イザベラは自分の原稿をジムに読んできかせた。一方、(文学青年を気取っていた) ライマンは、ふたりにかまってもらえず、話を聞いているだけだった。

けれどもイザベラには、この状態が長くつづかないことはわかっていた。エスティズ・パークを去ることを考えると「わあっと大声でわめきだしたくなります(ヘンリエッタに書くときのちょっとした言い回しのひとつ)」。だが、スコットランドのことわざ――「チッチッと指を振って非難し続けるなら、その指をなくしたほうがまし」にも一理あった。ジムの機嫌は悪くなる一方だった。イザベラは、ライマンが小峡谷に落とした荷馬車を引き上げに、ライマン、カヴァンと一緒に出かけ、ジムと出くわした。そして周囲に獣の皮や骨が散乱した彼の陰鬱な小屋で、話をした。ジムは人生の不公平さをかこち、十一月二十五日に小屋の一同が感謝祭の食事に招待したときも、そっけなく断った。しかし、エバンズとエドワーズがようやく戻ってきて、イザベラはエバンズに借金を返してもらった。そしてジムが駅馬車に乗るところまで同行し、イザベラが乗っていく馬を連れ帰ってくれると申し出たとき、もはや彼女の行く手をはばむものは何もなかった。

この一か月ともに過ごした仲間はとても残念がり、淑女《レディ》がいなくなっても

「物静かに、紳士らしく」ふるまえればいいのだがと言いながら、イザベラと別れを惜しんだ。エバンズがマッギニス・ガルチのジムの小屋まで送ってきてくれ、イザベラは旅立つ前にエバンズとジムが握手を交わすのを満足して見守った。彼女はジムの雌のアラブ馬に乗り、彼に「せきたてたり、怒ってどなったりしない」と約束させて出発した。まじめな話題を穏やかに、かつ熱っぽく語りながら、ふたりは終日馬を進め、夜は若いミスター・ミラーの家に泊まった。彼は「澄んだ目をして、絶対禁酒の習慣が与えてくれる男らしい自尊心にあふれていた」。ミスター・ミラーは夕食がすむと、十分もたたないうちに皿洗いをすませ、あとはゆったり座ってくつろぎながら、煙草をくゆらしはじめた。イザベラは、これが女性だったら、ベッドに入る直前まで片づけにあたふたするところなのに、と思った。若き入植者と無法者は――こともあろうに――パンやビスケットの上手な焼き方についてさんざん情報交換をしたあげく、レシピまで書き合った。ふたりは、協力してイザベラが気持ちよく夜を過ごせるように、石を熱して湯たんぽがわりにし、毛布を暖め、零下十一度にもなる寒気に対抗するために、暖炉の薪を一晩中足りるだけ積み上げた。

翌日、ジムとイザベラはセントルイスの駅馬車駅まで、残り三十マイルの道を出発した。そこまで行けば、あとは駅馬車が彼女をシャイアンの鉄道まで連れていってくれるはずだった。ナマカという集落に着いたふたりは、これから泊まろうとしているセントルイスの宿場の宿屋でダンスパーティがあるという話を耳にした。それでなくても疲れて元気をなくしていたふたりは、このニュースに慌てふためいた。イザベラはジムが酒を飲んで喧嘩にまきこまれ、発砲するのではないかと心配し、ジムはジムで、「実は昨晩、まさにそのとおりの夢を見て、夢の中で男をひとり撃ち殺してしまった」と打ち明ける始末。ふたりが宿に着いてみると、そこで行なわれていたのは、近隣の入居者が定期的に集まる酒ぬきの穏やかなダンスパーティだった。ふたりは台所に泊まることが出来て、ダンスに加わる必要もなかった。男たちは、実におだやかにその家の子どもたちを膝に乗せ、髪を引っ張らせて遊ばせているのが〝ロッキー山脈のジム〟だと聞くと、一目見ようとしてドアに群がり集まってきた。また、イザベラが乗馬の名手として偉業を成したという評判はコロラドじゅうに広まっていたので、あるいは男たちは、ジムの連れのレディを見ようとして集まってきたのかもしれない。ただし、仮にそうだったとしても、イザベラは謙遜してそうは述べていない。

やがてダンスが始まり、奇妙な組み合わせの友人たちはふたりだけで残された。イザベラはいつ果てるともしれない手紙を書き、ジムはイザベラが注意を引かれたいくつかの詩を書き写して「深い感情をこめて」彼女に朗読してきかせた。それからイザベラはジムに、手遅れにならないうちに人生をやり直してほしいと、最後にもう一度懇願した。「昔だったらできたかもしれない」——それが彼の答えだった。「彼は自分以外なら、誰に対してもすばらしい思慮分別を示すのです」とイザベラは、コロラドからの最後の手紙に書いている。「そして〔…略…〕彼のように優しく礼儀正しく、思いやりをもったふるまいのできる男性がいたら、しかも、西部の荒くれ男たちとしかつきあいのない男性の中にいたとしたら、それは驚くべきことです。」その夜は、一晩中眠れずに起きていることも、暴力ざたの悪夢を見ることもなかった。イザベラは、ひとりの悔い改めた罪人《つみびと》と九十九人の正しい人のたとえ話★は、とくに彼のために用意されたものだという深い確信を抱いて、幸せな思いで眠りにつき、眠ってからもその夢を見た。ジムは、自分は祈ってもいるし、神を信じてもいると言ったので、彼のことは神（常にイザベラが心に描いている〝哀れみ深い天の父なる神〟）にゆだねるしかなかった。彼の姿を最後に見たのは、翌朝、駅馬車がガタガタと出発していくときだった。イザベラは、ジムが金髪を陽光にきらめかせ、彼女が八百マイルの旅をしてきた鞍を乗せた雌のアラブ馬を引きながら、雪原を越えてエスティズ・パークに戻っていくのをじっと見送った。

★新約聖書「ルカによる福音書」（十五章四－七節）に出てくる羊のたとえ話。夏目漱石の『三四郎』をはじめ、〝迷える羊《ストレイシープ》〟の言葉は日本でもよく使われている。「百匹の羊のうち一匹をなくした人が、九十九匹を野原に残していなくなった一匹を探し歩き、みつかったときは大喜びで友人や隣人に知らせる」という話で、いなくなった羊を「罪人《つみびと》」、九十九匹の羊を「悔い改める必要のない正しい人」にたとえているその五か月後の一八七四年六月に、ジムは死んだ。長いこと、彼とエバンズのあいだに鬱積していた憎悪が火をふき、銃が抜かれ、イザベラの滞在していた山小屋をジムが馬で通りすぎようとしたところを、エバンズが戸口の階段《ポーチ》から撃ち殺したのだった。彼女があんなにも楽しげに暮らし、ジムが立ち寄るたびに雌馬をつないでいたあの小屋のそばで……。ジムは即死ではなく、イザベラがこの争いの知らせを耳にするまで生きながらえていた。イザベラはそのとき、スイスのホテルに滞在していたのだが、ジムが息をひきとるまさにその瞬間、部屋にいた彼女の前にジムが姿を現したと語っている。それは別れのときにかわした「どちらが先に死んでも、霊になって必ず会いに来る」という約束を果たすためだった。争いの原因については五通りもの異なる説明がイザベラのもとに書き送られてきていたが、彼女はジムがその人生と同じように無謀な死をとげたことを、深い悲しみとともに悼んで、その経緯については黙して語らなかった。★

一八七七年、イザベラはバード家の主治医であるジョン・ビショップ博士からプロポーズを受けた。彼はジムとはまったく正反対の男性だった。イザベラはジョン・マレーに手紙で、「病弱な妻」になることには耐えられないと告げ

★争いの原因として、「ジムがエバンズの娘ジニーに色目を使った」「広大な土地を買い占めて、エスティズ・パークを開拓者から取り上げようとする英国のダンレーヴン伯爵と共謀していた」などの噂が流れたという（参考文献 Allen, *Travelling Ladies*, p241 より）

て、一八七八年二月、極東への旅によって健康を取り戻すために祖国を離れた。日本では現地の荷馬に乗り、遠い北海道の原住民である毛深いアイヌ人の中で暮らした。彼女は驚くほど元気になり、アイヌの習慣を観察し――「今、未開人は火のそばで〝サケ〟を呑んでいます」――滞在中は「どんなに神経質で気難しい人でも不快に思うことがないほど、何も不都合なことはありませんでした」と妹を安心させている。

一八七八年十二月十九日、蒸気船ヴォルガ号で横浜港を立ったイザベラは香港に渡り、広東《カントン》の監獄と処刑場にも足をのばしたが、この旅で激しい衝撃を受けた。そのぞっとするほどどむごたらしい記述は、ヴィクトリア朝時代の優雅な旅行記の中でも異彩を放っている。実際、ジョン・マレーはこの部分を『黄金の半島』から削除することを望んだ。だがイザベラは、正義の名のもとに犯罪者が拷問を受け、磔にされる「地上の暗黒の場所」で、いったいどんなことが行なわれているかを人々が知るのは、決して悪いことではないと主張したのである。

イザベラはそのままマレー半島に向かったが、途中、船がサイゴンに停泊したため、上陸して、徒歩で長いこと内地を見てまわった。シンガポールは郵便船が着いたことぐらいしか話題がなくて、あまり好きではなかったが、奥地のペラクでは象に乗り、愛玩用の猿と友だちになったりして楽しんだ——「その猿が腕組みをして座っているところは、身体にぴったりあった毛皮のスーツを着た紳士のように見えます」。イザベラはエジプト経由で帰国の途についたが、旅の終わりが近づくにつれて健康はしだいに衰えてきた。マル島に着いて三週間後には、近くのトバモリーまで歩いていくことすらできなくなった。

一八八〇年六月四日、妹のヘンリエッタは帰らぬ人となった。悲しみに打ちひしがれたイザベラは、ついに誠実なビショップ博士を受け入れ、一八八一年三月八日、深い喪に服しながら結婚した。ジョン・ビショップはユーモアを解し、利己的なところのまったくない優しい男性だった。ジョンがイザベラと知り合ったのは植物の組織構造を研究していたときで、彼はイザベラのすべてを理解できたとはいえないまでも常に愛情をこめた目で見守っていた。こんな言葉がある——「わたしがイザベラの愛情をめぐって争う唯一の手強いライバル——それは中央アジアの高原です」。あんなにか弱いレディがどうやってあれほど過酷な旅をなしとげたられたのかと訊かれると、彼は穏やかな笑みを浮かべて、妻には「トラのような食欲とダチョウ並の消化力」が備わっているから、と答えた。イザベラも夫を深く敬愛し、気持ちの上でもすっかり頼り切っていた。その様子を見ると、マリアンヌ・ノースが彼女の取り澄ました態度をいら

夫ジョン・ビショップ

だたしく思った冒頭の場面の頃、囁かれていた噂は嘘だということがわかるだろう。イザベラは、夫に対する妻としての従順さから結婚後数年は旅に出なかった。彼女はニューギニアを訪れたいと思っていたが、もう結婚していたし、そこはとても男性を連れていけるような場所ではなかったからだ。

＊＊＊

一八八六年三月六日、結婚後わずか五年で夫を亡くしたことは、イザベラの人生における最大の悲劇だった。それでも、彼女は旅することをやめなかった。それどころか、その行動は衝動的なものとなり、その冒険はますます困難なものとなっていった。まるで、すべての近しい感情的絆が断ち切られた今、自分の手をすり抜ける自己充実を追い求めるよりほか、残された道はないとでもいうように――。しかも、その活動範囲は際限なく広がっていった。自分の行動を正当化しようとして、彼女はそれぞれの旅ごとに実際的な目標を定め、帰国すると大量の有用な情報をまとめる作業に追われた。そのため、彼女の旅はしだいに自然との闘い、人間への拒否となっていったのである。実際、イザベラはきわめて多種多様な外見をまとった人間性への愛着をしだいに失ってきていた。のんきなハワイ人と遊んだり、穏やかなアイヌ人と暮らすことを楽しんだ彼女が、最後に下した結論は次のようなものだった――「未開人の生活は間近で見るには耐え得ない。およそプライバシーなどなく、荒々しい獣性をむき出しにし、不潔で汚い。貪欲さを隠そうともせず、嫉妬と憎しみを露わにする。平気で嘘をつき、利己主義きわまりなく、裏切ることを何とも思わない――すべて、間近で見れば不快さしかもたらさない」。

唯一、空や山々だけは決してイザベラを失望させなかった。旅をするごとに、寒さに対する免疫はさらに完璧なものとなり、食べ物に関してもえり好みをせず、なんでも食べるようになった。つらさや不快さをしのび、不便さに耐えることは、一種の中毒といえるところまできていた。冬のロッキー山脈の〝心を略奪される冒険〟を、その勇気と並々ならぬ気迫で切り抜けたイザベラだったが、バグダッドからテヘランまでの深い雪に閉ざされた山越えの過酷な旅はまさに死にものぐるいといってよかった。ことによると、イザベラが追い求めていたものに近づけたのは、果てしなく広がる大地と逆巻く大河、そして何よりも人の近寄れないチベットの山々まで彼女を導いた、広大な大草原をもつ中国だけだったのかもしれない。

イザベラは精神性が高くて、とても知的だったし、意外に現実的なユーモアのセンスもあり、それを何があっても失わなかったので、絶えまえなく出かける旅にも何か目的を見いだそうとした。彼女は前にもまして宗教の中に安らぎを見いだすようになっていたので、洗礼を受けて宣教活動への献身を表明し、世界各地の宣教地を訪れる決心をした。ロンドンのバプティスト・メトロポリタン礼拝堂で、有名なスポルジョン博士★の司式により、全身を水に浸す浸礼を受けたのは一八八八年二月二十三日のことである。

　イザベラはこの目的を果たすために一八八九年、インドに向かう船旅に出発し、インドからトルコとペルシアに進んだ。彼女が一八九四年から九七年まで韓国、日本、中国の大がかりな横断旅行を思いついたのは、極東伝道活動の旅としてだった。イザベラは宣教師と同行することが自分に（おそらくは宣教師たちにとっても）都合がいい場合は、彼らと一緒に旅をした。後の著書には、この伝道活動の目的やイスラム教国と仏教国におけるキリスト教布教活動の効果に関するきわめて有意義な観察記録がたくさん収録され、宣教師自身が筆をとったごく控えめな報告も載っている。実のところ、イザベラは良きクリスチャンではあったが、福音主義★的な敬虔さが本当に彼女の力強い活力《エネルギー》の源泉であったかどうかは疑わしいものがある。ヘンリエッタの死後に書かれた本は、『サンドイッチ諸島での六か月』や『ロッキー山脈における淑女の生活』、『日

★スポルジョン博士＝チャールズ・ハッドン・スパージョン（一八三四－九二）　英国のバプティスト派説教者。教会関係ではなぜかスポルジョンの呼び名が定着している。すぐれた説教で知られ、彼のためにロンドンに六千席を有するメトロポリタン礼拝堂が建てられた

★福音主義　教会の権威や儀礼より、聖書、とくに新約聖書の教えと説教を重視し、救いはキリストの贖罪を信じることによってもたらされると言う考え方

本奥地紀行』、『黄金の半島』をあれほど魅力的なものとした独特のきらめきはほとんどみられないが、旅そのものはさらに印象深さがましている。『ペルシアとクルディスタンの旅』、『朝鮮とその近隣諸国』、『揚子江渓谷とその奥地』は、交易的統計や道徳的見解の意見を重視し過ぎるきらいはあるが、ときには身の毛もよだつような話を、またときには乾いたユーモアを語り、とりわけみごとな描写がちりばめられている。我を忘れて仕事に熱中する彼女の愉快な一面をものぞかせてくれる――シルト★が積もった揚子江の水で写真を現像したり、旅行着で「書きかけの日記をつかんだまま」、十時間も眠り込んでしまったり、「イエーガー★製の布を肩にピンでとめ、いつものように表紙用の厚い板紙《ミルボード》を膝に乗せてカレーを食べた」りといった具合だ。またイザベラは、気の利いたせりふを織り交ぜるのが巧みだった。たとえば「トルコの水牛小屋で眠っていたとき」とか、「なんといってもわたしはラバ追いのベテランだったので、ポニーの荷を一頭ずつ、うまく割り振る仕事がまわってきた」というように――。

一八八九年二月のインドへの旅は、夫と妹を記念する伝道病院の設立が目的で、ふさわしい土地を探し求めてカシミールまで足を運んだ。保養地での社交生活にあきあきした彼女は、カシミールを逃げ出して、西チベットに向かった。そして「疲れ知らずで頑丈、いつもお腹をすかしている、人に慣れない〔…略…〕

★シルト　水によって運ばれて沈積した、砂と粘土の中間の大きさの砕屑物

★イエーガー　英国のニットメーカーの純手織物。第六章の三二九頁参照

銀灰色《シルバーグレー》のアラブ馬」に乗って、ゾジラを越えてラダクに入り、二か月かけて西チベットを旅した。この旅のおかげで、イザベラは王立地理学協会から遅ればせながらの注目を得たのである。

次の計画は、トルコとペルシアのほとんど知られていない山岳地域を馬で越えることだった。（イザベラにとっては）無知蒙昧なイスラム地方に足がかりを築いた伝道所を訪ねるだけでなく、トルコ系クルディスタンのアルメニア教会の信徒およびネストリウス派★の信徒による古代キリスト教の生活共同体を訪ねることだった。この危険な活動を友人たちがなんとか説得して思いとどまらせようとしていたとき、たまたま幸運にも、インド軍主計局諜報部のハーバート・ソーヤー少佐と知りあった。少佐は軍事的機密を帯びた地勢調査のために南西ペルシアにいくことになっていて、バフチアリ地方とルリスターン★を抜けていく予定だった。この地域はイザベラがとくに訪れたいと思っていたところだったのである。少佐は彼女を彼の部隊に同行させることを承諾した。ともかくもバクダッドからテヘランへ抜け、イスファーハンへ進む。少佐自身は、このイスファーハンからザーグロス山脈★へと向かうことになっていた。ソーヤー少佐は明らかに旅の最初の時点で、イザベラが旅に取り組む果敢な姿勢に感動

★ネストリウス派　キリストの神性と人性を区分するネストリウスの主張を支持する一派で、エフェソス公会議（四三一）で異端とされた。ローマ帝国内で迫害されたネストリウス派の教会は東方に教圏を求め、とくにトルコとペルシアの国境地域やインドでは数世紀にわたって存続した

★ルリスターン　イラン西部の州。ザーグロス山脈中の山岳地域。州都はホッラマバード。ルール族の中心地で、「ルールの土地」の意

★ザーグロス山脈　イラン北西部から南東部に走り、イラン高原の南西縁辺を形成する褶曲山脈。この地域の人口は約五百万と推定され、その大部分はクルド族、ルール族、バフチアリ族などの遊牧民である

したらしい。ふたりは、最後には力を合わせてバフチアリ族の調査を行った。イザベラは自分で食料や召使いを用意してきてはいたが、未開の国で野営をするときにソーヤー少佐の歩哨たちが警備してくれるのはありがたかった。

ハーバート・ソーヤーは、『キム』★のページからそのまま抜け出てきたような軍事行動のベテランだった。その彼が、病弱で通っている敬虔な中年の未亡人をエスコートして、なじみのない非友好的な国を旅していくことは、検討するだけでも尋常なことではなかっただろう。だが旅そのものは、いたって尋常なものだった。それはすべて、英インド政府が過去半世紀にわたって中東とインドをめぐってロシアと競ってきた〝グレート・ゲーム〟の一環で、中央アジアにおけるロシアの帝国主義者の策謀をくじくための、周到かつ秘密裏に運んだ軍事行動だったのである。本書のレディ・トラベラーたちは、しばしばこのゲームの周辺でまきぞえを食っている。インド測量局はファニー・バロック・ワークマンが訪れるずっと以前からカラコルム山脈に陣取って、ロシアの侵入を未然に防ぐ仕事に追われていた。アニー・テイラーは彼女の亜東《ヤトゥン》の店で、ヤングハズバンド★がロシアの手からチベットを救うために任務を遂行するのを目の当たりにした。イザベラは後の著書で、ペルシアや韓国といった遠隔の国々にまでロシアが邪悪な影響を及ぼしていたことにたびたび触れている。〝グレ

★『キム』 R・キップリングの長編小説（一九〇一）。インド育ちの孤児キム（実は〝グレート・ゲーム〟における英国諜報部のスパイであったりもする）が、ラマ僧とともに行く旅の中で体験するさまざまな出来事を、英領インドの情景をバックに描く

★ヤングハズバンド（一八六三―一九四二） 英国の探検家

ート・ゲーム〟（この言葉は一八四〇年代のある時期に作られたものらしい）への取り組み方は、ホワイトホール★とデリーにおいて誰が権力の座につくかによって、強硬になったり軟弱になったりした。「無為消極派」の政党は、インド国境の防衛戦略を唱道し、せいぜい、いうことをきかない部族民を罰して命令に従わせるためにときおり遠征するくらいなもの。一方、ライバル政党に「奸策積極派」と呼ばれている党は、ペルシアとアフガニスタン（のちにはチベットにも）の平和的侵入を主張した。これはこの二か国を緩衝国とし、英国の影響を受け入れさせ、英国の助言に従って経済の近代化と法律の改革を行なわせるよう説得をはかるものだった。英国とペルシアの関係は、一八八八年に精力的なヘンリー・ドラモンド・ウルフ卿★がテヘランの英国公使に任命されたことをきっかけに活動期に入ったが、ソーヤー少佐の任務がこれに関連していることは疑いがなかった。ペルシアの王《シャー》に勧めた望ましい改革の計画の中でも、もっとも優先順位が高いのは鉄道の敷設で、きわめて重大なものと考えられていた。ロシアがペルシアの北の国境を徐々に侵略しつつあると思われたので、英国もペルシア湾を通して、南部を英国の貿易や国際的な接触に解放させ、優位に立てるようペルシアに迫っていたからである。南部では、カルーン川★が内陸部（今日では南西ペルシアの豊かな油田が広がっている奥地である）への航

★ホワイトホール　ロンドンのウエストミンスター区にある大通り。トラファルガー広場から国会議事堂に至る街路で、中央官庁が立ち並んでいる。また英国政府を指す

★H・D・ウルフ（一八三〇―一九〇八）　英国の外交官。外務省に勤務、のち政界入りする

★カルーン川　イラン南西部を流れる同国最大の川

行可能な水路を提供していたが、一八八八年十月、シャーはすべての国の船舶にこのカルーン川を開放することに同意し、英国の外交はめざましい成功を収めた。ソーヤー少佐に与えられた指令は、ザーグロス地方の果て、つまり北東側の土地の測量および現地の人々の調査で、それが、南ペルシアを抜けてイスファーハンへの道を開くというさらなる計画と、灌漑や採鉱計画による土地開発の可能性に結びついていることは明白だった。少佐にとってペルシアを訪れるのは、これが初めてではなかった。ロシアのカスピ海鉄道の軍事的価値に関する報告書を提出するために、一八八七年に派遣されているからだ。北の国境沿いに走る、明らかに戦略的な性質を帯びたこの鉄道に、デリーとホワイトホールの首脳部は少なからぬ懸念を抱いていたのである。

ソーヤー少佐は「きわだった容姿、強烈な個性、機知、並はずれた率直さ、能力、優しさ」を備えた、実にイザベラ好みの男性だった。ふたりは、バクダッドからテヘランまで馬で旅するあいだに互いを理解するようになった。イザベラは、少佐がいなければこの旅は絶対になしとげられなかっただろうと認めている。イザベラが自分の話は自分なりのやり方で語りたいと思ったのか、それとも彼が名を伏せることを望んだのか、少佐の実名は彼女の著書のどこにも見あたらない。『ペルシアの旅』では最初はM-として登場し、のちには「アガ★」

★アガ　トルコ、イスラムで（オスマン帝国の）高官、軍司令官の称号

（つまり、マスターの意）と呼ばれている。彼らはバクダッドを一八九〇年の一月十日に出発し、二月二十六日に半死半生の体でテヘランにたどりついた。今日、車で旅してさえ大変なところを馬で踏破したのである。猛吹雪《ブリザード》が丘を越えて吹きつけ、いくつかある山道を塞いでしまうので、鉢合わせしたふたつのキャラバンのうち、弱い方が道をはずれ、ふりつもった深い雪の中に追い出されることになる。低い場所へ降りていくと、どしゃぶりの雨が道を泥の海に変えていて、通れなくなっていることもあった。ときには隊商宿、ときには村の宿に泊まった。一度など、洪水が引くまで地元の総督の館に数日間滞在したこともあったが、そのあいだずっと落ち着かない気分だった。イザベラの泊まった場所を見たソーヤー少佐が、「家畜小屋よりひどい！」と叫んだこともある。『ペルシアの旅』には路傍の休息所についてのぞっとするような描写が何か所か出てくるが、次にあげるのはその典型的なものだ。

　その隊商宿には大きな中庭があった。中庭を取り囲む四方の建物の壁には、どれも上部がアーチ型をしたくぼみがある〔…略…〕中庭の床面は、長年にわたって積もった馬糞に覆われ、俵や箱が詰まれていた。壁のくぼみの高さはラバの背くらいだが、そこでラバ追いたちが火を焚いて野宿している。自分の荷物と、最前部にはラバにやる餌を置いている。これが東方の隊商宿――つまりカーン（旅人宿泊所）の〝飼い葉桶〟だ。きっとベツレヘムの宿屋もこんなだったのだろう。イエスが味わわれた〝十字架の死〟の屈辱は、馬小屋で家畜とこうしたおぞましさに囲まれ、飼い葉桶の中でお生まれになったときから始まっていたに違いない。

すさまじい臭気で、騒音に目が回りそうだったが、わたしたちの軍用行李運搬用馬が入ってくると、さらにやかましくなり、ほとんど身動きする余地もなくなった。荷物をおろしてもらったラバはどれも寝転がりたがるのだが、それどころではない。押し合いへし合いしているうちに喧嘩が始まる。一頭のラバがわたしの〝飼い葉桶〟――つまり、くぼみに前足を入れ、一緒に使わせろ、と威嚇してきた。六時間もみぞれの中を行軍したあげく行きついたにしてはひどい場所だったが、わたしはラバからおりてくぼみの中に入りこみ、絨毯を敷いた上に椅子を置き、くぼみの正面に毛布をつるして、なんとかしのいでいく覚悟を決めた。

そのとき、村の中でかろうじて部屋だと言いつくろえる唯一の場所であるこの部屋の住人たちが、六クラーン★で手を打ち、わたしにここを明け渡してくれた。この部屋の〝売り〟は、入り口の上にあること。ドア

★クラーン　昔ペルシアで使われていた銀貨で貨幣単位

がついていること。通りに面した四角い穴があいていること。それに泥ですべる今にも壊れそうな階段がついていることだった。屋根は四方八方から雨漏りがして、泥だらけの床は水たまりだらけだが、隊商宿の馬小屋からすれば贅沢なもの。防水布をベッドの上に敷き、もう一枚をかけて、その中にもぐりこむと、結構具合がいい。もっともドアは閉まらないし、残りの隊員たちはそばを通り抜けることさえままならないほど馬小屋に詰め込まれているのだが——。

途中、ケルマンシャーからクムにかけては、これまで遭遇したことのないような悪天候に見舞われた。

ひどい一日だった。天候がよくなる見込みはまるでなさそうなので、行くかやめるかさんざん議論したあげく、ようやく出発になった。ときおり、光のまったく消え失せた空から、細かい雪が闇の中をぱらぱら落ちてくる。身を切るような突風がどの渓谷からも吹き降りてくる。風に引きちぎられた巨大な雲の群が、威圧するような山のまわりを狂ったように吹き流れている。ときおり、風が静まると、あたりは不吉な静けさに包まれた。

わたしの乗った大きなラバは馬銜《はみ》に慣れていなくて、最初は文字通り〝ラバのように頑固〟で手に負えなかったのが、一時間もすると慣れてきた。視界が晴れると一瞬、壁頂笠石が現れるのだが、標高が非常に高いところにあるので、いちばん高いものでも二フィートくらいの高さにしか見えない。この行軍には、条件のいいときでも見るべきものはほとんどない。二、三の村落と、高台にあって今は隊商宿として使われているハッサン・カーンの崩壊した砦、くねくねと蛇行するガマシアブ川、レンガの橋を渡した数本の運河――目につく主な特徴といえば、このくらいのものだ。嵐の中で受けたこの地方の印象は正しくないかもしれないが、それは快いものだった。何もかも、スケールが雄大なのだ――。目の前には純白の荒涼たる高原、かなたには高い山々とすばらしい渓谷。渓谷からは白い霧が沸き立ち、何もかもが神秘に包まれている。単調きわまりない光景は、何時間か影を潜めるのである。

残りの隊員たちが何度か休止しなければならなかったので、わたしは〝軽武装師団〟から離れて、ひとりでラバを進めた。空がしだいに暗くなって荒れ模様となり、まもなく雪の表面が動き出し、地上一フィートくらいのところまですごい勢いで吹き流され始めた。風は激しさを増し、突風になった。わたしはかじかんだ片手で帽子を押さえた。風に吹きつけられて裏返しになった雨外套に、両目をいやというほど打ちつけられたので、しばらく何も見えなくなり、ラバに行く手をまかせざるを得なくなった。風はますます激しく、すさまじさを増してきた。降り積もった雪が風で舞い上がり、谷からだけでなく、山腹からもわたしの頭上を越す高さで吹き付けてくる。ヒューヒューと激しいうなりをあげて、全速力で駆け抜けていく風は、ひりひりした痛みを残していく。これは雪を伴う猛烈な北東風——〝猛吹雪〟で、かちかちに凍った細かく鋭い雪の結晶を運んでくる。目にぶつかるので目を開けていられない。

これにはわたしのラバもすぐに音をあげて〝逃げ出そう〟とし、吹雪に立ち向かわせるために拍車をかけなければならなかった。必死の思いで一時間ほど進み、粗末な泥の家が何軒かあるところの、橋らしきものを渡った。それから、細くなっていく谷を降りていった。ブリザードはさらに猛威をふるいはじめた。どの雨裂からも激しい突風が吹きおろし、山腹の粉雪を谷に吹き落とす。山々は覆い隠され、かつては道の目印となっていた雪中の窪みは埋もれてなくなっていた。乗っているラバの首さえ今は見えない。ラバは、腹帯まで届く深い雪の中をもがきながら進んでいる。吹きつける風のヒューヒューいう音はしだいに激しい唸りに変わり、叩きつけるような風のあまりの激しさに息もできない。寒さで身体が麻痺して感覚がなくなっている。これ以上、ひとりで進むのは危険だし、こんな状況でパーティのひとりが行方不明になったら、Mーに迷惑をかけるだけだと思い、引き返して、崩れかかった泥のあばらやの陰でみんなが来るのを待つことにした。気が遠くなるほど待って、ようやく一行が姿を現した――馬に振り落とされ、雪溜まりに落ちた男性がふたりもいたという。

その後、イザベラのラバが寒さに屈したとき、「Mーは親切にも、わたしの鞍を力強いケルマンシャーのアラブ馬に置きかえてくれた。わたしはすぐに、この旅で疲労が甚だしかったのは、動きにしなやかさのまったくないラバにずっと乗っていたせいだと気がついた。今日は楽に二十マイルも乗っていられて、あと二十マイルだっていけるくらい。雪がしっかり踏み固められたところでは、何度か軽く走らせたりもした」。「この旅はとても気に入っている」――一連の災難や苦難を列記したその何ページかあとで、イザベラはそう楽しげに結んでいる。「ただし、へとへとに疲れ切ったときや、ひどい煙で目を開けていられなかったときなどはそうは思えないけれど。」

もうすぐテヘランに入るという頃の描写には、ロッキー山脈での馬の旅を思わせる親しげな様子がうかがわれる。「病気の伝令とアッバース・カーンは、イブニングドレスを含む文明の必需品を積んだ運搬用ラバ一頭とともに先に出立させられた。隊員たちはそのあとからゆっくり行くことになっていた。M—とわたしは従者を連れずに十時に出発した。テヘランには午後早いうちに着けるだろうと思っていた。」実際には、降りしきる雨の中を、泥の海と化した道を十時間もかかって、やっと英国公使館にたどりついた。そこでイザベラたちの目に映ったのは、「窓という窓に明かりが灯り、開いたドアからは光が流れ出てくる。泥水をはねあげながら疾走してきた馬車が次々に到着しては、イブニングドレスに身を包んだ人々をおろしていく」光景だった。ドラモンド・ウルフ卿は、彼女とソーヤー少佐の到着を歓迎して晩餐会の手筈を整えていたのである。「全身、ぼたぼたと滴がたれそうなほどぐしょぬれで、頭から足の先まで泥をかぶったよう。粗末な土の家と荒野の心地よい野蛮さによる疲れで、くたびれきって目もかすみそうだった。」彼女は部屋に案内されると、暖炉の前の敷物の上によろよろと倒れ込み、眠りこんでしまった。

バフチアリ地方への旅は、四月三十日にイスファーハンを発ったときに始まり、三か月あまり続いた。ソーヤー少佐が公式報告書に記録したところによると、そこは「実に暑く、いかにも泥棒の多そうな雰囲気だった」。彼は、同行者については一度しか述べていない。イザベラを取り囲んだ群衆が「棒きれを振り回し、怒鳴り声を上げてひどい脅威を与えたので、やむなくビショップ夫人はリボルバーを抜いた」ときの記述である。ふたりは刺激的な野生の土地を、カルーン川の上流とディズ川沿いに、ときには川を越えて進んでいった。ここは気性の荒いバフチアリ族とルール族★の生地で、彼らはペルシアの被統治者ではあったが、忠誠を抱いているのは自分たちのカーンに対してだけだった。彼らは、もし英国に統合されることになれば、それを歓迎するだろうと、イザベラとアガ（ソーヤー少佐）は思った。

うれしいことにバフチアリ高原での生活は、「愚にもつかない厄介ごと」とは無縁だったが、地元の族長たちのハーレムを訪ねるという社交的なつとめだけは切り捨てるわけにはいかなかった。イザベラは、ハーレムの女性たちの孤独と倦怠を目の当たりにして、自分の中に眠っていたヴィクトリア朝時代の女権拡張論者《フェミニスト》の部分を呼び覚まされる思いがした。

彼女は「羊の焼き肉、米、チャパティ★、紅茶とミルクの、種類も乏しく決し

★ルール族　イランのザーグロス山脈に住むイスラム教徒の遊牧民。十一世紀にシリア地方から移住してきたといわれ、ルール語を話す

★チャパティ　通例、全粒小麦粉を用い、水で薄く延ばして鉄板で焼いたもの。北部インドを中心に広範な地域で主食とされる

てご馳走とは言えない」食事を堪能した。英国を立つまえにバロウズ・アンド・ウェルカム社から贈られた薬箱を使って、治療することにも慣れ、良い効果をあげていた。いたるところからイザベラのもとに病人がやってくる。薬の容器といっても、彼らが持っているのは料理用の壺がいくつかあるきりだったので、薬を少量ずつ分けるのにいつも苦労した。ある貧しい女性には卵の殻に目薬を入れて渡したので、彼女は飛ぶように帰っていった。

テントを張るか張らないうちにもう、薬をもらおうと大勢の人々が集まってくる。まったく休息をとることができない。というのも、テントを閉めてしまうと暑さが耐えきれないし、開けたままにすれば大勢の人がもみあいながら長い列を作るからだ。それで夜の八時になるまで、食事をするまもなかった。昨日の朝は六時に、テントをとりまく人々に起こされた。テントのカーテンをつかんでゆさぶり、「ハーキーム！★ハーキーム！」と叫ぶものもいる。わたしは十一時までテントを閉めきっていたが、そのために水銀が百十五度まで上がって、とても休めたものではなかった。

十一時から九時まで、カーンのテントに出向いた一時間を除いては、

★（特にイスラム教国の）医者

ずっと「患者を診療していた」。偽医者なんかではなく、本物のハーキームだったらどんなにいいだろうと思いながら――。あまりにも苦しんでいる人が多く、中にはいったいどうやって苦痛を和らげたらいいのか見当もつかないこともあったからだ。けれども、(ロンドンのセント・メアリー病院で医学と看護法を学んだおかげで)ひょうそを三件、膿瘍を二件切開することができた。患者の苦痛がたちまち和らいでいくのを見るのはとてもうれしいことだ。「神は偉大なり」――彼らはみんな感きわまって叫び、そばにいた人々も一緒になって、「神は偉大なり」と唱和する。わたしは、銃で撃たれたままほったらかされていた五人分の傷に薬を塗って包帯をしてやった。そのほか、原因不明の深い傷を縫合し、ミーザー★の助けをちょっと借りて、七十三人分の目薬と薬を用意した。中にひとり、ひどい傷を負った男性がいたので、どんな喧

バフチアリ地方での宿泊用テント。右側の背の低い女性がイザベラで、左がソーヤー少佐

★ミーザー（ペルシア・イラン）で
一般に男性に対する敬称

嘩をして撃たれたのか聞いてみたら、わからないと答える。彼のカーンに、行って闘ってこいと言われたからだと〔……略……〕。
わたしは六時間のあいだ、立ちっぱなしか、よくて膝をつくくらいだったので、頭が割れるように痛くなってきた。それでしぶしぶ薬箱を閉じて、お誘いを受けていたカーンの妻たちのところに出かけることにした。けれども、病人たちはぐるっとわたしを取り囲んで、そのままあとを着いてくる。移動していくにつれて、その数は増えていった。十マイル離れたところから、両目とも眼病にかかった雌ラバを連れて目薬をもらいにきた男は、もうこれ以上待てないとばかり、ますます声を張り上げる。四方八方から、〝Khanum! Khanum!〟（レディ！）、〝Chashma!〟（目！）、〝Shikam!〟（お腹！）、と叫ぶ声が上がる。それと「ハーキーム！　ハーキーム！」の連呼。わたしの服にまでしがみつくのだ。そして天に向かって両手を差し上げ、わたしが彼らを治療するように、神の慈悲を請うのである。

一九八〇年八月十日、ふたりはボルージェルドに到着した。ここからソーヤー少佐はイスファーハンに戻り、イザベラはクルディスタンを経てトラブゾンまでの長旅にひとり出発した。あるときはラバ追いたちに賃金を上げるように脅され、あるときは「優しく陽気な女たち」を連れた「男らしく、率直で、暖かくもてなしてくれる」クルド人と楽しいひとときを過ごした。といっても、彼らはイスラム教の信徒だったので、イザベラもそのことを思い出したときは、彼らに非を鳴らそうとした。とくに彼女が憂慮したのは、彼らがネストリウス派教徒――つまり、アッシリア人キリスト教徒に対して非道な迫害を加えていることだった。ネストリウス派は古代キリスト教徒の奇妙な生き残りで、正統なキリスト教とは認められていなかったので、ヴィクトリア人の伝道対象として熱い関心を集めていた。彼らの村はイザベラの行路の途中にあった。

それでも、護衛に雇ったクルド人とともに馬で駆ける日々は大きな喜びをイザベラにもたらした。「クルドの盛装に身を包んで」、甲高い声で歓声をあげながら鞭で馬を巧みに操る荒々しいクルド人――彼らとともに馬を駆る日々のなんと楽しく幸せだったことか。その馬(「わたしの忠実で野性的なボーイ」)をイザベラはどれだけ可愛がったことだろう。前の馬スクリューは、彼女を乗せてはるばるルリスタンの峠を越え、川を抜けてきたのだが、忠実ではあっても、こんなに生き生きと応えてはくれなかった。彼女はふたたび〝パニオーラ〟となった。あのときの輝きは、ここ数年の陰鬱な色合いに変えられてはいたけれ

トルコ東部のエルズルムにて。
この時イザベラは59歳

中国広東省東部の汕頭で
写真撮影をするイザベラ

ど……。ハワイの青々とした草地の代わりに、小アジアの埃っぽい茶色の平原。そして花輪を飾った無邪気な島民に代わって、野蛮なクルド人の男たち。変わらないのは疾走する馬だけだった。イザベラは、若い女性宣教師を心から気の毒に思った。彼女たちはイザベラのように戸外に出ることも、ときたま思い切り馬を走らせたりすることもできないのだ。じっと家の中にいて、現地人の言語を学び、改宗者がやってくるのを待っている。といっても、彼らが自分の自由意志で訪れることなどめったにないのだが――。

一八九一年の正月にマル島に戻ったイザベラは、八月にウェールズのカーディフで開かれた英国学術協会の会合で、ペルシアの旅に関する講演を行なった。また、一八九二年には写真に興味を持つようになり、今後の旅に活用できるようにリージェント・ストリート工芸学校で学び、技術を身につけた。★一八九四年一月、六十三歳になっていたイザベラはリューマチと、脂肪心臓、肺の疾患を無視して、極東に旅立った。これは彼女の人生においてもっとも長期の、もっとも過酷な旅であった。これから四年のあいだに、朝鮮を合計四回訪れている。一八九四年三月から六月までの最初の旅でイザベラは、全長二十八フィートのサンパン★に乗り込んで、漢江《ハンガン》を上っていった。一行は船を漕ぐ船頭がふた

★近年の研究で、すでに一八九〇年の中東の旅で写真を撮影していたことが明らかになったという（参考文献：金坂清則「イザベラ・バード論のための関係資料と基礎的検討」より）

り、中国人の従僕がふたり、そしてミスター・ミラーという若い宣教師だった。このミラー宣教師は「旅行の経験はさほどないのに、常ににこやかで、どんなことにもせいいっぱい善処していた」。

イザベラたちは北漢江《ブッカンガン》を船で上れるところまで進み、あとは馬を借りて元山《ウォンサン》の条約港★まで陸路をいくことにした。イザベラは身体を動かせない船の生活にうんざりしていたので、大いに喜んだ。彼女が乗ったのはあの御しにくい朝鮮馬で、その馬のことを生き生きとした筆致で描いている――「この馬はとても着実な足取りで歩いていたが、それはまわりに馬がいないときだけ。ほかの馬がそばに寄ろうものなら、怒りに目をぎらつかせ、ハイエナのようないななき声をあげて、馬銜も乗り手もあらばこそ、歯をむき出し、蹄をけりあげて向かっていくのである」。

イザベラが最初に朝鮮に抱いた否定的な印象は、しだいに心からの興味に変わっていた。自然と政治的なものに対する観察力は少しも損なわれておらず、一八九七年一月二十三日にソウルからジョン・マレーあてに、次のように書き送っている――「東洋の王国のさまざまな内情に通じているというのは、とても魅力ですし、ロシアの政策が徐々に明らかになってくることにも、これまた興味を引かれます。英国総領事の考えでは、ロシアの戦略について外務省はま

★サンパン　中国・東南アジアで用いられる小型の木造の平底舟。通例、船尾の一本櫓で漕ぎ、屋根にはむしろが掛けてある。このときのイザベラの船は頼んでつけてもらった草葺きの屋根がついていた

★条約港　欧州列強の進出に押された中国・日本・朝鮮が条約を結んで開港したところ

漢江で乗ったサンパン

朝鮮での同行者たち

上の2点ともイザベラ撮影。
『朝鮮とその近隣諸国』より

ったく気づいていないし、阻止するには手遅れになったときに初めて気がつくだろうということです」。彼女は、ペルシアにおいても同様の状況に気がついていたのである。

一八九四年六月二十一日、イザベラは元山から船でソウルの港、済物浦《チェマルポ》に戻ったが、日本軍が侵略してきたため、英国副領事の忠告を受けて、そのまま船で中国に向かった。彼女は満州に進んで奉天《ムクデン》★を訪れた。その後、船でウラジオストックへの旅をつづけ、一か月ほど滞在してシベリアの地を見てまわった。

一八九五年初頭に香港に着いたときは、とても具合が悪くて、人の手を借りなければ、椅子から立ち上がることもできないほどだった。それでも、満席の会合で朝鮮とチベットに関する講演をするくらいには元気だったし、あちこちの伝道所を訪ねてまわる旅を計画するくらい元気だった。中国における伝道所は、一八六五年の中国内陸伝道団の創設以来、最初は条約港の範囲内に制限されていたのが、しだいに奥地まで広がっていたのである。教会伝道会、ロンドン伝道協会、中国内陸伝道団、長老派教会★――イザベラはそのすべてと面識があり、その働きについて、とくに伝道活動に専念しているものについて、良識ある、一歩距離を置いた見解をもっていた。彼女が心から賛同していたのは医療伝道活動★★で、自分も役に立ちたいと考えて、前述のようにロンドンで看護法と救急

★奉天　現在の瀋陽《シェンヤン》

★長老派教会　カルビンとその弟子ノックスの流れをくむプロテスタント諸教会の総称

★★イザベラの夫のジョン・ビショップはエディンバラ医療伝道会の熱心な支持者だった

療法を学んでいる。また、亡き夫と妹、友人のミス・クレイトンを記念してあちこちの病院に基金を寄付している。★

イザベラは休養のために日本で夏を過ごし、また朝鮮にも短く滞在したことで健康が快復すると、旅の目的地である中国に出発した。★★ これはイザベラの人生において、おそらくもっとも興味深い、そして間違いなく、もっとも遠隔地への旅だった。このとき初めて英国の女性旅行家のしきたりを保てなくなり、中国服を着た(あいにくなことにズボンが「流行《はや》っていて」、伝統を重んじる中国人は、イザベラが日本の帽子をかぶっているのを見て憤慨した)。彼女は外国人に非友好的な群衆の中に入っていくことがきわめて危険であることを率直に認めている。ベディエンという名の「とても整った容貌の、優れた男性」が召使いとして雇われた。「彼はプライドが高く、そのうえ短気だった」が、「私の許可なしには、絶対にわたしの笛★★★が聞こえないところにはいかなかったし、並々ならぬ勇気を

★インドのカシミールに夫を記念するジョン・ビショップ記念病院、同じくインドのバイアスのホテルを改装したヘンリエッタ記念病院、ソウルに母を記念するドーラ・バード記念病院、中国の保寧府《パオニンフ》にヘンリエッタ・バード病院、東京に孤児のための記念病院(写真)などを設立している

★★前述の一八九五年初頭に香港に着いたという記述と、この箇所は滞在期間と場所が錯綜しているので、ここに一覧を示す。ウラジオストック滞在のあと、一八九四年十二月、日本。一八九五年一月、二月、朝鮮。二月、香港。三月から六月に中国への初回の旅。六月から十月まで日本。十月から十二月まで朝鮮。このあと、一八九六年の一月から六月まで揚子江流域を旅している

★★★危険や非常事態を知らせるための緊急時用の笛と思われる

発揮し、逆境にあっても不平をこぼさず、決してわたしを窮地におきざりにしたりはしない。命に関わる危険な場合でもそうだった」。

　上海から揚子江をさかのぼって漢水に着いたイザベラは、アメリカの汽船に乗った。宜昌《イーチャン》に着くと船を降りて屋形船を借り、さっそく船室《キャビン》に移り住んだ。

「この船室は船いっぱいの幅があり、船首甲板に面した正面の部分が取り外せるようになっている。甲板では十六人の船員が船を漕ぎ、煙草を吸い、食事をして眠るのだ！〔…略…〕わたしの〝家具〟は、人夫がかついで運ぶ輿のような椅子だけ。それに座って、雄大で目を見張るような驚きに満ちた川を眺めているのはすばらしい喜びだった。」同行していたふたりの宣教師、ミスター・スティーブンソンとミスター・ヒックスがどこに座っていたかについては、彼女は触れていない。重苦しいほど長くて教訓的な、『揚子江渓谷とその奥地』には彼女自身が撮影した写真がふんだんに収録されており、どきどきするような感動的な話に出会うことができるだろう。自然の驚異と異国的な印象を求めてやまないイザベラの飽くなき欲求に合致した風景が、鮮やかに描き出されている。高潔だが単調な伝道活動の描写も、中国人の外人に対する反感が爆発して、深刻な危機にみまわれることで単調さが破られる場合があり、その様子が強烈に伝わってくる。そして偉大な川自身のドラマ、急流の轟き――。太鼓や

揚子江中流に位置する宜昌の渓流

揚子江の旅で乗った屋形船

上の2点ともイザベラ撮影。
『揚子江渓流とその奥地』より

鉦《しょう》の音や竹の鞭のうなりに合わせて、船を竹の繊維でなった縄で引っぱって激流をさかのぼる船引き人夫たちのかけ声――その生き生きとした描写が、この本を実に読み応えのあるものとしている。読者は祖国にいながらにして、旅行家の気分を味わうことができるのだ。

　十七日間の船旅ののち、イザベラは万県《ワンシィエン》で川を離れ、九百マイルの周遊の旅に出発した。四川省に入り、チベットの山岳地方（山間部）内に向かって北西に進んだのである。輸送手段は持参してきた輿だったが、イザベラはたびたび降りて健康のために歩いた。各伝道所を訪れるあいまに、夜はみすぼらしい、危険も多い路傍の宿屋に泊まった。そのひとつでは――

> 四方の壁は、長年の汚れと湿り気で黒くぬるぬるしていた。以前は天井の梁を紙で覆っていたらしいが、今はぼろぼろになってぶらさがっている。蠟燭に火が灯されると、甲虫や〝チャタテムシ〔またはシロアリ〕〟、ゴキブリなどのぞっとするような生き物が壁をはい回り、梁から落ちてくる。ピンク色をした肉塊のようなものが天井からぼたっと落ちてきて、蠟燭の火をかき消してしまった！〔…略…〕部屋にはベッドがふたつ置

イザベラが愛用していた蚊帳

いてあった。そのあいだに、ちょうどわたしのキャンプベッドとキャンプチェア★がベッドにふれずにすっぽりおさまるくらいの隙間があいている。わたしは防水布を床に敷き、〝家具〟を置いた。小さな防水布二枚でベッドの骨組みを覆い、その上に旅行鞄や食べ物などを載せる。カメラの三脚が燭台の代わり。夜はネズミから守るために、服やブーツもこれにかけた〔…略…〕ノミやシラミの害から完全に守られさえすれば、あとはどんなことも喜んで耐えることができる。カレーと米と紅茶の食事も嫌ではない。とはいえ、わたしの装備と全体の暮らしぶりはかつてないほど厳しいもので、アメリカの俗語を引用すれば〝どん底〟に達しているのだけれど〔…略…〕。

この旅は輿に載っているので、疲れることがない。気が向くと歩いてみるが、それ以外は応接間の安楽椅子にでも座っているような気分。椅子の担ぎ手たちは元気いっぱいだ。〝親方〟はとてもひょうきん者で、みんなを笑わせてばかりいる。

イザベラはほとんどひとりで旅したが、別の伝道所に移る宣教師たちが同行することもあり、外国人に対する暴動の標的になったことも一度ならずあった。

★折り畳み式のキャンプ用軽便ベッドと椅子。椅子の背部と座部はふつうキャンバス地

★蛮族　中国南部から大陸東南アジアに居住する瑤《ヤオ》族、苗《ミャオ》族などの諸民族の総称

「それが始まったとき、わたしは輿に乗って構内にいたが、まもなく男ばかりの群衆が騒がしく叫びながら、わたしの顔にむけて〔…略…〕腕をふりまわした。そのものすごさは、興奮した中国人の暴徒を見たことのない人には想像もつかないだろう。彼らはわたしの耳にむかってわめきちらし、注意を引くためにわたしの乗っている輿を手にした道具でがんがん叩いたが、わたしは身じろぎひとつせず、彼らに顔をむけたまま座りつづけていた。わたしは、この暴動を起こす原因になるようなことはいっさいしていないからだ。そしてようやく、群衆は鎮まり、わたしを去らせてくれた。」さすがのイザベラももう、英国人女性がどこでも安全に旅できると言いつくろうことはできなくなった。しかし彼女は、何があっても背を向けようとはしなかった。蛮《マン》族★が住む山岳地帯に足を踏み入れ、さらに遠い領域まで行こうとして、中国の官僚主義の分厚い壁に阻まれるまでは——。食料不足が深刻となり、食料の支給を役人に求めたが拒絶され、やむなく成都に引き返さざるをえなかったのだ。ここはチベットらしさを感じさせる地帯で、「陽気に笑い、浮かれ騒ぐのが好きな人々」は揚子江の水を飲んでいた。イザベラは岷江《ミンチアン》を北上して西へ

蛮族の寺院（イザベラ撮影）。
『揚子江渓流とその奥地』より

進路を取り、ほとんど知られていないシアオ渓谷に足を踏み入れ、岷江を、馬塘に近いチュンシャ山にある源泉までたどっていった。二十三年前、彼女は「率直で尊敬できる」コマンチ・ビルとロッキー山脈の高峰に並んで立っていた。そこからアメリカの二本の大河がそれぞれ反対方向に流れ出し、東西の海に注いでいた。今、彼女はチベットの大高原を形成する山岳地帯の中、岷江と雅礱江《ヤーロンチアン》の源流であるアジア分水界にようやくたどりついたのである。気の毒なのはむしろ同行者のミスター・ケイで、彼は「強くて優しい」男性だったが、「放心状態」になっていた。この疲れを知らない病弱な女性のペースに合わせるのは、さぞかし大変だったに違いない。イザベラはすべての良き旅行家がそうであるように、国境を越えたいと望んだ。この場合は、中国からチベットへだった。そして地元の役人たちがゆくてを阻もうとすればするほど、彼女は前進する決意を強めるのだった。

——翌朝五時には、白い霜がうっすらと大地を覆っていた。そして、あふれんばかりの金色の光で渓谷を染め上げながら、太陽が昇った。出発までに相当の遅れが出ていたし、出発ぎりぎりまで中国のお役人たちの策略を恐れていたのだが、結局、大変だったのは、ラバの積み荷の重さを見て調整をする、といったことから始まるいつもの手順だけだった。強くて背中の広い、愛想のいい顔のラバが三頭いる。ラバ追いも同じくらい愛想がいい。蛮族のラマ★の、かなり若い男だ。この先は宿がなかったので、彼は次の数日間、友人たちの家に泊まれるように取りはからってくれ、暖かくもてなしてくれた。「ごちそうに毒が盛られているのでは」という考えは、まったく頭に浮かびもしなかった！〔…略…〕ペテオ山の尾根を、長い岩だらけのジグザグ道を通ってのぼった。道の片側は霧のかかった森に接している。ところどころ、道を岩がふさいでいて大回りしなければならない。わたしは男性たちよりも先に、約九千二百七十フィートの高さに到達した。〝根っからの旅行家〟の喜びにひたりながら来た道を眺めた。絵のような蛮族のラバ追いとラバの群、もはや重い荷を追ってふらつくこともなく、とびはね、笑い、歌っている十一人の男性たちが目に入る。何人かは汶川《ウエンチョワン》を出発してから、悩まされつづけてきた鼻血を防ぐためにヨモギの葉を鼻の穴につめている。それから、ぼろをまとったふたりの兵士。いちばんぼろ服を着ているのはこのわたしだ。このすばらしい〝さいはての地〟ではこうした桃源郷のような至福の瞬間を何度も味わった。

★ラマ　チベットなどのラマ教の生き仏（僧）。ここではラマ教の信者を指すのではないか？

頂上は標木《ポール》でいっぱいだった。中には、チベット語で峠の神を称える言葉を書いた旗がついているものもある。石を積み上げた大きなケルンもあって、わたしと同行した男たちは自分の分の石を加えていた。千五百あるいは千六百フィート下には、川が銀を織りまぜた緑の絹糸のように流れている。川が急に湾曲する部分と、川幅が広くなった部分があり、そこからそれぞれ、岩だらけで森に覆われた円錐状の峰が突き出ている。川の左右は小渓谷になっており、森に包まれた高くいかめしい山々に囲まれているが、山頂近くは岩肌をむき出した灰色の峰と、陽光に輝いてそそりたつごつごつした岩角になっている。北西に向かって渓谷は広がっている。そびえたつ山々は森林に覆われているが、山腹の扶壁《バットレス》状や畝状の突出部は例外で、緑の上に険しく突き出ている。その上には陽光に照らされた大きな白い雲の塊が浮かび、松林の青みがかった暗がりを強調している。そしてそれよりさらに高く、雪をいただいた三つの峰が栄光の日の陽光をいっぱいにあびて輝いている。その峰々は、大気の影響でこの地上のどの山も到達し得ないような高さにそびえて見えた。緑と銀の川からの高さは、目測で三万フィートを越えていただろう！　この山々は〝地の果ての峰〟だったのかもしれない。というのも、その下方の輝く雲がすべての世俗的なものから切り離していたし、目もくらむばかりの山頂は人の訪れで神性を汚されることはないからである。

山岳地帯を抜ける過酷な旅の末、イザベラはチュンシャ山の向こう側の馬塘の南にある梭磨にたどりついた。それが彼女の名目上の目的地だった。彼女はチベットの国境にある打箭炉（今の康定《カンティン》）の町に向かって西に進む許可を勝ち取ることをしぶしぶ断念した。ここはアニー・テイラーがラサに行こうとしたあと、チベットから出てきた場所である。

一八九六年五月、イザベラはふたたび成都《チョントゥ》で揚子江に戻り、平底船に乗って、二千マイルを上海までくだった。一八九七年三月にはロンドンに戻った。ミス・ストッダートの『イザベラ・バードの生涯』の終章は、深い愛着のこもった沈んだ筆致で書かれているが、同時に、黒い服をきちんと着こなし、あるいは紋織《ブロケード》の中国服に身を包んだ、少しもじっとしていない、ずんぐりした頑強な姿を鮮やかに描きだしている。イザベラはしょっちゅう家を引っ越した。どの家も大いなる熱意をもってせっせと手を入れ、同様に大いなる悲しみを抱いて去っていった。けれども実際に、そこに住み着くことは決してなかった。彼女の旅は英国内においてさえ、ドラマに満ちていた。チェシャー州マックルズフィールドの宣教師の会合に行くとちゅう、覚えているかぎりでもっともひどい嵐に突然、襲われたこと。ビショップ家の客としてフラムパレスを訪れたとき、壁にぶつかって自分でもびっくりしたこと。いつもの講演旅行で列車に乗り、ドアにいやというほど親指をはさんだこと、といった具合である。このほかにも、トバモリーの灯台に散歩にいく途中、滑って転び、あわや崖から転落するところを木にしがみついて助かったこともある。

七十歳近くになると三輪自転車を注文した。もっと運動が必要だと思ったからだが、実際に乗って楽しむ前にモロッコに「静養に」出かけてしまった。海が荒れ、船が岸に付けなかったので、彼女は石炭かごに入れられて船からクレーンで海上のボートに吊し下ろされ、アフリカの海岸に上陸した。そして嵐の

中国の民族衣装をまとったイザベラ。67歳頃の肖像

中で水浸しの耕地にテントを張るはめになったが、そのあと、一日三十マイルも馬に乗っても疲れを感じなかった。この馬はとても大きく、はしごをかけてやっと乗ることができた。拝謁したモロッコのスルタンが、自分の髪がビショップ夫人のように白くなったときに彼女ほどエネルギッシュでありたいと望んだのも当然といえるだろう！「ですから、わたしはまだお役ご免になったわけではありません！」と、彼女はいかにもうれしげに祖国に書き送っている。

モロッコの旅を終えて、イングランドで一、二年過ごしてからのことだ。イザベラは自分の健康は「ロンドンのもっとも静かな暮らしにさえ」耐えられないほど衰弱していると言って、中国に向かうつもりでトランクを荷造りしはじめたが、ふたたび心臓病の症状がぶり返し、具合が悪化した。そして、その一年後、エディンバラの借家で、帰らぬ人となった。最後まで一か所にはとどまらず、療養院や友人の家、借家を行き来していた。イザベラのまわりには、常に献身的な女性と知的な男性が取り巻いていた。四肢も心臓も肺もだめになったが、依然として頭脳明晰で、回転が早く、その鉄のごとき消化力も相変わらずだった。友人たちはスコットランドのバン★や猟鳥肉のパイ《ゲームパイ》、詰めものをした子ウサギ料理といった、およそ病人には考えられないような珍味に食欲をそそられるのを知って、彼女の気まぐれな食欲にとまどった。

★米国では主にハンバーガーやホットドック用のイースト入り小型パン。英国では甘みを加えたロールパンや丸形ケーキで干しぶどうなどを入れたものが多い。スコットランドではフルーツケーキやぶどうパンを指す一九〇四年十月七日、イザベラはこれまでの人生と同じように、借家での単調な日課から逃げ出し、旅に立った。この世の向こうにある、未知の港あての荷札をつけた旅行鞄ひとつを手にして……。

第2章 マリアンヌ・ノース

Marianne North 1830-1890

彼は、紅《くれない》を帯びた、つややかなる輝きを
翠緑《すいりょく》の夜に灯る黄色のランプのごとき輝きを
柘榴の内に置きたまえり。
オルムズ★にも見いだせぬ、その絢爛たる宝玉を……。

『バーミューダ諸島』
アンドリュー・マーベル

★**オルムズ** ペルシア湾とオマーン湾を結ぶオルムズ海峡に浮かぶ島。十四－十六世紀に栄えた貿易港の遺跡がある

「誰でも自分がいちばん好きなことなら、いくらでもがんばれるものです」と、マリアンヌ・ノースは書いている。王立キュー植物園★の一画にあるマリアンヌ・ノース・ギャラリーの展示室には、彼女の描いた力強い花の絵が四方の壁をびっしりと埋めつくしている。その迫力は、ときには重苦しく感じられることもあるが、鮮やかな色彩と確かな構図がそれを和らげている。ギャラリーを訪れた人はまず、これだけの絵をこつこつと描きあげた彼女の勤勉さに感動し、次には作品の水準の高さに目をみはるにちがいない。どれも秀作ぞろいだが、これだけの数が集まると、全体としてはいささか単調に感じられるほどだ。事実、マリアンヌ・ノースの絵は量、質ともにずば抜けている。世界中の熱帯植物を記録にとどめることを自らに課し、二十年近くも海外に旅して描きつづけたひたむきな努力が、ノース・ギャラリーに収められた八百三十二点の植物画としてみごとに実を結んだのである。

＊＊＊

マリアンヌ・ノースは、同じレディ・トラベラーであるイザベラ・バード・ビショップのことを、病弱で自己顕示欲が強く、冷たい感じのする女性だと評

★王立キュー植物園　一七五九年、ロンドン西郊外に創立。大英帝国隆盛期にはエジンバラ、ダブリンをはじめ、アジアの植民地にもあった傘下の植物園群の中枢を担っていた。現在は、広大な敷地に世界各地二万五千種もの植物を集める世界屈指の植物学研究機関であると同時に、市民の憩いの場となっている

★★第一章の一〇一頁参照

★R・ノース（一六五三―一七三四）法律家・作家。ダッドリー・ノース卿の弟。法務次官・法務長官を務めたあと、文筆活動に転じた

していいるが、これはふたりの育った環境や気質に大きな違いがあることを考えれば驚くにはあたらない。マリアンヌも、頭の赤いカメレオンやずっと探し求めていたユリの種類を見つけたときは「うれしくて歓声をあげる」ことが何度もあった。それでも、イザベラ・バードがスポルジョン博士の司式で洗礼を受けたときの感動や興奮はまったく理解できなかったことだろう。★★もしかしたらマリアンヌは、レディ・トラベラーの中でもいちばんふつうの感覚をもった女性だったかもしれない。たしかに彼女は、ひとりの人間として自分なりの大きな夢を抱き、みごとにそれを達成している。といって肩ひじ張ったところはなく、温厚で人あたりがよかったのは、ひとえに、文化的に洗練された因習的な生い立ちによるものだった。十七世紀の政治家であり弁護士でもあった、彼女の「六代前の祖先」ロジャー・ノース★は、自分の兄弟について次のように記している――「世間の人々から最高の評価と尊敬を受けている親族に囲まれていることは、彼らに

王立キュー植物園のマリアンヌ・ノース・ギャラリー展示室

キャンバスにむかうマリアンヌ・ノース。
1882年、南アフリカのグレアムズタウン
にて

とって幸運なことだった。まわりがそうした親族ばかりなので、立派な言動をすることがいわば義務のようになっていたからだ」。

マリアンヌは、自分と同じように旅と絵と音楽を愛したこのロジャー・ノースを「心から敬愛して」いた。ロジャーはノーフォーク州ラファムの古い館で、ノース家の伝記として名高い『ノース一族の生涯』を書きあげている。父親に虐待されたマリアンヌの曾祖父は、海に逃れて船乗りとなり、父親が亡くなるとラファムの家を取りこわし、イーストサセックス州南東部の港市ヘースティングズに居を構えた。マリアンヌはここで、一八三〇年十月二十四日に生まれている。

マリアンヌの父親フレデリック・ノースは、「私の生涯をとおしてただひとりの親友であり、崇拝の対象」だった。彼女の記憶に残るいちばん古い思い出は、父親の肩にちょこんと乗ってヘースティングズの海辺を散歩したときのもので、人のいい漁師たちのこんな言葉も覚えている――「さあ、道をあけな。ノースの旦那とちっちゃなお嬢さんのお通りだよ！」。

フレデリックはハロー校★でジョージ・バトラー博士に目をかけられ、博士の娘ルイーザは、マリアンヌの生涯にわたる友人となった。フレデリックは、ヘースティングズ選出の自由党下院議員を何期かつとめ、当時の科学者や芸術家、

★ハロー校　大ロンドン北西部ハローにある男子のみの代表的なパブリックスクール。一五七一年創立

政治家との親交が深かった。たとえば、一八六一年から一八七一年まで英国学士院の会長をつとめたエドワード・サバイン卿や、植物学者のジョージ・ベンサム、著名な立憲弁護士のアースキン・メイに、ヴィクトリア時代のアマチュア科学者の範とされ、ルイーザ・バトラーと結婚したフランシス・ゴールトンといった、そうそうたる顔ぶれだった。マリアンヌは、歴史はシェークスピアとスコット、地理はロビンソン・クルーソーから学び、正規の学校教育はほとんど受けなかったが、幼い頃からそうした知識人に接して育ったので、彼らといても少しも気おくれしなかった。もっとも彼女の才能は、科学よりむしろ芸術面にあったのだが――。それでも、精神的な事柄を尊ぶヴィクトリア朝人のご多分にもれず、退屈な現代文化の産物であるふたつの文化★★に縛られて心の自由を失うことはなかった。のちにマリアンヌが植物画を描くようになると、王立キュー植物園の園長をつとめるジョセフ・ダルトン・フッカー卿★は、五種類もの植物に彼女にちなんだ名をつけて、その功績を称えた★★★。彼の友人だったチャールズ・ダーウィンも、隠遁生活を送っていた北アイルランドのケント州ダウンの自宅に彼女を招待している。

旅行もマリアンヌの人間形成に大きな影響をもたらしたもののひとつだった。ノース家は一年のうち、冬はヘースティングズ、春はロンドンで過ごしていた。

★★文科と理科をさす

★J・D・フッカー（一八一七－一九一一）　英国の植物学者。初代のキュー王立植物園園長ウィリアム・フッカー卿の息子で自身も園長をつとめた

★★★彼女の姓ノースを学名に含む植物は、セイシェル島で発見した *Northea seychellana* や後述のボルネオ原産のウツボカズラ *Nepenthes northiana* のほか、*Crinum northianum, Areca northiana, Kniphofia northiana* がある

クニフォフィア・ノーシアエ

そして、初夏の訪れとともにロンドンをあとにして、ゆったりとノーフォークに移る。このときは、フレデリックが自分で馬車を駆って家族を乗せ、甘い花の香りの漂う道をラファムの館へと向かうのだ。ランカシャー州にあるガウソープの館もよく訪れた。この家は、異父姉のジャネットのもので、彼女はのちに教育者のケイ・シャトルワース博士と結婚した。マリアンヌはこのジャネットにも、実の兄や妹、両親と変わらぬひたむきな愛情を捧げた。こうした環境の中でなんのくったくもない幸せな少女時代を送ったことが、彼女の長所である、いい意味での普通人らしい良識ある性格を育んでいったのだろう。ラファムには、彼女の兄チャールズの子孫が今も住んでいる。ガウソープでも愛すべき〝ポップおばさん〟としてしのばれ、ラファム同様、彼女のスケッチブックと日記が大切に保管されている。

ヨーロッパを震撼させた〝一八四八年の革命★〟の年、ノース一家はしばらく海外に旅立った。ハイデルベルクの町の魅力に心を奪われ、包囲されたウィーンに危機感を抱きながらも、一家は暇をみつけては田園の探索にでかけた。マリアンヌはせっせと音楽のレッスンに励んだ。そのすばらしいアルトの声に磨きをかけ、ときには一日八時間もピアノや歌の練習をすることもあった。

一八五五年に母が亡くなると、マリアンヌと父親の絆はますます強くなった。

★一八四八年、フランス・イタリア・オーストリア帝国・ドイツに起こり、失敗に終わった革命。概して自然発生的であり、相互に無関係であったが、共通点もいくつかあった彼女は父親とともにヨーロッパを旅してまわり、はるばるトルコやシリア、エジプトにまで足をのばした。彼女の著書『追憶の記』を読むと、忘れられた十八世紀の世界がよみがえってくる。駅馬車と旅の従者、スケッチブックの流行、追い剥ぎや風変わりな小作人の姿が生き生きと描かれ、サンピエトロ大聖堂★で行なわれる大ミサは「年老いた哀れな法王がむなしいあがきをする機会にすぎず〔…略…〕彼は〝無謬《むびゅう》〟★★のはずなのに、最後までうまくいかなかった」というプロテスタントの揶揄まじりの発言も紹介されている。

マリアンヌたちは、議会が開会されているあいだはロンドンで多忙な日々を送り、ヘースティングズでは庭園の手入れをしたり、友人たちをもてなして楽しいときを過ごした。ヘースティングズでは、旅先から連れてきたイタリア人コックが家のことを取りしきり、ロンドンのヴィクトリアストリートのフラットでは、口は悪いが献身的なノーフォーク出身の女性が毎日の食卓に「おいしいマトンの肩肉」をかかさなかった。

一八六九年にフレデリック・ノースがこの世を去ると、マリアンヌは人生のたったひとつのよりどころを失ってしまう。彼女は身の回りの世話をするエリザベスというメイドを連れて、海外に逃げ出した。このエリザベスは忠実ではあったが、いらいらさせられることが多く、マリアンヌはこう不満をもらして

★サンピエトロ大聖堂　ローマにあるカトリック教会の総本山

★★ローマカトリックで教皇が決して誤らないこと。教皇ピウス九世が一八七〇年の第一回ヴァティカン公会議における宣言で、「教皇の座から教会全体に対して信仰と道徳について語るときには無謬である」としたため、カトリック内部からも反発がおこった

いる――「わたしは、どんな人ともずっと一緒に旅をしているとくたびれてくるの。とくに相手が、夢中になれるものや、やるべきことがまったくなくて、おしゃべりやあちこち動きまわることくらいしか楽しみがない人だと、本当にうんざりしてしまうわ」。

英国に戻った彼女は、ヘースティングズには戻らず、ヴィトリアストリートのフラットで暮らすようになった。しょっちゅう旅に出かけてはさまざまな品を持ちかえるので、家はますます物であふれかえるようになった。ガラスのケースに入れた小鳥の剥製やかつては輝くように美しかった蝶の標本も、ロンドンの煤煙のために見るかげもない。ほかにもコアラやカモノハシ、アホウドリの剥製や変わった楽器、貝殻のコレクションがひしめいていて、その上に君臨するように、マリアンヌの母親の胸像が置かれていた。いかにもヴィクトリア朝の貴婦人らしい上品な穏やかさをたたえた胸像を見て、友人たちは、マリアンヌが年ごとに母親にそっくりになってくるのに驚いた（エジンバラにあるイザベラ・ビショップの住まいは、もっと東洋調に徹していて「東洋の飾り棚や〝大名〟の風呂と呼ばれる容器に植わったヤシの木」で混然としていた）。文芸評論家のジョン・アディントン・シモンズと結婚した妹のキャサリーンは、この姉について、誰に対しても「心をこめて温かくもてなす」人で、ポップおばさんがいつまでもずっといてくれることを家族全員が願っていたと記している。愛する家族をマリアンヌがどれほど大切に思い、また思われていたかがよくわかる。

それでも、マリアンヌにとっては旅をすることが新たな生きがいとなっていた。「どこか熱帯の国に出かけて、自然のまま豊かに生い茂った、その国にしかないめずらしい植物を描いてみたい」というのが、彼女の長いあいだの夢だったのである。それはかつて夏の日に、愛する父親とピレネー山脈を訪れ、初めて風景画を描いたときに、心に芽生えたものだったのかもしれない。その父親ももはや帰らぬ人となった今、マリアンヌは心おきなくその夢を追いかけようとしていた……。

一八七一年、マリアンヌは船に乗り、カナダ、合衆国経由でジャマイカとブラジルに向かった。これは彼女にとって、初めての長期の旅行だった。北アメリカでは熱帯植物は見られなかったが、カナダではナイアガラの滝を見物し、ワシントンではホワイトハウスを訪れた。「その翌朝、わたしのもとに一通のカードが届けられた」と、マリアンヌは述懐している――

つづいて、フィッシュ国務長官★がお見えになった。わたしはフィッシュ

★ハミルトン・フィッシュ（一八〇八―九三）米国の政治家。上下院議員・ニューヨーク州知事などを歴任。グラント大統領の下で国務長官を務めた

長官あての紹介状を持参してきていた。長官はとても体格がよく、やり手のようだけれど、気配りのゆきとどいた方で、晩に出直してホワイトハウスに案内してくださるという。そして八時に、また大きなカードが届いたあとで長官がこられた。わたしはすぐ出かけられるようにボンネットをかぶり、ショールもしてお待ちしていたが、狭いブルーム型馬車★の中で顔をつきあわせてお話をしなければならないかと思うと、胸がどきどきした。でも、長官の方からいろいろお話ししてくださったので、そんな心配は少しもいらなかった。ホワイトハウスに着くと、わたしたちはまずG夫人からうかがっていた〝紅の部屋★〟に案内された。壁も長椅子も辟易するくらいの深紅の繻子張りで、グランド一家が並んだ大きな肖像画が飾られていた。わたしたちは二階に上がるように言われたので、レセプションルームをいくつか通り過ぎ、裏階段を上がって大統領一家が生活している居住部分に足を踏み入れた。七十年前にホワイトハウスを設計した建築家★★は、この階段からしか二階に上がれない作りにしていた。わたしたちはゆったりした書斎兼居間に通された。そこには、かなりご高齢のお年寄りが座って新聞を読んでおられて、その方がグラント夫人のお父上だった。フィッシュ氏やわたしが何を申し上げてもおわかりにならないし、耳にも入らない

★ブルーム型馬車　三―五人乗りの箱形馬車で、運転台には覆いがないもの

★紅の部屋　ホワイトハウスに四部屋ある公式のレセプションルームの一つで、大統領夫人が賓客を迎えるのに使用される。後述の「青の部屋」は国家主催の公式晩餐会で賓客をもてなすために使われる

★★アイルランド系アメリカ人の建築家、ジェームズ・ホーバンのこと。彼の設計により、ホワイトハウスは一七九二年に起工され、一八〇〇年に完成した

ご様子。そこにグラント夫人が入ってこられた。いかにも良妻賢母という感じの優しい方――。そして、ようやくグラント大統領★がおでましになった。やはりとても家庭的で、気取らない感じの紳士でいらした。

わたしたちは最初はかなり離れて座っていた。話をしなければということばかり気になって、会話を楽しむどころではなく、まるで尋問を受けている犯罪者のような気分――。すると、グラント夫人がドイツ語で書かれた本を出してこられて、本のあいだにはさんであったたくさんの押し花を見せてくださった。しおれきった草や小枝がなつかしい自然を思いおこさせてくれる。わたしは眼鏡をかけてグラント夫人の座っておられるそばに膝をつき、一心に押し花に見入った。しだいに大統領夫妻も、わたしがお上品な、がちがちの淑女《レディ》でないことに気づかれたようで、わたしたちはみんなでおしゃべりに興じた。とても楽しかった。グラント夫人はわたしに「フィッシュ長官があなたを連れていらっしゃるとは思わなかったし、まして、二階にあげるなんて夢にも思わなかったわ」と、そっとうち明けてくださった。でも今は全然平気よ、とおっしゃって、お子さまがたのことをあれこれお話してくださる。もう少し長くお邪魔していたら、召使いのことで困っていることなどもうち明けてくださったにちがいない。そのあ

★ユリシーズ・シンプソン・グラント（一八二二―八五）米国第十八代大統領（共和党）。南北戦争時の北軍の将軍

いだ大統領とフィッシュ氏は、わたしにかまわず、隅の方で静かに話しておられたが、そのうちフィッシュ氏が退出するそぶりを見せたので、わたしもあわてて立ち上がった。みな、わたしが冬まで滞在できないのをとても残念がって、またぜひ来てくださいね、などと口々におっしゃる。そういうところは一般の人と少しもかわらない。フィッシュ長官は、グラント家の別荘の水彩画を見せてくださったあと、とてもきれいだからと、〝青の部屋〟★を案内してから、ふたたび私を送り届けてくださった〔…略…〕。

〔…略…〕翌朝、わたしは巨大なGの字の浮き出た大きな封筒を受け取った。中には、大統領ご夫妻がその夜催す晩餐会への招待状が入っていた。ほかにも招待客がいるので、わたしたちはせいいっぱいおめかししてでかけ、きのう見た青の部屋に通された。この楕円形の部屋は、こうした公式行事にこそふさわしい。そこに大統領側近のポーター将軍がこられて、わたしたちを丁重にもてなしてくださった。そのあと、上院議員ふたりと外務大臣につづいて、大統領ご夫妻が腕をくんで登場された。ネリー嬢と小さな弟さんも一緒で、そのあとをグラント夫人のお父上が危なっかしい足取りで入ってこられる。お父上には肘掛け椅子が用意されていて、大統領のお話だと、父君はとても体重があるので、家じゅうの椅子を半分近く壊

★青の部屋　四つのレセプションルームの一つ。第八代大統領のマーティン・バン・ビューレン（一八三七―四一）が青い繻子のカーテンや繻子張りの椅子の家具など、この部屋に青を取り入れたことからこう呼ばれるようになった

してしまわれたとか。それで、今は頑丈な上にも頑丈な椅子を用意するよう、いつも気をつけておられるとのこと——。

さて、息がつまるような五分間が過ぎて、正餐の支度が整ったことが告げられる。なんと大統領がわたしのところに来られて、腕を組むようにとおっしゃる。わたしは大統領にエスコートされてまっさきに正餐の席についた（まさに青天の霹靂！）〔…略…〕こんな礼遇を受けるにふさわしいことを、わたしはしたのかしら——いくら頭をひねっても思いあたることがない。ホワイトハウスを辞去したあとで、やっとその謎がとけた。グラント夫人が、わたしのことをかつてのイングランドの首相〝ノース卿★〟の娘だとおっしゃっていたのだ。わたしとて、もはや若くはないことはわかっているけれど、まさか、そこまで〝骨董品〟だなんて思いもしなかったのに……。

★フレデリック・ノース（一七三二—九二）英国の政治家。一七七〇—八二年に首相を務める

マリアンヌはクリスマスを過ごすためにジャマイカに着くと、さっそくキングストン郊外の丘の中腹に、月四ポンドで古びた空き家を借り、愛用のイーゼルを広げた。家の周囲は、彼女が求めてやってきた熱帯植物の宝庫だった。マリアンヌはベランダで絵筆を取ったが、屋根には彼女が買ってきた巨大なバナ

ジャマイカの花々。ジャマイカ産のアカネ
科植物（中央の白花）をはじめ、ソライロ
アサガオ（左下）、ブッソウゲ（右下）など、
野生種と栽培種の様々な植物が見える

海抜5000フィートのジャマイカで
描いたシダのジャングル

ナの房が、シャンデリアがわりにぶらさがっていた。身の回りの世話は、年老いた黒人の召使いふたりがやってくれる。こうして、マリアンヌは早々と旅先での自分好みの仕事のスタイルを確立したのである。

家の裏手には、息を呑むほど美しい小さな谷があった。バナナやチョウセンアサガオ、大型のカラディウム★が川岸をふちどり、ヨルガオやトケイソウがどの木々にもからみついている。そして、わたしの背丈ほどもある巨大なシダの葉と、小ぶりのおびただしい数のシダ。このシダの葉は柔らかなピンクや赤銅色のほか、金色や銀色のものまである。わたしは一日じゅう、絵を描いている。夜明けとともに出かけ、お昼になるまで戻らない。午後は家にいて花を写生する。この季節は、たいてい午後にはどしゃぶりの雨になるからだ。日没のまえに雨は上がるので、また丘にのぼって新しい道を探索し、あたりが暗くなってから家に引き返すのだ。

マリアンヌは、次にブラジルに渡った。幸運にもゴードン氏とその娘マリーと親しくなり、八か月のあいだ、内陸州ミナスジェライス★のモロ・ヴェリョの金鉱町にある彼らの家に滞在した。ゴードン家の人々は、マリアンヌを心から

★カラディウム　原文は学名 *Caladium esculentum* で、サトイモ科ハイモ属の一種。本属はヨーロッパに導入され、十九世紀後半から観葉植物として園芸品種が作出されていた

★ミナスジェライス　ブラジル中東部の州。鉄鉱石をはじめ、金・マンガン・ボーキサイトの産地

温かくもてなしてくれた。そのうえ、彼女の性格を呑み込んで、完全に自由にさせてくれたので、好きなだけ植物を採集し、絵を描き、自然を観察することができた。暑い季節になると、彼らはマリアンヌを山岳地方に連れていった。処女林の中ほどに荒れ果てた古い屋敷があった。彼女はその広い家に、家の管理人以外はまったくひとりで、至福の二週間を過ごしたのである。

わたしは朝食まえに一、二時間、散歩をするのを日課にしていた。この時間だと、まだ地面は露にしっとりと濡れ、蝶たちも葉の陰で眠っている。小鳥たちはもっと早起きで、アルマ・ディ・ガトゥは茂みから茂みに移りながら、わたしのあとをついてくる。どうやら、わたしが何を探しているのか知りたくてたまらないらしい。わたしが彼のことに興味をもっているように、向こうもこちらに興味津々なのだろう。アルマ・ディ・ガトゥはカッコウに似た茶色の大きな鳥で、長い尾の先っぽだけが白い。観察するなら昼間より夜の方がいいと言われているのは、夜になるとまるで人を怖がらなくなり、素手でも捕まえられるほどだから。

ある朝、わたしはブラッシュグラスのてっぺんに黒い固まりがあるのを見つけて、足をとめた。顔を近づけ、もうちょっとで手をふれそうになっ

ブラジルのモロ・ヴェリョでの風景

たとき、それがクロスズメバチの大群だということに気づいた。あわてて下がって、虫眼鏡でのぞくと、ハチたちはどれもみんなせわしく動いている。近くに寄ると、またもやじっと動かなくなった。まるで黒い石炭のようだ。何度ためしても同じことだった。なのにわたしは、愚かにも本当にスズメバチだと証明したくて指でつつき、ものの見事に刺されてしまった。けれども、この小さな虫たちが繰り広げるささやかなドラマを見るためなら、多少の不愉快さなどなんということもない。このスズメバチが群がっているブラッシュグラスが、これまた変わっている。どの花もブラシそっくりの形で、花穂をたばねると、この国で日常使われている箒《ほうき》のできあがり――。洗いだわしはたいてい、二つ割りにしたココナツの外皮で作られている。

この森では花はめったに見かけないと言われているけれど、わたしはずいぶんたくさんの花を見ることができた。その中には、互いに相反した性質をもつものがある。花つきの悪いマリーゴールドのような花が甘いバニラの香りを漂わせているかと思えば、大きな紫色の花をつけるビグノニア★は強烈なニンニクそのものの匂いをふりまいている。ビロードのような手ざわりの葉をもつイポメア★は、中央に黒い目の入った白く大きな美しい花

★ビグノニア　当時はノウゼンカズラ科の四百種あまりを含む大きな群の総称だったが、細分化されて、現在では北米に分布するツリガネカズラ一種を指す。ツリガネカズラのような漏斗状の花と思われる

★イポメア　ヒルガオ科サツマイモ属の植物。アサガオのような形の花をつける

をあちこちで咲かせているし、ため息のでるほどきれいな薔薇色のビグノニアの花もいたるところで見かけた。大きな葉のドラセナも、羽のような木性シダに混じって花をつけている。匍匐性の竹が刈り込んだように美しい緑の土手を作り、ツンベルギア★やサンシキヒルガオ、イチビの花が、緑の中に散っている。その上を竹のみごとなリースと蔓植物の花綵《はなづな》が覆い、どの枝にもランやアナナス★、地衣植物、ヒゲノカズラが彩りを添えている。

このブラジルで、マリアンヌは初めて旅の厳しさを味わった。駅馬車も汽車も身動きできないほどの混みようで、終端駅からモロ・ヴェリョまで長いことラバの背にゆられた。それも、ときには雨で肌着までぐしょぬれになりながら、泥の海をもがくように進んだのである。リンゼイ・ウールゼイ★のペチコートに毛織りのレインコート、それに大きな麦わら帽子がマリアンヌの装いの基本で、ほとんどいつもこれで通していた。インドで総督に同行し、優雅なコンサートに出かけたときも「古びたサージのドレスにくたびれた帽子」という格好だった。こんなマリアンヌを阻むものは何もなかったが、冬の寒さだけは別で、さすがの彼女も縮みあがった。寒さのせいで頭や歯が痛みだし、「古い痛みがぶりかえして」きたのである。

★ツンベルギア　キツネノマゴ科ヤハズカズラ属の植物。蔓性植物

★アナナス　パイナップル科アナナス属の植物。厳密にいえばこの属は枝に着生しないので、似た植物だったのかもしれない

★リンゼイ・ウールゼイ　リンネルの縦糸と粗い毛の横糸の交織物

これでマリアンヌ・ノースの旅行のパターンがはっきりしてきた――地元の入植者や役人たちとすぐにうちとけて仲良くなる。それも、自国の名士からの紹介状という恩恵のあるなしにかかわらずだ。召使いや原住民に対しても、優しく思いやりのある態度で接する。それは行き届いた奉仕に慣れ、どうすればそれを受けられるかを知りつくしたヴィクトリア朝時代のレディの処し方でもあった。マリアンヌは人との交際や、それに伴う雑事を片づけるにしても、時間をかけ、納得するまで礼をつくそうとした。その上ではじめて、森や山の上にでかけるのだ。あんなにも遠くから探しにきた熱帯の世界のすばらしさを描き切るには、まだまだ時間が足りなかったが、自立した生活を送ることに満足していた。彼女は信条や論争といったものには、およそ関心がなかった。彼女の天分は政治的なものではなかったのである（だから彼女は、かつて父親が選挙で神経をすりへらすような激戦に追いこまれたときも、なぜそこまでするのだろうと痛ましく思っただけだった）。マリアンヌは個人的なことしか頭になかった。彼女の処世訓はそれまでの経験から得た、社会的病弊の解決は個人の善行にゆだねられているというものだった。ブラジルで初めて目にした奴隷制に対する彼女の意見は、このことをよく物語っている――

リオでは下賤な仕事は、主人のためにしろ、あるいは主人が奴隷を貸し出した相手のためにしろ、ほとんどすべて奴隷がやっている。というのも、奴隷解放をめざす法律は通ったが、あまりにも緩慢な進展で、完全に実施されるまでにあと二十年はゆうにかかるからだ。我が国でも、かつての法制定者たちがあんなにあせって「対等の人間」などという馬鹿げた考えにふりまわされなかったら、事態はもう少しよくなっていたかもしれない。わたしはこの教義を信奉している本国の良き主婦たちも、ほかの召使いはいっさい使わず奴隷だけを雇ってみてほしいと思う。わたしの友人のひとりに九年前、リオに住み着いた女性がいる。メイドはひとりもいなくて、男の黒人ふたりを雇った（いないよりはましというわけ）。彼女はそこでおもしろいことを体験した。黒人たちは絶対に白人の前ではひざまづかない（奴隷解放を訴える政治的パンフレットの表紙には、ひざまづく黒人の絵が描いてあったりするけれど）。床を磨くよう命じられると、一パイント★入りの水差しに水をいっぱいくんできて、ちょこちょこと床にふりまく。次にぼろ切れをふんづけ、そのまま押して歩いて、床の水を拭き取るのだ。黒人の召使いに無礼な口をきいたり、文句を言ったりすると、彼を貸し出した主人のところに逃げ帰り、もうあそこにはいられないと泣きつく。あ

★英国では〇・五七リットル

んなところにいたら身体を壊してしまう、そうしたらご主人さまの財産価値も減ると訴えるのだ。働きものの奴隷を雇うには、ひとり年間三十ポンドはくだらない。食べさせて着させる（それも奴隷の好みの服を）だけでも、一日三ペンスはかかるというのに――。家事をする女奴隷は、一年に十五ポンドは必要だ。ほかに服が二組。彼女のご機嫌をとり、主人のところに逃げ帰られないようにするために、あれこれ贈り物も欠かせない。奴隷がしかるべき扱いを受けていないと思うのは間違いだ。わたしは、ちょうどペットを可愛がるように、彼らが大事にされているのをいたるところで目にしてきた。彼らは、いつも白い歯を見せて笑っているか、歌っているかしていたのである。

こうした感謝知らずの黒人のエピソードとは一転して、小さな虫についてのみごとな描写は、読者にほっと息をつかせてくれる――

大きなイモムシは、まず小枝でクリノリン★のようなものを作り、それを口から吐き出した糸で覆う。こうしてできた家を、カタツムリが殻を運ぶようにして運び、お気に入りの木の小枝に糸を巻き付けて、家を吊す。イ

★クリノリン　ヨーロッパで十九世紀に流行した、スカートをふくらませるための腰枠入りのペチコート

モムシは三つの関節から成っている頭部と首とを自由に出せるので、手の届く範囲の葉っぱや花を好きなだけ食べることができる。まわりの枝が坊主になると、今度はその上の枝に糸をかけ、もとの枝にかけていた糸をかみ切る。すると、家全体がはずみでひょいと持ち上がる。こうして上の枝に移ると、また前のように葉っぱを食べはじめるのだ。この家には伸び縮みのするポーチのようなものが付いていて、どんなささいな物音がしても、望遠鏡みたいに縮んで、頭の上で閉じるしかけなっている。ふたたび、あたりがすっかり静まりかえると、ポーチをもどして頭を出す。美食家は、またせっせと食事にとりかかるのだ。彼は爪で押したり引いたりしながら、ご馳走を少しずつ取り込み、木につないだ舫《もや》い綱をあの驚異的な方法で動かしては、数か月のあいだ休みなく食べ続ける。やがて、さなぎの眠りが訪れ、ついにはなんともやぼったい蛾になるのである。

マリアンヌの『追憶の記』にひんぱんに顔を出すこうした記述には、父親の友人であった科学者たちの影響がうかがわれる。進化論によって万物に対する固定化した概念から解放されたヴィクトリア朝時代の科学者は、自然界に関する新鮮な発見をするたびに、未知なるものへの探求の興奮と感動を味わうことができた。神の本質や人間の運命を熟考する時間さえ残らないほど、科学者はそうした心躍る出来事に没入したといっても過言ではないだろう。チャールズ・ダーウィンは、地球上の生きとし生けるものは、どんな小さなものでも研究する価値があると説いた。イモムシの、小さいながらも複雑で精妙な繭に夢中になって、根気よく観察をつづけていたマリアンヌにも、そんなダーウィンを思わせる慈しみの視線が感じられる。

一八七三年九月、しばらくイングランドに戻ったマリアンヌは、あれやこれやで忙しい日々を送っていた。エッチングを習い、ネットリー病院に通って、アシャンティ戦争★で負傷して送還されたいとこのダッドリー・ノースの看護を手伝った。また、一八七四年八月にベルファストで開かれた英国学術協会の会合にも参加し、その年の暮れから七五年にかけて、厳冬をさけてテネリフェ島★に逃れた。ここでも彼女は、山の隠れ家を見つけた。ラバの背にゆられてたどりつくと、ジャマイカのときのように腰をすえ、心のおもむくままに絵筆をとった。二度目の長期の旅行は、アメリカ経由で日本へ旅する友人たちに同行したものだ。一八七五年夏、カナダのケベックに上陸すると、一行はソルトレークシティーを通って西へ進んだ。モルモン教の本山のあるソルトレークシティーでは、ブリガム・ヤング★と握手をした（「胸くその悪い恥知らずの年寄り！」）。

★アシャンティ戦争　西アフリカ、ガーナ西部の森林地帯を支配するアシャンティ王国は、十九世紀に入ると貿易の利益独占のため黄金海岸進出を謀り、英国と政治・軍事両面で対峙したが、ついには二十世紀初頭に植民地となった

★テネリフェ島　アフリカ北西岸沖のスペイン領カナリア諸島最大の島

★B・ヤング（一八〇一―七七）米国のモルモン教指導者

マリアンヌは仲間と離れて、カリフォルニアのセコイア★の大森林やヨセミテ渓谷に足を運んだ。写生をするために雇った御者は、彼女のことをふつうの観光旅行者のように「熊だのインディアンだのには関心を示さない、まともな人間」だと言って、チップを差し出しても受け取らなかった。マリアンヌはみごとなセコイアの巨木に夢中になり、森林の中を何時間も足のむくままにさまよい歩いた。だが、どう見てもこの季節は観光には向かない時期だったので、サンフランシスコに戻り、友人たちと合流した。彼女はつづいて訪れた日本に「心を惹かれ」、人のあふれかえった島々の町や寺院の賑わいがとくに気にいって、たくさんの絵を仕上げた。けれども、寒さが厳しいのには音をあげ、一八七六年一月に温かな陽光がさんさんとふりそそぐシンガポールの街についたときは、心からほっとした。

サラワク★王国でマリアンヌは、〝白のラージャ★〟と呼ばれるチャールズ・ブルック★と、優しく美しい妻の住む家に滞在した。日本の寒さが引き起こしたリューマチも徐々に快方に向かい、中国製の絹で新しいドレスをあつらえたりもした。「赤道すれすれのところで、あの長ったらしいヨーロッパ式の正餐をとるなんて〔…略…〕とんでもないことだ」という結論に達したのはこのサラワクにいたときで、彼女はラージャが所有するマタンの山の農場に逃げ出した。

★セコイアメスギ（レッドウッド）。高さ百メートル以上に達するスギ科の常緑高木。現存しているセコイアは本種とセコイアオスギ（マンモスツリー）の二種で、樹齢数千年といわれる

マリアンヌの日本での作品。藤の花と富士山遠望

　ラージャはコックと兵士、それに男の子をひとりつけてくれた。山ほどのパンと籠いっぱいのニワトリも持たせてくれたので、カヌーはぎゅうぎゅうづめになった。わたしたちはこのカヌーで小さな運河や林の中を一日がかりで抜け、やっと、ある村に上陸した。それから、くねくねと左右に曲がった景色のいい道を二百メートルほども歩いて登ると、林を切り開いた場所に出た。そこには農場とシャレー風の小屋があった。そこからの眺めは最高で、目の下には大きな沼が、さざ波の立つ青い海のように広がり、その向こうには小島が点在する本物の海が見えた。前景には背の高い巨木が取り囲むようにそびえたち、小屋の周りの空き地も切り株だらけで、あちこちに木が倒れ、朽ちかけている。倒木にはビロードのなめらかさと金属のつやをもったヤドリギが寄生し、蔓性植物や〝観葉植物〟、カラディウム、アルピニア★が覆いつくすように生い茂っている。どんな華やかな色彩も色あせてみえる美しいキッスス★がいたるところにからみついている〔…略…〕ここでは、生きることは至福そのものだった。わたしは、最後の一羽のニワトリを食べ尽くし、パンの残りがかびて青くなるまで、この場所を離れなかった。それから〔…略…〕ふたたび山をくだった。おとも

★サラワク　ボルネオ島北西部、現在マレーシア領の州。かつてブルネイの属領だったが、一八四一年反乱鎮圧の功により、英国人ジェイムズ・ブルックに譲られる。一八八八年には英国の保護領となる

★ラージャ　ジャワやボルネオなどで統治者（領主・首長など）の敬称

★C・ブルック　英国の軍人・探検家でサラワク王国初代ラージャ（一八四一―六三）となったJ・ブルック卿の息子と思われる

★アルピニア　ショウガ科ハナミョウガ属の植物

★キッスス　ブドウ科セイシカズラ属の植物

の兵士は、長いりっぱな軍刀をふるって、道々、わたしに吸い付く大きなヒルを頭からちょんぎってくれた。

別の山への旅は、マリアンヌをウツボカズラ類★の最大種の発見に導いた。学名は彼女の名をとったネペンテス・ノーシアナ（*Nepenthes northiana*）である。

つぎに訪れたジャワは、「最大級の火山がいくつもある〔…略…〕豊かな大庭園」で、「オランダの強固な支配にもかかわらず、現地人はインドでは見られない独立心あふれた満足げな顔つきをしていた」。マリアンヌにとって、植物園は旅の途中で必ず足を運ぶ場所で、その国の花に囲まれながら自分の目的を再認識するところだったが、ジャワのそれは、まさに「驚異の世界」だった。彼女はジャワに数か月とどまって、荷馬車や馬にゆられて旅をし、鮮やかな色彩にあふれた市場を訪れ、マライ語★を習い、火山に登った。そしてシンガポール経由でセイロン★に着いたのは、一八七六年も終わりに近い頃だった。セイロンでは、ジュリア・マーガレット・キャメロン★の家に滞在している。マリアンヌは似合わない緑色のカシミアのショールをして、キャメロン夫人に写真を撮ってもらったが、できあがった写真を見ても別に感動もしなかった。おそらく、彼女に写真を撮ってもらうことが芸術史に残るような画期的なことだと知らな

★ウツボカズラ　食虫植物として有名なウツボカズラ属は現在約七十種が知られており、ボルネオを中心に熱帯アジアなどに分布する

ネペンテス・ノーシアナ

★マライ語　オーストロネシア諸語の一つで、マレーシアおよびシンガポールで話される。インドネシア語はマライ語の一方言に由来する

★セイロン　現在のスリランカ

★J・M・キャメロン（一八一五―七九）　インド生まれの英国の写真家。テニソン、ロングフェローらの人物写真が有名

J. M. キャメロンが撮影した一葉。
1877年、セイロンにて

かったからだろう。セイロン中部のカンデーにある有名な王立ペラデニヤ植物園★を訪れたことは言うまでもない。

一八七七年秋、マリアンヌはいったん駆け足で本国に戻ったあと、セイロンに引き返し、そのまま、インドへの長旅に出かけている。インドでは、南部の壮麗な寺院や北西部のラージプターナの奇観、ヒマラヤ山脈のふもとの散策を楽しんだ。この丘陵地帯の旅では、人足が頭に乗せた担いかごに乗って旅をつづけた。彼女は「あまり外ばかり見ると気分が悪くなるとわかったけれど、落ちたりすることは一度もなかった」と書いている。

マリアンヌはいつものように、総督やラージャへの紹介状を持参してきていたが、レディらしくアヤ★を連れて歩き、身の回りの世話をさせるよう行く先々で勧められた。これまたいつものように、彼女はこの旅でも独立精神を発揮した。ナイニ・タールからベナレスに南下しようとしてモンスーンの豪雨で河が氾濫し、足止めをくらったときは、おびえきっている村人たちを叱りつけてボートの水漏れを修理させ、デリーでは、そびえたつクトゥブ・モスク★のミナレットを仰ぎ見るバンガロー★にたったひとりで泊まった。アヤも雇ったが、「役立たずで気がきかない」ので、雇うそばからやめさせた。それなら、靴磨きや服にブラシをかける老雑役夫の方が役にたった。「なみはずれて醜悪なご面相

★王立ペラデニヤ植物園　一八二一年に開園した熱帯植物園で、十八世紀末から有用植物の栽培などを目的に大英帝国が創設した植民地植物園の一つ

★アヤ　インドで西洋人が使うインド人の女中

★クトゥブ・モスク　デリー南郊のインド＝イスラム建築最古の遺構。インド最大のミナレット（イスラム建築でモスクに付設される高い塔）をもつ

に、笑顔までがぞっとする大男の苦力《クーリー》」の方がよっぽどましだったのだ。このクーリーは「ある日の昼下がり、わたしの部屋にそっと入ってきて、草の葉で結わえた真っ赤なポテンティラ★と黄色のキンポウゲの花束をくれた〔…略…〕ときには、かがんで小さな花々の頭を摘み、キャリバン★さながらの笑みを満面に浮かべて、わたしの膝に花をまき散らしたりすることもあった」。

英国に帰国したときには描きためた絵がかなりの量になっていたので、マリアンヌは一八七九年の夏にロンドンの小さな画廊を借りて、友人たちに絵を披露した。これがきっかけで、王立キュー植物園に作品の常設展示場を自費で建てることを思い立った。けれども、それにはまず絵のコレクションを完成させなければならない。彼女はオーストラリア行きを勧めるチャールズ・ダーウィンの助言にしたがうことにした。一八八〇年の春、ラージャ・ブルック夫妻とともにふたたび船でサラワクに向かい、彼らのもとに滞在したあと、アンティポディーズ諸島★に向かった。

マリアンヌはオーストラリアの旅を堪能した。オーストラリアには北から入り、木曜島★を訪れたあと、ケープヨーク半島の沿岸をまわって、ブリズベンに上陸した。ここでは総督公邸に滞在した。都合のいいことに、公邸の庭はそのまま植物園に通じていた。マリアンヌは一八八〇年の冬のあいだ、ずっとクイ

★バンガロー　インドでヨーロッパ人が住んだ屋根の傾斜の緩い簡単な建物。ベランダに取り巻かれた草ぶき・瓦ぶきの一階建て

★ポテンティラ　バラ科キジムシロ属の植物

★キャリバン　シェークスピアの戯曲『テンペスト』の主人公プロスペロの醜悪で野蛮な奴隷

★アンティポディーズ諸島　ニュージーランド南東方の岩の群島

★木曜島　オーストラリア北東部とニューギニア間のトレス海峡にある小島。ブライ船長が漂流中の木曜日に確認したことに由来する

オーストラリア、ニューサウス・ウェールズ
のブルー・マウンテンに咲いていた野生植物

ーンズランドを旅してまわり、ゴムの木やユーカリなどのめずらしい植物に興味をひかれ、コアラにインコにカモノハシといったさらにめずらしい動物に心を奪われた。馬や駅馬車を使ってニューサウス・ウェールズに南下した彼女は、「生きた化石といわれるナンヨウスギ★」の雄壮な森林や、生まれてはじめて見るカンガルーに歓声をあげた。マリアンヌと、旅に同行した知人の〝B嬢〟はコッブ協同会社★の馬車を利用して旅をつづけた。お伴もつれずにこの道程を突破した最初の女性ということで、途中で休むたびに、ふたりに敬意を表してそれぞれ二人前の牛肉が供されたが、部屋までがダブルベッドの二人部屋だったので、マリアンヌもこれには断固抗議した。それに彼女は、本当は肉よりもバター付きのパンのほうが好きだったのだ。

ときには砂漠を通り抜け、長旅のはてにたどりついたのは、メルボルンの都会的な街だった。メルボルンにはコンサートもあれば、絵の画廊もあった。ウェスタンオーストラリア州では、マリアンヌと同じように花の絵を描き、旅をつづけるエリス・ローアン（マリアンヌは例のごとく、実名をふせ、〝R夫人〟と記している）と知り合った。また、「ホタテガイみたいな葉をした、背の高いタチアオイに似た」ハケア★も見た。これは「世界じゅうの植物の中でももっとも特筆すべきもののひとつ」だった。

★ナンヨウスギ　高さ五〇―六〇メートルになる針葉樹。現在は南半球を中心に分布するが、化石により全世界に広く分布していたことが知られる

★コッブ協同会社　一八五三年開設されたオーストラリアで最も有名な駅馬車会社。馬車は一九二四年まで走り続け、現在も運輸会社として存続

★ハケア　ヤマモガシ科ハケア属の植物。オーストラリアの乾燥地域に分布する低木

シドニー湾の眺め。手前の植物は
ソケイノウゼンの仲間とハナマキ

さて、交通手段がなくて困ったマリアンヌが手紙でそのことを総督に訴えると、総督は警官の御者付きの馬車を融通すると、パース★から電報をよこしたので、ありがたく受けることにした。こうしてマリアンヌは、オールバニー★からパースまでオーストラリアの南西端を、馬車に身の回り品一式を積み込んで旅することになった。だが、この馬車は、心棒の壊れた車輪をだましだまし使っている頼りない代物で、道に迷ってはパニックになるこれまた頼りないアイルランド人の警官《オリアリー》★が御者をつとめていた。「六十マイル進んでも、見かけた家はたった三軒だけ」と、ある日の旅日誌は伝えている――

おまけに食べ物がまったく手に入らない。でもアイルランド人の警官は、ブラックリバーのところで、持参の〝野営用湯沸かし〟を使ってお茶を入れてくれた。川の水はその名に恥じないものだったけれど、わたしたちは本国で食べ飽きている人たちよりずっと旺盛な食欲を発揮して、手持ちの食料をすっかりたいらげてしまった。警官の忠実な従僕であるブラック・ジョニーにも、ちょっぴりしかないビスケットを分けてあげた。彼のアイルランド語は、現地人の言葉と同じでほとんどわからない。でも、彼はわたしにとても優しい。そして、おんぼろ車が深い溝にはまらないように、

★パース　ウェスタンオーストラリア州の州都。一八九一―九四年、州南西部のゴールドラッシュ後、急速に発展した

★オールバニー　ウェスタンオーストラリア州南西部の湾港都市。一八二五年に陸軍の町として建設

★オリアリー　警官にはアイルランド系が多いことからきた米国の俗語

事故を起こさないように常に注意を怠らない。この馬車には横に並んだ〝車内席〟がふたつあって、ひとつはわたしが、もうひとつはわたしの旅行カバンが占めている。頭の上には、四本の柱の上に張ったキャンバス地の〝屋根〟が日差しをさえぎっている。床には濡れた砂を入れたブリキのビスケット缶に、めずらしい花々をさして置いてある。でも、砂はすぐに乾いてしまうので、たいていの花は摘んでまもなくしおれてしまう。気がついたら、この缶だけでなく、馬車全体が花でいっぱいになっていた。きれいなものを見ると、どうしても絵を描くために持ってかえらずにはいられなくなるのだ。

ロジェナットでは警察署に泊まった。うやうやしく敬称付きでわたしの名前を呼ぶ警官たちに取り囲まれていると、自分が女王さまにでもなったような気分（といっても、危険な人喰い人種★★の島の女王だけれど――）。この近くには、小さな木そっくりに育ったモウセンゴケ★の群落があった。草を焼き払った上に色とりどりの花が咲き乱れ、まるで美しい花壇のようだった。わたしたちはどこまでもつづくその花の中を進んでいき、やがて、ふたたび広大な砂の平原に出た。さまざまな種類の小さな花が生け垣のように道を縁取っている。緑と黄色の繻子の裏地を付けたビロード地のカン

★★ニュージーランドやタヒチに関するクック船長の報告により定着した、ヨーロッパ人の原住民に対するイメージ

★モウセンゴケ　食虫植物であるモウセンゴケ属の総称。表面に長い腺毛があり、その粘液で虫を捕らえて栄養とする。現在世界で約九〇種が知られ、そのうち約六〇種がオーストラリアに集中的に分布する

★カンガルーポー　ハエモドルム科アニゴザントス属の植物。オーストラリア南西部に八種が分布。カンガルーの足を思わせる花をつける。近年日本へも切り花が輸入されるようになった

★ロベリア　キキョウ科ミゾカクシ属の植物

★タスマニア　オーストラリア南方の島で、動植物相に特異性をもつ

ガルーポー★、星をちりばめたような青と白のロベリア★。生け垣を車が押し分けて進むと、花がしなやかに顔を打った。

旅のしめくくりは、いちばん近い町からでも三十マイルは離れているシロゴムノキの林に住む家族とクリスマス・プディングを食べることだった。アイルランド人警官とのさんざんな旅のあと、ふたたび快適なメルボルンの街に戻れてマリアンヌはほっとした。彼女はそこからタスマニア★に足をのばした。この島は期待はずれで、よかったのはふわふわした柔らかな毛の玉のようなオポッサムを三匹買ったことぐらいだった。このオポッサムは、かけがえのない旅の道連れとなった。けれども、寒さが厳しく、英国に似すぎていておもしろみがないので、彼女は小さなオポッサムたちを手で包んで暖めながら、ニュージーランドに向かう船に乗った。

　ニュージーランドも寒くて、リューマチがぶりかえしたうえに歯肉膿瘍になり、せっかくダニーディン★に住むいとこのジョン・エニスを訪れたのに、あまり楽しめなかった。彼はマリアンヌのためにめずらしい〝ザンセツソウ★〟の標本を集めてくれていた。vegetable sheep《植物の羊》という英語名をもつこの草は、小さな花が岩の上に固まって咲いている様子が山腹に寝そべっている羊にそっくりだ

ビャクダンの類の実を食べるオポッサム

★ダニーディン　ニュージーランド南島南東部の湾港都市

★ザンセツソウ　キク科ラウリア属の植物。ニュージーランドとオーストラリアに約二十五種が分布。ほとんどのものが白毛に覆われ、苔状に生える。羊の牧草として重要であるといわれる。日本にも古くから導入され「残雪草」の名で山草店で売られている

った。彼女はそれを本国に持ち帰り、チャールズ・ダーウィンのお土産にした。ウェリントン植物園の散策も楽しかったし、みごとな円錐形をしたエグモント火山も悪くなかったが、マリアンヌはどうしてもニュージーランドにはなじめなかった。それで、暖かなホノルルに着いたときは、彼女もオポッサムたちもほっとした。マリアンヌの目には、ハワイの女性たちが乗馬のときに着る〝ブルーマー服〟が「とてもセンスよく」感じられた（イザベラ・バードも上品な服装だと評している）★。このあとすぐに船でアメリカに渡り、サンフランシスコからふたたび、セコイアの大森林を訪れるために奥地に向かった。

「いきなり、目のまえにセコイアの大森林が姿を現した。汽車はセコイアの森を抜け、ルス川に沿ってガーネビルまでひた走った。このガーネビルは森に囲まれた美しい村で、大きな製材所がある。どちらを向いても木ばかり、というよりは切り株だらけで、スタンプタウン（切り株の町）という、よくある名前がついたのもこのせいだ。みごとな大木が次々に姿を消している。その中でも最高級の木がいくらか残っていたのだが、互いに寄りそう仲間がいないと生きていけなくて、まもなくちょっとした風で倒れてしまった。セコイアというのは変わった木で、切り株のまわりの根か

★第一章の五八頁参照

ら芽吹き、まもなく濃い緑の茂みが切り株を覆いつくして、自然のあずまやを作りあげる。古い大木には、こんな具合に輪になって生えているものが多い。この木特有の変わった習性だ。

宿屋は小さいけれど上等で、食事をとっている紳士たちは全員がワイシャツ姿だった。わたしが絵を描くことにとても興味をもって、最大級のセコイアの見つけ方を教えてくれたけれど、みんな忙しくて、道案内をしたり、イーゼルを運んでくれる男の子さえ見つけられなかった。セコイアの林を見つけるのは、別に難しいことではない。どの木を描くか、そして、とにかく大きいので全体をつかむためにどのくらい離れたらいいかを見極めるのが難しいのだ〔…略…〕セコイアの下生えには月桂樹やオーク、そして可憐な草花がたくさん咲いていた。ムラサキカタバミにエンレイソウ、オダマキに、青いアイリス。そして濃いピンクのバラ。オークランズに戻ったのは八時で夕食の時間をすぎていたが、ポーターが大きなお皿にバター付きのクラッカーを盛

カリフォルニアの
セコイアの森

ったのと、タンブラーに入れた冷たい飲み物をもってきてくれた。飲み物にはちゃんとストローが添えてあり、とてもおいしかった。

マリアンヌが食事に大好きなパンとバターを欠かさなかったことは、ぜひとも述べておかなければならない。これはヴィクトリア朝時代のレディ・トラベラーの食習慣について研究を進めるうえで、格好の手がかりとなるだろう。さて、ヨセミテ渓谷をふたたび訪れたマリアンヌは、フィラデルフィアから来た魅力的な老紳士と知り合った。やはり旅が好きで「自然界のあらゆる驚異」に愛と情熱を注ぐこの紳士に、マリアンヌは父親の面影を見る思いがした。ヨセミテ渓谷では、放置された汚いインディアンの居住地も訪れたが、偏見のある当時としてはめずらしくないコメントを残している――「白人が血も涙もなく原住民を追い出したという感傷的な考えを抱いている人々は、わたしが彼らについて見てきたことのほんの一部分さえ見ていないのだ。実際に目にすれば、すぐにも考えを改めることだろう」。彼女はアフリカを旅したときに〝ズールー族★賛美者〟にいらだたしい思いをしているし、前に見たように、ブラジルの奴隷についてもまるで無関心だった。

マリアンヌにとって、アメリカ横断の汽車の旅は、肉体的にも楽だったたし、

★ズールー族　現在の南アフリカ共和国東部に住む大きな部族。十九世紀初めに強力な軍事力でズールー王国を形成したが、一八七九年に英国が占領し分割統治した

精神的にも興奮をかきたてるものだった。いたるところで汽車を降りては観察し、絵を描き、記録した。セントルイスの壮大な庭園を楽しみ、ミシシッピ川の広大な流れに目をみはり、フィラデルフィアの動物園とパームハウス★のすばらしさに歓声を上げた。動物園では、オポッサムたちも女主人に負けずに友だちを作ろうとした。シンシナティでは、汽車に乗りこむと同時に自分の寝台を探しあて、「よく、すぐに自分の場所がわかりましたね」と車掌に言われたほどだ。ふかふかのオポッサムの毛皮をかけ、くつろぎながら彼女は答えている——「こういうことは得意なのよ」。やがてニューヨークに着いた彼女はあちこちで歓待を受けたが、すぐに「いつも名士あつかいされる」ことにうんざりしてしまった。

一八八二年六月、ノースギャラリーが一般公開された。ギャラリーの場所を「正門から遠く離れたところにしたのは、植物が好きですべての施設を見てまわった人々が雨や日差しをさけて一服できる場所が、そうしたところにこそ必要だと思ったから」だ。マリアンヌはお茶かコーヒー、それにビスケットの軽食も出せるようにしたかったが、「銀行休日★にいっぺんに七万七千人の客が押しよせる」可

★パームハウス　動物園付属のヤシノキ用の温室

★銀行休日　日曜日以外の法定休日

ファーガソンが設計したノースギャラリーの完成予想図（1881年4月15日付『建築ニュース』より）

能性を考えたキュー王立植物園側が二の足を踏んだのだ。ギャラリーの建物は建築史家のジェイムズ・ファーガソン★が設計したもので、古代ギリシア神殿の採光法が取り入れられている。マリアンヌは、当時の王立植物協会の名誉会長フランシス・ゴールトンに、それまで彼女が訪れた国々の地図を作る手伝いを頼んだが、彼の考えたものはどれも手がこみすぎていて実用的ではなかった。それで、プロの地図製作家トレローニー・サンダーズに依頼したが、仕上がった地図には「まるで絵のように微妙な陰影がほどこされ」、ヤシやモミの林の分布境界線を描くようにというマリアンヌの指示に従わなかったので、報酬を払ったうえでボツにしてしまった。彼女は大陸ごとにきちんと絵を並べ、入念にラベルをつけ、カタログを用意したが、どれも満足のいくできばえだった。作品を陳列する壁の下部には、旅先で採取した二百五十種近い木でできた板を並べて張り、油絵の具で描かれた作品は完成時には八百点を超えた。当時も今も、ギャラリーを訪れた人々が驚くのは、絵の数と種類の豊富さである――

「ある日のこと、たまたま開けっぱなしになっていたドアから、数人のご婦人《レディ》とともにひとりの紳士が入ってきた。紳士はジョセフ・フッカー卿を訪ねてきたのに会えなかったので、ご機嫌が悪かった。そのうち、絵に興味を引かれてきたらしく、いささかぶしつけな口調でわたしに訊ねた。〝この絵はみんなひ

★J・ファーガソン（一八〇八―八六） 英国のインド建築史学者。インドの建築遺構の踏査と研究を続け、この分野での先駆的業績を残した

★ケープ 一六五二年オランダ人が植民地を建設。のちオランダとイギリスが争い、一八一四年英領ケープ植民地となる

★ボーア人 オランダ系の南アフリカ移住者の子孫

★セテワヨ ズールー族の最後の大首長（一八七三―七九）。ズールー王国の独立回復につとめたが、一八七九年英国がしかけたズールー戦争に敗北。捕らえられ、廃位された

とりの女性が描いたという話だが、それは本当かね？〟わたしは、自分がすべて描いたとだけ答えた。それを聞くと、紳士はわたしの両手を強く握りしめて言った。〝きみがかい！　それなら、二百年前に生まれていなくて幸運だったね。魔女と間違われて火あぶりになっていたところだったよ〟」。

　一八八二年、ギャラリー収蔵の絵にはまだアフリカで描いたものがなかったので、マリアンヌはコレクションを完成させるために、南アフリカのケープ★をめざして船に乗った。ケープタウンから内陸に入り、ポートエリザベスとグレアムズタウンに挟まれた南東部の海岸を牛車か馬車で進むというのは、今やおなじみの旅のパターンだった。司教の家に滞在し、質素な農家や宿屋にも泊まった。いつものように、花や鳥、獣たちに感嘆の声をあげ、旅で出会った人々にはいくらか距離のある好意をよせた。確かにマリアンヌは、ボーア人★はあまり好きではなかったし、コレンゾ司教の家の〝ズールー族かぶれ〟（あちこちの壁にセテワヨ★の肖像画が飾られていた）にも悩まされたが、こうした極端な人たちのあいだにあっても、自分らしくのびのびと過ごすことができた。

　翌年はセイシェル諸島★を訪れ、最高傑作となる絵を何枚か描き上げた。また、それまで植物学的に分類されていなかった capucin tree（学名 *Northea seychellana*）という貴重種の発見というお土産も持ちかえった★★。「わたしが泊まった家の近

★**セイシェル諸島**　マダガスカル島北東方、インド洋上の約百の島から成る（現在は共和国）。一八一〇年に英国が占領。生物が豊富なことで知られる

★★ノーシア属 *Northea* は、セイシェル諸島にこの一種のみが分布するとされるアカテツ科の常緑樹。英語名は葉の裏がノウゼンハレン（capucin）の花に似た橙色であることによるものか？

くには、大きな岩がごろごろしていて、そのあいだに挟まれるように小屋が集まっていた。小屋の屋根は、オオミヤシ★の大きなうちわのような葉で葺いてあった」とマリアンヌは記している――

屋根は日本で見た寺院の山門に似たゆるやかな曲線を描くように仕上げられていて、四隅に突き出したヤシの葉柄が飾りになっている。キュリユース島にはオオミヤシが群生していた。中でもいちばん大きな木にむかって道が開けていて、木の後ろには岩が積み重なっている。わたしはその岩にのぼり、頂上に腰を下ろした。下の岩に足を置こうとしたが届かなかったので、友人たちが岩を積んで足置き台を作ってくれた。わたしは大きなうちわのような葉の上に画板を乗せ、つぼみや実の全体をスケッチした。安全への備えは万全だったけれど、少しでも足をすべらせたり、足がつったりしたら、スケッチもわたしも一巻の終わりになっていただろう。

これを読むと、相変わらず活動的で怖いもの知らずの印象を受けるかもしれない。だが、マリアンヌの健康が衰え始めたのはこの旅からだった。しだいに耳が遠くなり、耳鳴りと極度の神経の緊張で押しつぶされそうになった。これ

★オオミヤシ　セイシェル諸島産。卵円形の果実は巨大で長さ四十五センチ、重さ二十―三十キロにもなる

チリマツの森。彼方には雪を頂いたコルディエラ山脈の峰々を望む

穂状に花をつける荘厳なブルー・プヤ

まで絵と花さえあればひとりでいることを一度も不安に思わなかったのに、突然、自分の人生に対するいいしれない不安に襲われ、家に引きこもってしまったのである。

やがてマリアンヌは、最後の仕事を完成するまでに回復した。世界じゅうのみごとな木々の絵を揃えた「〃本国の〃わたしのギャラリーに、チリマツ★だけがなかった」ので、一八八四年十一月、チリに旅立った。神経の病いが再発したり、マゼラン海峡を抜けるときに厳しい寒さや嵐に襲われたりもしたが、それでもくじけなかった。サンチャゴの町を見渡す山脈に登り、めざすチリマツだけでなく、輝くばかりに美しい「プヤ★の青い花」を目にしたことで、その努力は報われたのである。

マリアンヌはその後、イングランド南西部グロスターシャー州のオールダーリーという村に家を借り、世界各地から集めた花木をもとにして、さまざまな花の咲き乱れる美しい庭を作り上げた。そして四年間、その家に引きこもったまま、一八九〇年八月四日にこの世を去った。

マリアンヌ・ノースの生涯をかけた旅をつぶさに記そうとすれば、彼女自身が『幸せな人生——その追憶の記』と『続・幸せな人生——その追憶の記』にかけたのと同じくらいの時間が必要となり、ページ数もおびただしいものとな

★チリマツ　学名 *Araucaria araucana*。チリ国内のアンデス山脈に自生し、高さ四十五メートルにもなる常緑高木。十八世紀にイギリスにもたらされ、キュー植物園で栽培されていた

★プヤ　パイナップル科プヤ属の植物。南米アンデス山脈に約百四十種が自生する。属名はチリでの呼称に由来する

1887年、オールダリーの自宅にて

るだろう。以上の二作は、彼女の死後に妹のキャサリーンが膨大な原稿を全三巻にまとめたものである。『追憶の記』を読むと、ギャラリーで最初に感じたのと同じ印象を受ける。何か重苦しく単調なのだ。けれども、辛抱強く読み進んでいくと、彼女が「感極まって叫んだ」瞬間だとか、未知のできごとや災難に敢然と向かっていった冒険談や武勇伝、悪気のないからかいまじりに語るほかのレディ・トラベラーの逸話《エピソード》などに、ほっと救われる思いがする。

マリアンヌは絵を描く際に、どこを訪れたか、どうやって行ったかというようなことは詳しく述べているが、絵を描く上での方針については明らかにしていない。キャサリーンは、「姉は利発な子どもがするように、自然の中で美しいと思ったものを手当たりしだいに描き、芸術的な素養というものはとくにもっていませんでした」と述べている。マリアンヌはもともと音楽が好きで、声楽の練習に打ち込んでいた。だが、若い頃に声が出にくくなって断念し、絵に方向転換したのである。「杓子定規な規則にはがまんならない」マリアンヌは、造形の美に対し、自分なりのやり方で、心のおもむくままに取り組む方法を選んだ。彼女の絵は花を主題とした風景画であり、貴婦人の寝室に飾る花の習作でも植物学の図表でもなかった。海と空の遠景を輝くばかりの花房で縁取るブラジルのコーラルパームもその一例だが、これは「もわっとしたヨーロッパの森」とは全然違う「さまざまな色と形で熱帯林を形成する数え切れない木々」のほんのひとつにすぎなかった。アリゾナ砂漠の奇妙な形のサボテンは、アメリカ横断中に汽車から見たものだ。日本の寺院や、南アフリカの広大な森林地帯は、どちらも人や鳥や灌木のめずらしい話の種を提供してくれた。

マリアンヌが絵を描く上で重んじていたのは、その即時性だった。飛び去ってゆく一瞬をとらえるために、その場でできるだけ早く描きとめることを何よりも大切にしていたのだ。とびきり温厚で、優しいマリアンヌだったが、「ダージリン★で出会ったクロッケーとバドミントンにうつつをぬかす、思慮のないお嬢さんたち」にはさすがに腹をたてた。雨期特有のどしゃぶりに見まわれたとき、どうして家の中にまでスケッチを持ちこんで描いているのか、と訊かれたからだ。マリアンヌは「色を塗ったあと、外に持っていって雨にあてるのよ」とぴしゃっと言った。「そうすると、あっというまに色が広がるから。あなたの言うようにわたしが絵を描くのが早いのは、そうやって描いてるからなのよ」。

マリアンヌが描く世界は、自然のすべてに及んでいた。人間が創りあげた美も、それが活気と色彩にあふれた市場であれ、木陰の寺院や創意に富んだ庭園であれ、自然の風景の一部に加えられていた。だからこそ彼女は、先細りの円

★ダージリン　インド東部、現在の西ベンガル州最北端の避暑地。一八三五年に東インド会社がシッキム王より買収、在印英軍の療養地として開発した

柱形をしたクトゥブ・モスクのミナレットに、世界でもっとも愛した壮大なカリフォルニアのセコイアとの相似点を見いだしえたのである……。

第三部 女性闘士

第3章 ファニー・バロック・ワークマン

Fanny Bullock Workman 1859-1925

「それで一巻の終わり《アーメン》というわけだよ★」と、ジョブソンは言った。
「わたしは、死ぬならあそこで死にたいと思っている。もっとも、まだその決意はついていないがね。だが、天に向かってそびえたつ、険しく広大なヒマラヤ——あの険しく広大なヒマラヤには、百万もの峰々が開闢以前の過去に根ざしているのだよ。」

『ジョブソンのアーメン』
ラドヤード・キップリング★

★本来の意味はit is so「まさにしかり」、so be it「しかあれかし」で、キリスト教徒が祈りや信仰告白などの後で厳粛な誓約や賛同を表すために唱える言葉だが、一般にはthe endの意味で使われることが多い。ここでは後者と思われる

★R・キップリング（一八六五-一九三六）　児童文学『ジャングル・ブック』、小説『キム』などで有名な英国の小説家・詩人。一九〇七年に英国人初のノーベル文学賞を受賞した

〝新しい女性《ニューウーマン》〟は後期ヴィクトリア時代の現象であり、その印象は手ごわい、愚かだ、いや、単に滑稽なだけだと、見る側の受け取り方によって変わってくる。ニューウーマンは趣味の良い服装をし、専門的な仕事につくことを願い、芸術や文学に幅広い関心をもっていた。煙草を吸うものも多く、ほとんどが自転車に乗る。また、常に婦人参政権を信奉していた。一八九六年初頭に発行された『クイーン』誌の記者は、それまで言い古された〝オールドミス〟の代わりに、ニューウーマンがジョークのネタになることを歓迎した。また、その年の後半には、独身女性が社会的な驚異としてひんぱんに語られるようになることを別のライターが予測している。こうなると、〝からみつく蔓〟――つまり、〝人にすがりつく〟タイプの女性は、〝去年、流行した袖丈なみに時代遅れ〟となったことだろう。後期ヴィクトリア朝や前期エドワード朝の小説に描かれたニューウーマンは、現代の中年読者にとっては、いくつになっても頭のあがらない〝こわい叔母さん〟を思い起こさせるものらしい。今は老境にさしかかった叔母たちだが、若い頃には、伝統的な母親像――昔ながらの、〝優しくあったかなお母さん〟タイプから颯爽と変身をとげている。もちろん、ニューウーマンは年寄りなんかではない。若くて、新しがりで、衝撃的な存在でさえあった。本書に登場するレディ・トラベラーの中に、もっとこのタイプがいないのは意外である。

さて、このニューウーマンをひとりあげるとしたら、まさにファニー・バロック・ワークマンがうってつけだろう。ヒマラヤ登山家としてつかのまの名声以上のものを確立した彼女は、結婚はしていたが、間違っても〝からみつく蔦〟タイプではなかった。アメリカ人であるワークマン夫妻は経済的に恵まれ、すこぶる活動的でもあったので、一八九八年から一九一二年のあいだに八回もカラコルムを訪れている。連峰に登頂し、さまざまな発見と測量調査を行なったが、その精力的な調査と、自分たちの主張は絶対に正しいという思いこみの強さは英領インドの伝統的な保守派をあきれかえらせた。そもそも、夫妻の業績はどれもこれも明らかにファニーが主導権を握っており、それは、英国のインド統治全盛時代における、徹底的な男性優位社会の偏見を逆なでするものだったのである。

ワークマン夫妻が初めてヒマラヤ登山に挑戦したのは、ファニーが四十歳、ウィリアムが五十二歳のときである。一八九八年の初夏、ふたりはコモリン岬★からペシャワル★まで自転車で走行し、ヒマラヤにたどり着いた。このときのファニーは、フランス・ツーリングクラブのバッジをつけたインドのトーピー★をかぶり、ハンドルに錫製のケトルをつけていた。

★コモリン岬　インド最南端の岬。ヒンドゥー教の聖地

★ペシャワル　パキスタンのカイバル峠東方の都市で、北西辺境州の州都。古代ガンダーラ王国の首都

★トーピー　ヒンディー語で帽子の意。インド産のマメ科の植物ショラーの芯で作る軽いヘルメットに似た形の日よけ

＊＊＊

ファニー・バロック・ワークマンは一八五九年一月八日、マサチューセッツ州ウースターで、同州の知事をつとめたアレクサンダー・ハミルトン・バロックの娘として生まれた。彼女はニューイングランドで受けた昔ながらの教育に、パリとドレスデンで磨きをかけ、一八八一年に地元の医師ウィリアム・ハンター・ワークマンと結婚した。ウィリアムは健康を害して開業医をやめたと言われているが、妻とともに一八八九年に「音楽や装飾芸術、劇芸術および文学における精神文化にふれる有益な機会を求めて」、ヨーロッパに渡った。夫妻はしばらくドイツで暮らした。おそらく、ここでウィリアムは健康を取り戻したと思われる。というのも、一八九〇年、彼自身の言葉を借りれば、「自転車が女性用の乗り物として流行しはじめた」とき、妻とふたりで一連の自転車旅行に乗り出したからだ。それから十年間、ワークマン夫妻はほとんどたえまなく旅をしつづけ、ヨーロッパだけでなく、一八九五年にはアルジェリアまで足を伸ばしている。「自転車用の地図などというものは存在しなかった」が、ふたりはそんなことではひるまず、〝鋼《はがね》入りの鞭〟と拳銃で武装した。鞭はイタリア旅行で、ファニーのかさばったスカートに執拗に飛びついてきた犬を追い払うのに、拳銃は恐喝はおろか人殺しまでやりかねない現地人をおどすのに、それぞれ役立った。

『アルジェリアの思い出』は夫妻の共同執筆による処女旅行記で、ガイドブック的な情報や、彼らがかいまみた街の様子が述べられているが、「アラブ人の居住区は広範にわたっており、多数のアラブ人が住んでいる」といった、もったいぶっているわりにはごくあたりまえの事実でうまっているのが特徴だ。夫妻にとっては道中の危険や不便さはさほどでもなく、見知らぬ国で行き暮れることより、茶色のブーツを黒の靴墨で磨かれてしまったことのほうがずっと腹だたしかったらしい。「晴れわたった寒い朝、六時十五分にわたしたちは自転車で出発した」――旅行記はいつもこんな書き出しから始まる。「四十キロ先

ファニー・バロック・ワークマンと
“頼りがいのあるローバー”

にある Thamugas ――つまり、ティムガッド★の遺跡をめざして〔…略…〕われわれが泊まった宿の女主人は、この地方は物騒でとてもじゃないけど安全とはいえないと言って、ローバー★で旅をするなんて無謀だと思っていた。」しかし、「自転車愛好家は楽天家でもある」。ワークマン夫妻は「朝、運動していい汗をかいたおかげで食欲が増し、作法を無視して野外でとった食事は実においしかった」。そして、もののみごとにアトラス山脈を越え、遠くサハラ砂漠の周辺まで達したのである。

ファニーは鋭い観察眼を備えていると同時に、自説を曲げない頑固なところもあった。自ら撮影した写真が彼女の言葉をさらに説得力あるものにした。ヴィクトリア朝時代の旅行者の多くがそうだったように、ファニーも熱心な〝コダックカメラ★の愛用者〟だった。彼女は、ビスクラ★で出会った、ラクダとその御者たちの一風変わった集団のことを興味深げに描いているが、それを読むと、初期の写真家たちがこの魔法の道具を嬉々として使っていたのがわかる――「ラクダが撮りごろの距離まで来たのをねらって、コダックでパチリ。できあがった写真には、片足を宙に浮かせたラクダが写っていた。それは動いている被写体をとらえたというだけでなく、わたしが頭の中で思い描いていたイメージ通りといっていいものだった」。

★ティムガッド　アルジェリア北部の都市。古代ローマの軍事基地の遺跡がある

★ローバー　後輪駆動で前輪と後輪が同じ大きさの安全型自転車。現在の自転車の原型となったもの

★コダックカメラ　一八八八年、ジョージ・イーストマンが売り出したロールフィルムを用いるスナップ用小型箱型カメラ

★ビスクラ　アルジェリア北東部。サハラ砂漠中のオアシス都市

現実的でうるさ型のファニーだが、東洋のこよなくロマンティックな風景には心惹かれずにいられなかった。彼女は東洋の古典小説を読み、祖国の変わりやすい気候から推測して、そうした東洋の情景を、自分の暮らす西洋の世界の中に創りあげていたのである――「二月十七日、わたしたちはオリーブの木陰の草原で休んでいた。草むらにはスミレや桜草、アネモネの花が散りばめられたように咲いている。わたしたちは足元にさらさらと流れる小川の音に耳を傾け、通りがかるアラブ人を眺めていた。あるものは徒歩で、またあるものは馬で……。ベールをかぶった女性を後ろに乗せて馬にゆられていく姿は、まるでアラビアンナイトの一場面を見ているようだった。ほんの一週間前まで、ドイツのどんよりした鉛色の空の下で暮らしていたことを思い起こすには、努力がいった」。だが同時に彼女は、アブサン★がこの地方の住民に及ぼす悪影響にすぐに気が付き、徴兵制度を賞賛することになる。この徴兵制度によって、現地人は〝命令の習慣と権威に対する従順〟を教えこまれるからだ。ファニーはどこの国へ行っても真っ先に女性を調査の対象としたが、アルジェリアの女性の境遇を見て、こんな警句らしきものを生み出している――「女性の地位を見れば、その国が判断できる。ドイツだけは特筆すべき例外だが――」。

『世紀末《ファン・ド・シエクル》のイベリアにおける車上からのスケッチ』は一八九七年のスペイン

★アブサン　ニガヨモギで味付けをした緑色で香りの良いアルコール度の高い酒。ニガヨモギに習慣性の毒性があるため、現在、多くの国で禁止されているの旅を記録したものである。このとき、スペインの新聞社は、「みごとな自転車に乗った英国人ワークマン氏とそのすばらしい夫人」にインタビューを求めたと記している。英国人と間違えられたことも、倹約家のワークマン夫妻は喜んで受け入れた。アメリカ人だとわかると請求書の額が一気にはねあがることを知っていたからだ。この『車上からのスケッチ』は夫妻の旅行記の中でも、いちばん好感のもてるもので、ドンキホーテのような自由な人生を求めて、スペインの大地を小型自動車《ミニ・マイナー》で探検する現代の若い夫婦に通じるものがある。彼らは「神とともに行かれるように」という、優しいスペイン語の別れの言葉に心惹かれる。「″Adios, vayan ustedes con Dios″〔…略…〕この言葉は、一種のライトモチーフ★となって、幾多の長きさすらいの日々を元気づけるよう定められている。だが、これを口にするのがカタロニア人であれ、セビリア人であれ、はたまた、″O″の音を特徴のある、長く伸ばした喉《こう》音で発音するカスティリャ人であれ、われわれの耳には決してありふれた言葉には聞こえない。まるで妙なる音楽のように響くのだ。人気《ひとけ》のない舗道に自転車から降り、警官から初めてこの言葉をかけられたときは、いっぺんに元気がでてきた。」

現代の旅行者もそうであろうが、あまり人が行かない場所に自分たちで宿屋を探し当て、歓迎を受けたときには、ワークマン夫妻は鼻高々になった。医師

★ライトモチーフ　一般に文芸作品などで繰り返し現れる主題

が常宿にしている部屋で寝泊まりして、部屋にしみついた大量の薬の臭いに悩まされたことも、格好の話のネタにできたのである。いずれにしても、酒場で眠らなければならなかったアルジェリアの宿屋よりましにはちがいなかった。といっても、何もかもが〝神とともに〟あって、順調に進んだわけではない。バルセロナに向かう海岸の道では「女性に不愉快な思いをさせる不作法きわまりない運転手たち」と遭遇し、ヒホナからアリカンテ★に南下する途中では、荷馬車の御者の集団と路上で口論となり、険悪な事態となった。御者たちはいっせいにナイフをかまえたが、「われわれは、酩酊した御者連中と腕比べをするためにスペインに来たのではない。彼らを拳銃で撃ち殺して栄誉を得る気はさらさらなかったが、といって、彼らの野蛮きわまりない激情の犠牲になるという不名誉をこうむる気もなかった」。そしてワークマン夫妻は拳銃をおさめ、自転車の旅を続けた。ムルシアを越えたところで、ファニーはやっと次のように報告することができた――「わたしたちは、これまでにも最高の自転車旅行を経験してきた。荒涼とした旅も、楽しい旅も味わってきた。けれども、この南スペインを抜けてきた旅ほど、胸の踊るすばらしい旅はなかった」。

まだ訪れる人の少なかったスペインの大地――そのコスタブラーバ★を他に先駆けて訪れたワークマン夫妻の旅行記は確かに楽しい読み物にはちがいないが、

★アリカンテ　スペイン南東部の地中海に臨む港市

★コスタブラーバ　スペイン北東部の地中海沿岸地帯。バルセロナからフランスまでの約二百キロ。地名は「未開の地」の意だが、国際的な観光保養地となっているその中に、人に不快感を与えるある種の無神経さが感じられる。というのは、やれ、牛に対して残酷だの、闘牛士にもむごい結果をもたらすだのと非難しながら、その一方で、何度も闘牛（〝闘牛のお祭り騒ぎ〟）に参加しているからだ。さらにはモロッコのタンジールに向かう旅で、ファニーは、コーヒーを運んできた「白とピンクのモスリンを着た〔…略…〕明るく可愛らしい奴隷たち」を褒めそやしている。ファニーのニューイングランド仕込みのピューリタン的道義心はどこへいってしまったのか。彼女はまた、自分たちをもてなす主人役のアラブ人が「最高の奴隷しか買わない目利き」であると、批判もせずに述べている。女性の権利に対してあんなに心を痛めていたのに、いったいどうなってしまったのだろう？　もしかしたらファニーは、アフリカにはあまり期待をしていなかったのかもしれない。スペインに戻ると、彼女はふたたびいつものテーマを注意怠りなく追うようになった。スペイン女性は聖職者の言いなりになっていると同宿した客から聞いたときは、さもありなんとは思ったものの、強い嫌悪感を抱いている。

ところで、『車上からのスケッチ』には、夫妻の著書全般に見られる奇妙な特徴がある。それは、断固として自分たちの名前は記述しないと決めていることで、馬鹿馬鹿しいというか滑稽というか、ふたりが教会を訪れたときの記述

★マンティーラ　スペイン、メキシコなどの婦人が頭に歯の長い櫛を挿してその上からかぶり、肩と背を覆う絹またはレースのヘッドスカーフ

はその最たるものだ。教会では女性は頭を覆わなければならないので、ファニーはマンティーラ★を借用したのだが、そのときの様子を「われわれのひとりは、それで頭を覆い隠した」と書いているのである。

一八九七年、ファニー・バロック・ワークマンとウィリアム・ハンター・ワークマンは（夫妻は、自己紹介の折りには常にフルネームを名乗っていた）、極東への船旅に出発し、セイロンを旅した。一八九八年にはコモリン岬に到着して、インド亜大陸を端から端まで自転車で走行する手筈を整えた。『町とジャングルを抜けて――インド平野の寺院と人々の中を走った一万四千マイルの自転車の旅』は注目すべき本であるが、それは、この旅行記の中に収録された事柄だけでなく、収録されなかったものについても言えることだ。通過したすべての街と寺院を、目に入ったあらゆるモスクと記念建造物を調査し記録することを決めた彼らだが、インドの輝かしさや

インド南部のマイソールで
観光するファニー

貧しさには——その、うっとりするような魅力にも悲惨きわまりない窮状にも、まったくといっていいほど心を動かされなかった。どこからともなく漂ってくる夕餉《ゆうげ》の支度の匂い。昔から変わることなく、井戸の水を求めて並ぶ人の列。インド菩提樹の下に集う村の長老たち。古代宗教がかいま見せる思いがけない残酷さ。インドの民のはかりしれない優雅さ——そうしたものには、ワークマン夫妻はいっさいふれていない。キップリングが描いたグランド・トランク・ロード★のロマンスも、彼らの関心を呼び起こさなかった。キム★がラマ教の僧とともに何マイルも歩いた「まるで微笑んでいるような、広い命の河」も、ファニーの目にはさほど広くもない退屈な景色としか映らなかったのである。ワークマン夫妻が本当は人間に対しては関心がなかったことが、これでわかるだろう。

ふたりは一日に、多いときは八十六マイルも走行した。河の浅瀬を渡り、ファニーのケトルもふくめて十から十二ポンドもの荷物をハンドルに取りつけた自転車を押して、砂漠の中を歩いた。摂氏七十度を超える気温を記録したことも、一日に四十回もパンクの修理をしたこともある。夜は、昔のインドの駅馬車用の宿であるダークと呼ばれるバンガローか、鉄道の待合室で眠った。前者の場合は、バンガローの管理人が食事を出せるときも出せないときもあったし、

★グランド・トランク・ロード　小説『キム』のなかで、主人公の少年キムとラマ僧が旅する、ペシャワールからカルカッタに至る街道

★キム　第一章の一〇四頁参照

★アジャンタ　インド西部マハラシュトラ州北部の仏跡。一八一七年丘陵の岸壁に紀元前二世紀から後七—八世紀の仏教壁画のある石窟が発見され、世界的に著名になった

後者においては〝籐製のカウチ〟を見つけられれば幸運だった。だがおそらく、「背もたれがまっすぐすぎて、座り心地の悪い椅子に座って夜を明か」さなければならないことのほうが多かっただろう。「この休み方だと、一日の過酷な自転車の旅の疲れを十分にいやしてくれるとは言いがたく、また、翌日の同じように過酷な旅程への備えともならなかった。」彼らの「嗅覚器官」はたびたび耐えられないほどの臭気に襲われ、絶えず飲み水の問題に悩まされた。そうした困難さをときには和らげ、ときにはいっそう悪化させたのは、夫妻の従者の存在だった。従者は先に行ってあらかじめ場所を下見し、その夜の宿泊先を用意しておくのだが、ときには酔っぱらって前後不覚になってしまうからだ。

道が自転車で進めなくなると、ふたりは汽車に頼ったが、インドの巨大な建造物を写真に撮り、記録し、評価することは絶対に忘れなかった。ワークマン夫妻は、アジャンタ★やエローラ★のすばらしい壁画や彫刻に感動するようなタイプではなかったが、冷ややかに感じられるまでに完璧なタージマハル★よりも幽霊が出そうなファテープル・シークリー★の赤い都の方をファニーが好んだことは認めていいだろう。

さて、こんな具合に旅を成功させて、夫妻はカシミールに着いた。一八九八年の夏、気候が暑くなって旅が楽になってきたので、ふたりは最初の山岳旅行

★エローラ　マハラシュトラ州中部の村。石窟寺院跡から仏教、ヒンドゥー教、ジャイナ教の多数の宗教壁画・彫刻が発見され、アジャンタとともに有名になった

★タージマハル　ムガール王朝第五代の皇帝シャー・ジャハーンが愛妻をしのんでインドのアグラに建てた白大理石の霊廟

★ファテープル・シークリー　インド北部、ファテープルとシークリー両村間の岩丘上にあるムガール時代の古城。多数の赤砂岩製の建造物などが現存する

を計画した。スリナガルから東のラダックに向かい、カラコルム峠まで達した。九月にはシッキム★を抜けてカンチェンジュンガ★山麓の丘陵地帯に向かう遠征を計画したが、ポーターとのトラブルで計画を断念した。寒い季節の到来とともに、夫妻はふたたび自転車に乗ってインドを東西に横断し、次にはジャワへの旅に向かった。これ以降は〝頼りがいのあるローバー〟はしまい込まれ、ワークマン夫妻はヒマラヤの探検家となった。

ふたりは、登山を、一九五三年のヒラリーとテンジンのエベレスト初登頂を頂点とする真剣なスポーツに変えた草分け的存在であった。インド測量局にとって、そうした個人的な冒険活動は、得難い知識の補足になった。実際、ヒマラヤには十七世紀初頭からヨーロッパの旅行家が訪れているが、最初に地誌的資料の収集を行ない、記録にとどめたのは英国人であり、占領地の拡大と広範囲にわたる英国の支配力強化につながっている。その範囲は、北西のペシャワルから北東のダージリンまで、インドの辺境を円を描くようになぞっていた。ヒマラヤ越えは、イザベラ・バード・ビショップが南西ペルシアを旅した際に、彼女が同行したインド情報局副主計総監のソーヤー少佐が果たした〝グレート・ゲーム★〟における重要なギャンビット★だった。ソーヤー少佐のペルシアにおけるグレート・ゲームの目的は、インド同様、ロシアに王手をかけ、窮地に

★シッキム　インド北東部、ネパールとブータンに挟まれたヒマラヤ山脈東部の州。インド独立まではイギリスの保護領だった

★カンチェンジュンガ　インド北東部とネパールのあいだのヒマラヤ山脈東部にある世界第三の高峰

★グレート・ゲーム　十九世紀を通じて英国とロシアの間に起こった中東をめぐる宣戦布告なき戦争で、その範囲は、西はトルコ帝国からペルシア、アフガニスタン、東はチベットにまで及んでいた

★ギャンビット　チェスで主としてポーンなどを犠牲にして行なう序盤の仕掛け

追い込むことだったのである。

偉大なる発見と測量の時代は、一八二三年にインド測量局の長官にジョージ・エベレストが任命されたときから始まったと言えるだろう。カラコルム山脈の南のカシミールにおける普通測量は一八四六年に始まり、ワークマンが何度も足を運ぶようになるずっと以前から著名な山岳家が数多く訪れていた。T・G・モントゴメリー、H・H・ゴドウィン゠オースティン、F・E・ヤングハズバンド卿、W・M・コンウェーらは、そのほんの一部にすぎない。しかし、ファニーとウィリアムも彼らなりの貢献をした。彼らの探検隊は入念に編成され、経験を積んだ山岳ガイドがスタッフに雇い入れられた。専門の地図製作者が加わることも何度かあった。ワークマン夫妻は、はてしなく勇敢で、執拗なまでにねばり強く、きわめて貴重な写真を多数残した。反面、地元の人々に対する思いやりに欠けていたので、雇い入れたポーター（人種的偏見の強かった当時は〝苦力《クーリー》〟と呼ばれていた）とのトラブルが絶えなかった。また、先達者の業績に対しても十分に注意を払わなかった夫妻は、これまでの旅行家によってすでに知られている地域を〝発見〟するだけでなく、ときには、他人の発見そのものにクレームをつけ、この峰もあの峰も存在していないと主張した。マーティン・コンウェー★は、あるいはヒマラヤ登山の草分けとして名高いトム・

★M・コンウェー（一八五六─一九三七）英国の登山家・探検家。アルプスからカラコルム、スピッツベルゲン、アンデス、フエゴ島にまで足跡を伸ばした。登山以外に山岳文学の面でもパイオニアであったロングスタッフは、たぶん山の標高を計りそこなった、峠の名前を間違えた、雲を岩壁と見誤ったのだと言い立てたのである。論争が論争を呼び、ワークマン夫妻が定期的に結果を報告していた王立地理学協会の会合はにわかに活気をおびた。当時、会員籍から除外されていたファニーがもっと弱い女性だったら夫に討論をまかせていたかもしれないが、彼女の性格からはありえない話だった。一九〇五年十一月、〝ホー・ルンマ氷河とソスボン氷河における最初の探検〟について地理学協会で講演したのはファニーである。会長のジョージ・ゴールディ卿が昔気質の慇懃さをもって講演者の紹介を行なったおかげで、ワークマン夫妻を取り巻く日頃の論争的な雰囲気は――少なくとも『ジオグラフィカル・ジャーナル』誌を読むかぎりでは――このときばかりは覆い隠されていた。女性会員の入会を認めるかどうかの論争も相変わらず盛んだったが、ゴールディは、かつて王立地理学協会がパトロンズメダルをサマービル夫人★に授与して他の学会に〝良い手本〟を示したことに言及して、うまく場をおさめた。ファニーにとっては、講演を依頼されたことは一種の勝利といってよく、イザベラ・バード・ビショップが一八九七年五月に四川省《スーチョワン》の旅について講演して以来久方ぶりの、女性として二番目の講演者となった。ファニーがその後、講演者としての場数を踏んだことは、二年後に、ウィリアムが行なったヌン・クン

★サマービル夫人（一七八〇―一八七二）　英国の科学書著作家。オックスフォード大学サマービル校は彼女にちなんで命名された

連山に関する講演に姿を見せなかったことでもわかる。会長の説明によると、そのとき彼女は「二万三千フィートの山を登るよりも大変なことに従事していた。ミュンヘンから始まり、ウィーン経由でドレスデン、ベルリン、ハンブルクへ赴き、三十七日間で三十件の講演を行なった」のである。ウィリアムが講演するときでさえ、ファニーがその資料の大半をそろえたという話が一種の伝説になっているし、夫妻の著書の大部分は明らかに彼女が書いたものだ。

ワークマン夫妻はインド、セイロン、ジャワ、スマトラ、インドシナ半島、ビルマにおける極東の寺院や宮殿をつぶさに調査したあと、ヒマラヤにやってきた。人の手による作品はいやというほど見てきた彼らは、自然の業《わざ》に目をみはった。貧しさにあえぐ、無能であてにならない人間たちにかき乱されてはいるものの、自然が創りあげた芸術品のみごとさにふたりはたちまち心を奪われ、終生変わることはなかった。このときから、万年雪がファニーの人生を支配するようになった。ということは、ウィリアムの人生も同じだった。それまで、きわめて散文的な傾向の強かったファニーの中に潜んでいた詩情が生き返った。それは彼女の処女作『ヒマラヤの氷の世界で』の献辞によく表れている――

インドのバンヤンジュ★、インドボダイジュ、タマリンド★、セイロンのヤ

★バンヤンジュ　東インド産のクワ科イチジク属の木。枝から多数の気根が出る

★タマリンド　熱帯産のマメ科の常緑高木

シ、シャムの変わった蔓性の木、王者の風格をみせるジャワのワリンギン★の木陰を散策したことのある人で、そうした木々や竜神《ナーガ》★が寺院の壁に巧みに似せて彫られたそばを去りかねた人なら、かつての〝木と蛇崇拝〟の信奉者がなぜそれらを信じるに至ったか、その動機の何がしかを理解できるだろう。彼らは、これら守護と権力の象徴を崇敬の対象として受け止めるようになった。その象徴はもとの異教《カルト》が消滅したあとも、バラモン教と仏教の伝統の両方に密接にからみあっている。

それだから、インドの北の国境にある凍てついた荒野の静寂な氷河や峰々の中で何か月か過ごしてみれば、人知の及ぶべくもない建築家によって建てられたこれらの寺院に、山岳地帯の住民が神聖な性格を授けた、その理由を理解できるだろう。人々は、氷のセラ★に想像上の神々を安置し、その尖塔を原初の民間信仰の香《こう》で満たしたのである。

わたしたちは、これら古い時代の民族が霊感を与えられ、自然の力と偉大さとを誉めたたえるに至った心情に共感し、この物語を〝雪の住処《すみか》〟に捧げたいと思う。それは千の柱のある氷の神殿とみごとな彫刻をほどこしたゴープラム★、金の尖塔で飾られたシカラ★であり、北の地に、インドに向けて千四百マイルにわたって連綿と、目もくらむようなまばゆい栄光と守

★ワリンギン　シダレガジュマル。イチジク属の *Ficus benjamina*

★ナーガ　ヒンドゥー神話の蛇、特にコブラを神格化した雨・川の神

★セラ　小アジアの古代の神殿の内陣。神像安置室

★ゴープラム　南インドの寺院の山門。ピラミッド状の塔を頂く

護、力を創り上げているのである。

一八九九年六月、自転車によるジャワの旅から戻ったワークマン夫妻は、本格的な登山を行なう目的で、カシミール州の州都スリナガルに着いた。ガイドはスイス人のマティアス・ツールブリッケン——マーティン・コンウェーに付いてカラコルム連峰を登ったベテランである。最初に設営したキャンプからカシミールの谷を見渡したファニーは、ポーターたちの困ったふるまいもしばし忘れて、どんなときにも失ったことのないロマンティックな思いにひたるのだった——

ナンガ・パルバットの美しさはいうまでもないが、ほかにもっぱら注意を引かれたのは眼下に広がる谷——。まるで、一風変わったカシミヤ・ショール★の模様のようだ。つまり、わたしの祖母たちがもっていた日本の古い壺やインドの刺繍同様、ラージャのアマル・シン卿の居間の壁に飾られたり、スリナガルにある宝物倉の鉄の箱に保存されている収集物《コレクション》以外には、もはや消え去ってしまった古い図柄の希少なショールのことである。幻想的な自然は、人々が褒めちぎる〝カシミールの谷〟に、シャー・ジャハー

★シカラ　インド建築で頂部にまんじゅうの飾りが付いた高塔

★カシミヤ・ショール　カシミール産の山羊の柔毛で織った、両面にペーズリー模様や縞柄のある高価なショール。ヨーロッパには十八世紀後半に伝わり、一八〇〇-三〇年頃までアクセサリーと防寒用を兼ねて流行した

ンの名高い庭★よりも珍しく、好古趣味の人にとってはマールターンド★の美しい寺院なみに価値のある、皇帝の栄光の日々の置きみやげを残しておいてくれたのだ。ラジュディアンガンやマハデオの峰にほんの数千フィート登るだけで、緑の水田に姿を変えたカシミールの谷底を見ることができる。一面の水田を覆う光沢の絹のショール――。何マイルもうねり流れる水は、最後には蓮に覆われた小さな湖にそそぎ込むか、草木の生えていない茶色の砂地の周りをめぐっている。毎年、雪解けのたびに古代からの作品を自然が新たによみがえらせる。その作品は、現代の芸術家の目で見るよりも、昔のカシミールのデザイナーの東洋的な想像力をもって見るべきなのだ。インドのことを学べば学ぶほど、インドの人々が自分たちの手工芸品を作るときに自然を模倣したことがわかってくる。寺院の建設者についても、明らかにカシミヤ・ショールのデザイナーと同じことが言えるのである。

この二度目の探検でワークマン夫妻は、何度か印象深い登攀を行ない、アネロイド気圧計★を使って自分たちで山の高さを測り、名前をつけた。だが、ファニーの標高記録は、異議を申し立てられたものが多く、彼女がいとも楽観的に、しつこく記録を主張したわりには、名前はごくわずかしか残っていない。標高

★シャー・ジャハーンの庭　ムガール王朝第四代ジャハーンギールと第五代シャー・ジャハーンが築いた離宮シャーリマール（愛の住居）庭園のことと思われる。スリナガル近郊ダール湖の北東部に現存する

★マールターンド　カシミール地方の小高い台地に八世紀に建立されたヒンドゥー教スーリヤ寺院の遺構

★アネロイド気圧計　内部を減圧した金属容器が外気圧の変化に応じてへこんだり膨らんだりする動きを指針に伝える気圧計。高度気圧計は高さとともに気圧が減少することを利用したもので、携帯に便利なアネロイド気圧計に高度の目盛りを付けてある。明治初年に富士山頂の高さを測った際にも気圧計が使われた

一万八千六百フィートの〝ジークフリート・ホルン〟、一万九千四百五十フィートの〝バロック・ワークマン山〟、それに一八九九年の成果である標高二万千フィートの〝コセールグンジュ山〟といったところだ。そうした反感も近頃はいくらかおさまってきたので、熟年夫婦がこれほどの高さの（百フィートの増減はあっても）山の頂を、その後何年にもわたって繰り返しきわめられたことは、確かに高く評価されていいだろう。

この探検では、クーリーのあいだで常にトラブルが発生した。それさえなければ申し分のない旅だったのだが――。クーリーたちは、率いられるというより、何の説明も警告もなしに追いたてられてきたというほうがあっていて、旅がいかに大変か、高所の登山がいかに困難かをきちんと言い表すこともできず、さも嫌そうに「まくしたてたり、身振り手振りで」表す「愚かな連中」であった。ヴィクトリア朝の旅行家の中でほぼワークマン夫妻だけが、地元の人々に対する思いやりの心も、いや、常識的な理解さえ、かけらも持ち合わせていなかった。土地の人々が住む貧しい離村に、ふたりは多くの従者を引き連れて押しかけ、奉仕と必需品の供給を要求したのである。夫妻は、必要とする労働者に言うことをきかせるためには高給を出すこと以外、まったく考えなかった。

「今回は、契約、高給、食物、テント、お茶、そして煙草――これらのものがすべて彼らのものになったというのに、何の効果もなかった。これらの連中は、ふだんは礼儀正しく役に立つが、雪の中で数日、野営が続いただけで、とたんにそうではなくなってしまうのだ。」〝優しく扱う（つまりは〝甘やかす〟）ことの効能〟を持ち出す人は、感傷的なたわごとをいっているにすぎないのである。ワークマン夫妻はたびたび、その道の専門家が太鼓判を押すガイドを雇い入れたが、決まって誰よりも大きなトラブルをもたらした。夫妻は準備に骨身を削り、探検のつど、交代にリーダーをつとめて、公平なうえにも公平に互いに責任を割りあてあったが、現地人労働者を扱うこつを覚えることは決してなかった。のちの探検では、高度のきつい登攀にはイタリア人ポーターを呼び寄せることで、問題はある程度、解決した。

ワークマン夫妻がなぜ現地人に人気がなかったか、ウィリアムが書いたものを読めば、たぶん、手がかりがつかめるだろう。その中で彼は、現地人にしつこく薬をせがまれ、「よけいなことでわずらわされる」と文句を言っている。「足が不自由でうまく歩けない盲目で奇形の子どもに、不治の器質性疾患に悩むおとな、そして、よぼよぼのもうろく老人が、ひっきりなしにやってきては、申し分なく近代的な病院と熟練したスタッフの身体的かつ知的資源を、いたずらに酷使している。」バフチアリ族の中に入っていったイザベラ・バードも同様に重い負担をおっていたが、彼女は最善を尽くし、奉仕を通して自分が旅した国のことを学んだ。それは、ワークマン夫妻が熱意と能力を残らず注ぎこんで学びえたものよりも多かった。ウィリアムは、本人にとってはまったく無意識の皮肉らしいのだが、そうした情景は〝聖書の一場面〟を思い起こさせると嘆いている。ささいなことだが、チョゴルンマ氷河に面したアランドゥの村にある豚小屋について述べながら、イスラム教の村で豚が飼われていることになんの驚きも示さないのは、いかにもワークマン夫妻らしい。メアリ・キングズリだったら、なぜそこに豚がいるのか知りたくてたまらなくなっただろう。また、ワークマン夫妻は自国の習慣以外には無関心なので、単に間違っただけではないか、つまり深く調べるほどの興味もないものを〝豚〟小屋と記しただけではないかと思う人もいるだろう。

この遠征では記録的な登頂に加えて、下山もかなりスリルがあった。ファニーがクレバス——氷河の割れ目に転落したのである。

オーグル・キャンプからは少しずつだが、たゆみなく登っていった。およそ一万六千フィートのところにある〝スノー・レーク〟の入り口には、二時についた。雪はもうゆるんできていて、雪の下には大量の水がたまっている。クレバスも増えてあちこちにあるが、ほとんど新雪に隠されてしまっている。注意して動く必要があるので、ここでは互いの身体をザイルでつなぎあった。軽い荷物を背負ったクーリーは、われわれの通ったあとをついてくる。びしょびしょの雪とその下にたまった水のおかげで、足先が乾きすぎて困ることがなかったのは言うまでもない。

行軍がもたらす疲労度は、踏破に要する時間では、まず推し量ることはできない。そして間違いなく、スノー・レークにおけるこの午後の行軍は、ビアフォでの行軍の中でいちばん疲労の大きかったもののひとつにあげられるだろう。われわれは細心の注意を払いながら、着実に、膝の上まである雪やクレバスの中を進んでいったが、パーティのひとりが、そんなクレバスのひとつに肩までずぼっと落ち込んでしまった。彼女はそのときの衝撃をすぐには忘れないだろう。

クレバスに転落したファニー

ガイドのツールブリッケンが「ロープをひっぱって、足を踏ん張って押し返せ」と声をかけた。これはいいアドバイスだった。足を踏ん張ろうにも踏ん張るものがなく、クレバスの空間をけったところでほとんど効果はないからだ。それに、両腕が雪にうもれているのにロープをひっぱっても、やはり効果は薄かったが、彼女が死にものぐるいでがんばったのと、ツールブリッケンが必死で引き上げてくれたおかげで、ようやくクレバスから脱することができた。この騒動で、氷の斜面を登りはじめたときには、かれこれ四時半を過ぎていた。ここでは一歩一歩削って登っていかなければならない。先ほどの〝宙返り訓練〟のあと、しばらくかかって一万六千フィート以上の高さに到達した。

そして、旅のグランドフィナーレが訪れる。

一陣の強い風が吹いて、奥様《メンサーヒブ》★ご愛用のエルウッドのトーピーが、ゴムでとめてあったにもかかわらず吹き飛ばされ、あっというまに巨大なアレート★の斜面を転がり落ちていった。さらにその下の雪原を越え、千フィート近く下の大きなクレバスの中に呑み込まれ、見えなくなった。トーピー

★メンサーヒブ　もとインドで召使いが既婚の西洋人婦人を呼ぶときの敬称

★アレート　氷河の浸食などによる狭くぎざぎざした尾根

の前部に付けていた特別製のフランス・ツーリングクラブのバッチは、ヨーロッパ、アフリカ、アジアの多くの国をともに旅してきたものだが、このコセールグンジュ山の天候に屈する運命だったのだ。メンサーヒブを気の毒に思われるご婦人方に言いたいのだが、彼女が頭を覆うものもなく嵐の中に立ち尽くしていたかとのご心配にはおよばない。というのも、幸い、トーピーの下には顔面保護用マスク《フェースマスク》と防寒用の耳覆いのついた帽子をかぶっていたからだ。だが、マスクが寒さから守ってくれたとはいうものの、そのあと、風やみぞれは、一部外気にさらされた彼女の額を、千本もの針のようにちくちくと刺し続けたのである。

一九〇二年と一九〇三年にワークマン夫妻は、ラカポシ山脈とハラモシュ山脈の分岐点にある小カラコルムの二十八マイルにわたるチョゴルンマ氷河を探検した。夫妻は測量調査を行なって、インド測量局の間違いを正し、測量のベテランであるゴドウィン‐オースティンに批判的な言及をした。一八六一年の公式地図は、ゴドウィン‐オースティンの迅速な平板測量に基づいていたからだ。しかし、ワークマン夫妻は死後にしっぺ返しを受けることになる。ドイツの登山家であり測地学者でもあるヴィルヘルム・キックが一九五四年に、チョ

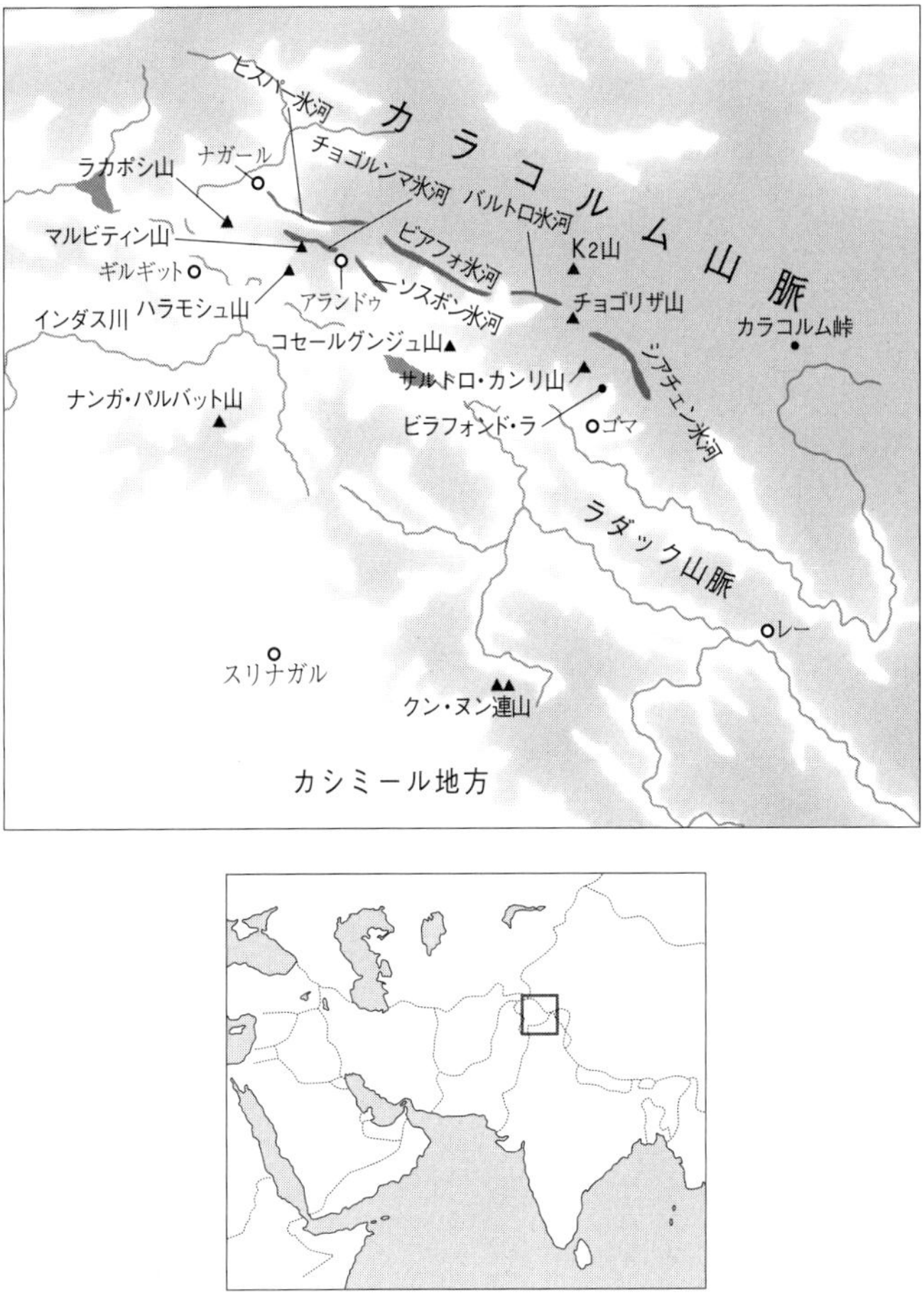

◆ワークマン夫妻が探検したカラコルムの概略図◆

ゴルンマに対して精密な測量を行なった際、彼は地図をワークマン以前の状態に戻して、ワークマンの記録のひとつを見直した。夫妻は、現在マルビティン（二万四千四百七十フィート）として知られている高峰を、その北東にあたる山（キックはユェングツ・ハルと呼び、二万三千五十六フィートと記録している）と勘違いし、ピラミッドと名付けたその山の二万三千三百九十四フィートまで登ったと主張していたのだ。

このとき、ポーターたちとのあいだにいつものごたごたが起き、「彼らのリーダーは家に帰らせてくれとメンサーヒブに必死に訴えた。リーダーは、家に帰れるかどうかはひとえに彼女にかかっていること、登山隊の中で彼女がいちばん頑固だということを露ほども疑っていなかったのである」。もしファニーが奇跡的に現代まで生きていたら、キック氏は、彼女のピラミッド山登攀記録は誤りだったと証明するのに、さぞかし大変な思いをしなければならなかっただろう。

一九〇六年、レーとスリナガルの中間にあるヌン・クン連山をめぐる旅はいつもより狭い範囲にとどまったものの、新たな記録を主張する絶好の機会となった。二万三千三百五十フィートのピナクル峰に登頂し、女性の世界高度記録をうち立てたというものだ。しかし、この結果そのものは決して見劣りのするものではなかったものの、記録は本来の順位に戻されている。ワークマン夫妻がヌン・クン連山の最高峰だと主張したピナクルは、実際はヌン峰（二万三千四百十フィート）、クン峰（二万三千二百五十フィート）につぐ三番目に高い山で、確定された標高は二万二千八百十フィートである。ファニーが達成した登頂記録にはこうしたケースが実に多い。ちなみに、ヌン峰については有名な女性登山家の故マダム・クロード・コーガンが一九五三年に初登頂を果たし、女性の最高記録をうち立てていることを思うと、なかなか興味深いものがある。マダム・コーガンは、このあとにも二万五千三百フィートのチョーオユー★を制覇している。できればファニーにもこれらの記録を喜んでほしいものだが、彼女が生きていたら、一九五九年にムズターグアタ（インド測量局によると標高二万四千三百八十八フィート）に登った中国人女性八人の主張する記録にもきっと猛烈に反論したにちがいない。ペルー西部、アンデス山脈中のワスカラン山の登頂成功を発表した米国の女性登山家アニー・スミス・ペック★について、ファニーは、ペックのいう高さはいかなる基準から見ても、お話にならないほど誇張していると言い立てたのである。ファニーは自費で調査隊をペルーに派遣し、問題の山の標高を測量させた。結局、ヒマラヤで彼女が達成した記録よりも低いことが判明した。

★チョーオユー　ヒマラヤ山脈中の世界第六位の高峰

★A・S・ペック（一八五〇−一九三五）米国の探検家・登山家

一九〇八年、ワークマン夫妻は以前の遠征のときに目星をつけていたヒスパー氷河を探検した。このときはギルギットからナガールの領主《ミール》の土地を抜けて、ビアフォ-ヒスパーの分水界を調査し、〝スノー・レーク〟を横切る一八九八年のルートを戻った。ここはファニーがクレバスに落ちた場所である。

一九一一年と一二年は、東カラコルムにあるシアチェン氷河（ローズ氷河）を探検し、最大の成功をおさめている。ワークマン夫妻は一九一一年の夏のあいだに、シアチェン氷河に西側と南側から入る道を地形踏査し、ビラフォンド・ラ、つまりサルトロ峠を越えて氷河の谷そのものに入った。この氷河は、極地方以外ではもっとも長く、もっとも到達しがたいもののひとつと言われている。夫妻は翌年もまた戻ってきて、もう一度徹底的に探検したいという思いにあらがえなくなり、計画実施にあたっての困難な問題に取り組んだ。シアチェン氷河の突出した部分は、チョゴルンマの突出部にあるアランドゥのように、村を支えるのに都合のいい氷堆石《モレーン》★が続いているわけではなかった。それならベースキャンプを設営することもできたのだが、その果てはヌブラ川の荒れ狂う水中にあった。となるとベースキャンプは、ふたつの氷河から二十五マイルほど西に離れたゴマに設営しなければならない。ふたつの氷河のあいだには、一万八千フィートを超える手強いビラフォンド・ラがそびえていた。

★モレーン　氷河によって運ばれた層を成していない堆積物から成る丘

これは、政府の補助金のない個人の探検家には大胆きわまりない計画であった。というのも、ローズ氷河は距離も広さもアジア随一であるというだけでなく、ほかのカラコルムの氷河に比べて、どの補給基地からも飛び抜けて到達しにくいという否定できない事実に直面させられたからである。われわれ同様、ヒスパー、バルトロ、チョゴルンマという、どれも突出部から登ることのできる氷河を調査したことのある人は、無用の突出部のある四十六マイルの氷河の全域を踏破すると考えただけで背筋に悪寒が走るだろう。わたしが無用の突出部と言ったのにはわけがある。人がまばらにしか住んでいないヌブラ谷には、探検隊の必需品を供給できる大きな村もなく、ラダック山脈の北方をローズ氷河の突出部に向かって、荒れた未開の道が曲がりくねって続いている。この突出部か

ローズ氷河を探検するファニー

ら流れ出すヌブラ川は、上部の氷河が溶け出して絶えず水量が増加し、この谷にどっと押し寄せる。谷の中央を逆巻く奔流が突き進み、氷河の突端に達するまでには、三度か四度、谷の端から端まで川を渡らなければならない。そして、五月から九月十五日までは水嵩《みずかさ》が増えるのと川底のおびただしい流砂のために、人も獣も渡ることはできなくなる〔……略……〕。

「いいえ、もう二度と来ないわ」――一九一一年九月、ビラフォンド・ラを越えて帰路につくまえ、雪のために二日もテントに閉じこめられていたわたしはそう宣言した。けれども、晴天の九月十六日、ローズ氷河に背を向け、峠の頂上にたどりついたとたんに、登山狂いの自我がまたぞろでしゃばって、あらがう心をさらに押さえつけるように「また戻るべきよ」と言ったのである。

こうして一九一二年四月、わたしたちはふたたびスリナガルを訪れた。今度もビランジが斡旋人として雇われ、すぐにカパルとゴマに派遣された。彼はここで登山隊を養うのに必要な大量の穀物を集め、クーリーを選び、羊を買い入れ、全般的な準備を行なうことになった。今回はハンター・ワークマン博士もわたしと一緒に食糧供給の管理を行ない、また写真家、氷河学者として同行しているが、この探検の責任者はわたしであり、成功するも失敗するも、わたしの努力に大いにかかってくることは間違いないのである。

ケネス・メーソンは、ヒマラヤ探検に関する古典作品『雪の住処』の中ではワークマン夫妻のことを少しも評価していないが、一九一二年のシアチェン氷河の遠征は、これまで彼らが行なったどれとも「違った部類に入る」と認めている。それは多分に、飛び抜けて有能な測量者グラント・ピーターキンの援助を受けられたことと、ピーターキンのために細目の記入を行なうようインド測量局が局でもえり抜きのサージャン・シンを出向させてくれたおかげだった。インド測量局と王立地理学協会は、貴重な器具を貸し出してくれた。その結果、ワークマンの地図の中で唯一、時の試練に耐えてきたきわめて専門的な地図ができたばかりか、『東カラコルムの氷の原野にて、二度の夏』も生まれた。この本にはファニーが得意とするすばらしい写真が常よりもたくさん収められている。その中には、彼女がシアチェン氷河の西の水源の上にある〝銀の玉座〟と名付けた峰に立って、〝女性に参政権を〟要求するプラカードを掲げた写真も入っている。

それは、ワークマン夫妻がつづけてきた幾多の旅にふさわしいクライマック

カラコルムの峰で“女性に参政権を”
のプラカードを掲げるファニー。
ワークマン夫妻の著書『東カラコル
ムの氷の原野にて、二度の夏』より

ワークマン夫妻、1910年撮影

スだった。一九一四年、第一次世界大戦が始まった。一九一七年にファニーは病に倒れ、八年間の闘病生活を送ったあと、一九二五年にこの世を去った。ウィリアムはその後十三年長らえて、九十一歳の長寿を全うした。夫妻は決して読みやすいとはいえない九冊の分厚い著書を残したが、私生活についてはいっさいふれていないので、彼らの本の読者は、ふたりに子どもがいたことを知って意外に思うかもしれない。夫妻のひとり娘、レイチェルは典型的な英国式教育を受け、チェルトナム女子カレッジ★とロンドン大学で地質学を専攻し、卒業して理学士となった。夫妻は一九〇二年に、チョゴルンマ地区にある山に娘にちなんだ名をつけている。レイチェル・ワークマンは彼女自身でも、受けるべくして名声を受けていた。というのも、レイチェルは、第二次世界大戦で三人の息子を失い、英国空軍に〝マクロバートの反撃〟と命名されたスピットファイア★を寄付した、あの〝あっぱれなレディ・マクロバート〟だったのだから。

歳月は、ファニー・バロック・ワークマンの評価を落ち着くべきところに落ち着かせた。彼女は決して偉大なヒマラヤ探検家ではなかった。彼女が訪れる前にもあとにも多くの探検家がヒマラヤに登頂し、もっとすぐれた業績をあげている。けれども彼女は、ほかのレディ・トラベラーとはまた違う意味での独自の先駆者だった。マリアンヌ・ノースは誰にもまねのできない個性的な天職

★チェルトナム女子カレッジ　一八五三年イングランドのチェルトナムに設立された女子パブリックスクール

★スピットファイア　第二次世界大戦中、英国空軍によって用いられた単座戦闘機

をきわめたし、イザベラ・バードはとらえどころのない自己実現のすべを求めつづけた。ケート・マースデンは彼女だけに語りかけた神の召命に従った。そして、ファニー・ワークマンはトーピーとベールをかぶって、阻みようのない氷の斧をふりかざし、雪の中を登攀する女性パーティや女性登山家に道を示した。また、ファニーが残した膨大な写真は彼女の著書を飾り、すべての時代の登山家への遺産となった。何よりもファニーは山を愛していた。もしかしたら、それが彼女に捧げる最高の墓碑銘かもしれない……。

第4章 メイ・フレンチ・シェルドン

May French Sheldon 1848-1936

ジャングルの中、あっちにもこっちにも
人喰い虎がすぐそばにうずくまって、聞き耳をたてているよ。
狩人が近づいてきやしないか、
それともお輿《パラキーン》にゆられた
お客さんが見えないか、ってね。

『幼年詩園』★
ロバート・ルイス・スティーブンソン

★『宝島』で名高いスティーブンソンの児童向け詩集（一八八五）。幼年時代をおとなの目と子供の目の両方から眺めて書かれた六十四篇から成る

「ワォー！　ワォー！　ワォー！」マサイ族の戦士が叫んで投げつけた槍は、侵入者の足元の地面にふるえながら突きささった。貴重なブルーストーンの贈り物をすることをメイ・フレンチ・シェルドンが拒否したので、「ものすごい勢いで槍を振りまわしながら向かってきて、ふたつにたち割ってやるといわんばかりに振りあげ」、投げつけたのだ。すかさず、メイは「うしろ手に銃をつかむと、マサイ族に向かって銃口を突きつけて突進し」、「ワォー！　ワォー！　ワォー！」と自分も叫びかえしながら、相手の頭上に二発の銃弾を発射した。そして、さっさとその槍を珍品のコレクションに加えた。「それきり、二度と槍が回収されることはなかった」からで、「贈り物とも拾得物とも分捕り品とも呼びがたい」ものだった。

　こうした現地の品の収集は、メイ・シェルドンが一八九一年に行なったキリマンジェロへの探検旅行における目的のひとつだった。もうひとつの、同じくらい重要な目的は、男性が行けるところなら女性も行ける——それも、たぶん、もっとうまくやれるという事実を証明することだった。メイのアフリカにおけるニックネームは〝ベベ・ブワナ〟で、人はのっけから興味を引かれ、アルペンストック★にはためく〝我に触れるな《ノリ・メ・タンゲレ》〟★★と書かれたペナントで、さらに彼女に惹きつけられる。確かにベベ・ブワナとは、「レディの親分《ボス》」という意味の★★★ス

★アルペンストック　先端に金具のついた頑丈な登山杖

★★イエスが復活後、墓場でマグダラのマリアに姿を現したとき、「我に触れるな」と言ったことから、触れてはならないもの、干渉してはならない人を指し、接触（接近・干渉）を禁じる警告ともなる（「ヨハネによる福音書」二十章十七節）

★★★メイがそう呼んだもので、本来は「女主人」を指す

アルペンストックを手にアフリカを行く
メイ・フレンチ・シェルドン

ワヒリ語なのだが、ペナントの方はなぜ、この言葉を選んだのかを推理するのはそれほど容易ではない。実は、これは勇敢で有能だがユーモアのセンスはあまりない彼女が、女性らしい茶目っ気を発揮したものなのだ。それが、同じアメリカ人のレディ・トラベラーで、婦人参政権の熱心な唱道者であるファニー・バロック・ワークマンには著しく欠けている魅力を、メイに与えているのである。

＊＊＊

メイ・フレンチ・シェルドンは一八四八年、アメリカに生まれた。両親はどちらも世に知られた、いわゆる有名人だった。父親のカーネル★・ジョセフ・フレンチは数学者。母親は医者で、「名士のドクター・エリザベス・J・フレンチ」として当時の記録に残っている。メイの出生地についての記録はなく、フレンチ家が南部の家系であることは確かだが、メイのその後の人生はボストンとの関わりが深い。

フレンチ家はかなりの資産家で、その少なくとも一部は、綿花や砂糖、煙草のプランテーションから得られたものだ。メイの小説『ハーバート・シビアラ

★カーネル　①南部の州で傑出した実業家や来訪した著名人などに与える名誉称号。②南部で年輩の男性に対する敬称

ンス』に登場するルイジアナ生まれのエディス・ロングストレスは、明らかに彼女の自画像とでもいうべきものだが、この小説からメイの生い立ちを再現する作業は、なかなか興味深いものがある。エディスはアメリカの南北戦争勃発時に、両親に伴われてヨーロッパに移り、そこで教育を受けた設定になっており、成長すると、やもめとなった父親や、父の男ともだちと強い連帯感で結ばれ、「申し分なく男らしい心の広さ」を育んだ。その影響でスポーツ好きとなり、「馬を乗りこなし、射撃の腕も抜群でフェンシングも得意。水泳もスケートもできるし、ボートも操れる。実際、彼女は自由をもたらしてくれるあらゆる戸外のスポーツを愛していた。それは彼女の筋肉と四肢を鍛え、脳にからまった蜘蛛の巣を吹きはらってくれたからだ」と語られている。とはいっても、「彼女は男まさりではなかったし、狭い社会の最初のハードルをクリアした若い女性にありがちな、がむしゃらにはりきるところもなかった」ことが強調されている。そういう女性たちは「強い性格というものが、男性的であるのと同じようにきわめて女性的でもあるということを忘れて――そもそも、彼女たちがそのことを知っていたらだが――そうした態度をとることで、自分の性格にある種の独立心が加わるという誤った考えを抱く傾向にあった。真の女性ならば、自分から女らしさを切りすてようなどとは決してしないものだ」。これはすべて、わたしたちの知っているメイ・フレンチ・シェルドンの姿そのままだ。だから、「この若い女性には典型的な南部人の無気力な性質はまったく見られない」ことは、わざわざ言われるまでもないだろう。

メイの家族について確実にわかっているのは、彼らが裕福であり、教養の深い人々だということである。一家の親しい友人にワシントン・アービング★がいる。メイは十二歳のときから物語や詩を書きはじめ、フランス語やイタリア語からの翻訳物を楽しんだ。大半の教育をイタリアで受け、古典文学や音楽、芸術に夢中になり、学校を卒業すると、研究をつづけるためにふたたびローマに戻った。またメキシコの歴史もかじっており、ヨーロッパの偉大な都市に通じているだけでなく、ロッキー山脈での狩猟の腕もなかなかのものだと評判だった。十六歳を皮切りに、四度ほど世界旅行をしているが、読者はここでふたたび『ハーバート・シビアランス』に引きもどされ、彼女が主人公のハーバートのように「正真正銘のアメリカ流に、ロンドンからパリ経由でクイーンズタウン行きの当時最速の蒸気船に乗りこんだ」様子を思いうかべることだろう。「むろん、ロンドンではあまり時間がなかったので、史跡や地元の名所を駆け足で見てまわり、あわただしくパリに向かった」。この地でメイは大いに空想の翼をはばたかせ、ハーバートに、彼がのめりこんでいくフランスの首都での

★W・アービング（一七八三－一八五九）米国の作家・歴史家。短編・随筆集『スケッチブック』（一八一九－二〇）は、ジェフリー・クレヨンの筆名で書かれたもので、この作品によってアービングは米国最初の国際的な作家となった

ボヘミアン的生活を綴らせる――「ぼくはパリと、その白く塗った偽りの墓★★をあとにした。パリ――美しく見えても、その実、幻でしかない脆弱な女々しさの果実に、ぼくが初めて唇を押しあてた街。女性というものをかろやかに扱うことを教えてくれた街。その汚《けが》れなさは、はからずもぼくの襟を飾っている一夜の命の花飾り《ブートニエール》★、その美しさほどの価値もないとでもいわんばかりに……」。文学の創作技術はメイの得意とするところではなかった。彼女の文体は美文調のディジー・アッシュフォードとウィーダ★を重ねたようにくどくて、決して読みやすいものではない。

先に述べたように、メイは父親の友人のサークルの中で育った。彼らの中には、ヘンリー・モートン・スタンリー★とそのパトロン、H・S・ウェルカムといった旅行家や有力者がいた。おそらく彼女は、そうした人々との親交に刺激されて、アフリカへの旅を決意し、地質学と医学を学んだのだろう（ある記録によると、メイは実際に医師の資格を取ったという）。

一八八五年の終わりに、彼女はロンドンとアメリカで事業をしているアメリカ人実業家エリ・レモン・シェルドンと結婚した。夫妻は子どもに恵まれなかったが、メイはその並はずれたエネルギーのはけ口を文学作品と、ロンドンのブーバリ街およびニューヨークに自ら起こした出版社サクソン・アンド・カン

★★新約聖書「マタイによる福音書」（二十三章二十七節）に次のようにある。「……あなたたち偽善者は不幸だ。白く塗った墓に似ているからだ。外側は美しく見えるが、内側は死者の骨やあらゆる汚れで満ちている」

★ブートニエール　上着の襟の折り返しのボタンホールに挿す花または小さな花束

★ウィーダ（一八三九―一九〇八）児童文学『フランダースの犬』で有名な女流作家。メロドラマ調の派手な文体の小説で一八七〇―八〇年代に人気があった

★H・M・スタンリー（一八四一―一九〇四）ウェールズ生まれの米国のジャーナリスト・アフリカ探検家。リビングストンの発見に貢献した

パニーの経営とに見いだした。一八八六年には、フローベール★の『サランボー★』を翻訳出版している。『ハーバート・シビアランス』が世に出たのは一八八九年のことだ。単純素朴でメロドラマ的なきらいはあるものの、メイの経歴だけでなく、彼女の考え方を知る手がかりを与えてくれるという点では貴重といえる。それ以外は馬鹿馬鹿しいような話なのだが、中でこれは本物だと思えるのは、エディス・ロングストレスがフェミニストの信条について語るくだりである――「有能な女性にとって、個人的な自立とはこういうことよ――安定を得るためには、どんな犠牲を払わなければならなくても、きびしすぎることはないってことだわ」と、エディスは断言する。「わたしたちが仕事をしたいと思うのは、もうひとつ理由があるの。わたしたちは何かを創造したいのよ。」なおも、彼女は率直に言葉を続ける。なんとも大げさな表現にもかかわらず、このあけっぴろげなところが好感を持たれるゆえんなのだろう。「仕事をやりとげる能力――それが個人の力を高めていくのよ。その力がついていくときの感じが好きなの。」

また、メイの性格の別の一面は、フロベールが描いたロマンティックで残虐な物語への傾倒ぶりに表れている。彼女は三年がかりで、この『サランボー』に取りくみ、無韻詩《ブランクバース》★に翻訳したが、劇化することも考えていた。そして、散

★フローベル（一八二一―八〇）フランスの小説家。代表作は『ボバリー夫人』

★『サランボー』　一八六二年の小説。第一回ポエニ戦争後の古代カルタゴを舞台にした作品で、表題のサランボーは傭兵の反乱軍の隊長に愛されるカルタゴの執政官の娘

★ブランクバース　とくに英国の劇詩、叙事詩や内省的な詩にひんぱんに用いられている弱強五脚の無韻詩

文体で訳した決定版を「いつの日か、古代フェニキア★をも凌ぐであろうコンゴ自由国の設立者」であり、「その偉大なる名声も及ばぬほどの、人としてまた友としての気高く高貴な特性を備えた人」に捧げている。当のスタンリーは、この賛辞の返礼として、フレンチ・シェルドン夫人の訳書『サランボー』を読み、「全身の血が沸きたった」と、『スコッツマン★』の書評で絶賛している。

一八九一年初めに、メイはアフリカに旅立った。彼女はこの旅行によって、王立地理学協会の名誉ある特別会員の資格を得ている。その冒険の数々は『サルタンからサルタンへ』に収められているが、この本は、第一章の胸にずんと響くようなインパクトが全章に及んでいる。

東アフリカに行こう！　――アデン★に着くまえにできるかぎりの準備をすませると、頭の中は、もうこの思いでいっぱいになった。おびただしい数の荷物の箱。それからテントや銃、テーブルと椅子、ピストル、写真の道具。衣類、化粧道具などの身の回り品を、内わけも記載せず手当たりしだいにつめこんだ箱も一緒に、ナポリで受けとれる手はずにして汽船で送りだした。そのとき初めてわたしは、自分が間違いなく東アフリカへの旅の途上にあることを痛感したのだ。

★フェニキア　現在のシリア、レバノン、イスラエル北部の地中海沿岸にあった古代都市国家。各地に植民市を建設し、海上交易によって繁栄した

★『スコッツマン』　スコットランドの代表的な高級日刊紙。一八一七年創刊

★アデン　イエメン共和国の首都。アラビア半島南部に位置する地中海とインド洋を結ぶ航路の寄港地。かつて英国植民地アデン保護領の首都で軍事基地があった

チャリングクロス駅には、わたしの旅を支持してくれる百人以上もの友人や知人が集まってくれた。黄昏のロンドンは黒ずんだ深い濃霧に包まれ、肌寒かったが、それでもわたしは言いしれない喜びに心を踊らせていた。見送りの言葉のなかには、成功を確信しているという激励もあれば、気の滅入るような助言もまざっていた――「それじゃ、無事なお帰りを祈っているわ。」「〝もしも〟無事に戻ってこられたら、さぞすばらしい話をしてくださるでしょうね！」「無茶はやめて、こんな愚にもつかない無益な計画は思いとどまるべきだね。」「あなたは勇敢な女性だ。あなたがめざしていることはすべてやりとげられますよ。われわれは、あなたの勇気と自己犠牲に対して感謝の念を抱いているんですよ。」そして、「用心に用心を重ねること。何があってもいたずらに驚かないこと。健康に気をつけること――それさえ守ればうまくいくよ」と言ったのは、外科医のT・H・パークだった。それから、偉大なるリビングストンの義理の息子である勇敢なA・ブルースは、常に遠方に目を向けていろと命じるかのように、わたしの両手に野外用の双眼鏡を握らせた。「たとえどんな犠牲を払わねばならないにしても、その仕事にのめりこまないかぎり、何もなしとげられないことを肝に銘じておきたまえ。一生懸命やって失敗しても、それでおしまいになるわけではないこともね。わたしたちはきみの成功を信じているよ。」彼の真摯な言葉は、わたしの脳裏にしっかりと焼きつき、それから幾度となく、わたしの心の中で鳴りひびいた。

　感傷的で英雄崇拝的なところのある女性の友人たちは、わたしを取りまいて、お別れのキスをしてくれた。わたしの唇に、賞賛の印を押しつけては、「わたしもあなたと一緒にいけたらいいのに！」と口々にささやく。男の友人たちはというと、こちらは静かなもので、わたしの主人に同情のこもった目を向けている。夫がわたしの旅行に同意したことを、遠からず後悔するだろうと、無意識に推測しているような目だ。わたしは主人が認めてくれたことを其処此処《そここ》に言いふらしている。彼がわたしの計画を許可したということは、わたしがそれなりに筋を通しているという証拠だからである。

　さて、わたしたちは喝采を浴び、花を投げつけられ、生命の保証のない旅に友人を送りだすときにつきものの大声援の中を出発した。列車は速度を上げ、ロンドンの街を離れていく。ドーバー海峡行きの車両の中には、夫とふたりの友人――H・S・ウェルカムと外科医で軍医のT・H・パークだけになった。

ナポリへの道中に不安の影を落としたのは、メイがもってきていた旅行者用の輿《パラーキン》だった（常に"Palanquin"と大文字のPで綴られている。これはアフリカの行く先々で"吃驚仰天《びっくりぎょうてん》"された。個人用手荷物として十八ギニー払って預けはしたものの、大きすぎて車掌車に入らない心配があったのだ――結局、車掌車には入らなかったので、輿はロンドンに残されたが、そのあと、メイの乗る船に間に合うように、迅速にナポリに送られた。ナポリで、メイは夫のレモン・シェルドンと別れた。「最後に目と目で声にならない言葉をかわしあい、ちぎれるほど振ったハンカチはすぐに涙でびしょぬれになった。」こうしてケニアのモンバサ港とザンジバル島★への航海が始まった。

ベベ・ブワナの目的地は、キリマンジャロ山の北にある危険なマサイ族★の地だった。一八四〇代にこの地に最初に分けいったのは宣教師で、赤道付近にありながら万年雪を頂いた山々の話を彼らが報告すると、実際の滞在経験のない地理学者はびっくりした。アフリカが通商を受けいれ、各国の「争奪戦」が始まるにつれて、大英帝国とドイツはどちらも、ザンジバルの向かいの沿岸地帯と奥地のグレートレークスのあいだに広がる処女地に、貪欲な視線を注ぐようになった。一方、アラブ商人はキリマンジャロの南東斜面の森林地帯にあるタベタを足がかりに、広くあちこちを訪れていた。当時、好戦的な部族だったマ

★ザンジバル島　アフリカ東岸タンザニアの島。古代からインド洋交易の拠点として発展、十六世紀ポルトガル人、十七世紀末アラブ人が進出して奴隷貿易の基地となる。十九世紀にはアフリカへの探検・宣教の起点であった

★マサイ族　アフリカのケニアおよびタンザニアの高地に住み、主として遊牧を営む

★J・トムソン（一八五八―九五）英国の地質学者。三度の東アフリカ探検を行なったにもかかわらず、彼の発見はリビングストンほど有名ではない。とはいえ、隊員たちをまとめながら平和に旅を続けた力量は、探検家として高く評価されている

★キユク族　ケニア最大の人口をもつ農耕民族。英国植民地からの独立運動としての政治的秘密結社マウマウ団の創設で有名

サイ族は扱いにくくはあったが、いいお客になって利益をもたらしてくれる可能性は大きかった。一八八二年、ジョセフ・トムソン★はその技術と忍耐力のすべてをつぎこんで、最初はマサイの、次にはキクユ族★の土地を抜け、キリマンジャロ山とケニア山経由で、海岸線からヴィクトリア湖までの画期的な旅を成功させた。一八八八年にスタンリーがエミン・パシャを探しにいったときは★★、この危険なルートを避けて、コンゴの森林地帯を苦労して抜け、西側からアルバート湖に近づく方法を選んだ。一八五五年、ベルリン会議はケニアにおける英国の勢力圏を承認し、さらにはタンガニーカ南部におけるドイツの勢力圏も認めた——今はどちらもアフリカの独立国となっている。英国とドイツは、べべ・ブワナがたどったモンバサから出発してパンガニに戻るルートに沿って、行政機関を置いていた。

メイの旅の実際上の目的は、原住民の風俗習慣を研究し、彼らの手工芸品や武器を収集することであった。だが彼女は、女性でも男性に劣らず容易に旅ができ、旅の成果をあげられると信じていて、それを証明することも研究や収集と同じくらい重要に思っていた。というのも、メイ・フレンチ・シェルドンは闘争的なばりばりのフェミニストだったからだ。しかし、どちらの目的もモンバサで意気消沈するような妨害を受けた。大英帝国東アフリカ会社のジョー

★★エミン・パシャはドイツ人だがイスラム教に改宗し、エジプト総督に仕える。ナイル川上流域を探検中、原住民の反乱により孤立、スタンレーを中心とする大遠征隊により救助された。この事件は一八八〇年代の一大ニュースだった

一八九〇年にドゥキ川を渡るエミン・パシャの一行

ジ・マッケンジーからの手紙が彼女を待っていたのだ。

ロンドンでは、大英帝国東アフリカ会社の指導的地位にあるお偉方たちから、可能なかぎりなんでもしてもらえるというお墨付きを頂戴したばかりか、わたしのために最善を尽くしてポーターを調達するようにと、わざわざ代理人に電報まで打ってくださっていたのだ。にもかかわらず、この紳士は、明らかにわたしの〝斬新なる事業〟に関心をもつことも共鳴することもないようで、それどころか、完全に偏見をもっている。わたしは即座に、間違いなく彼はわたしの計画を阻止しようとしている（それが可能なら）ことに気がついた。わたしが東アフリカの英国人居住地に暮らす原住民の中に入っていくことは、ただでさえ苦労の多い会社にあまりにも大きなリスクを背負わせることになると信じているのだろう。なぜそういうことになるのか、わたしには見当もつかなかった。わたしは東アフリカ会社に対して、スポンサーになってくれとか、わたしの個人的事業に何か実質的な形で貢献してくれとかは要求しなかったし、その気もまるでなかったのに。わたしが望んでいるのは、ただ、彼らの領土を通る全面的な許可を与えてほしい、可能ならキャラバンを募る際に助言し、手を貸してほしいということだけなのだ。今後は、ミスター・G・S・マッケンジーをわたしの「障害物」とみなし、黙って悔しさに耐えることに決めた。彼の知識や助言なしに、できるだけ自分でひそかに手はずを整え、準備万端整ったら、彼の許可のあるなしにかかわらず先に進み、この問題は彼に好きなように思わせておくことにしたのである。ところが、結局、この「障害物」に対して感謝の念を抱くようになるのだから、なんとも皮肉な話ではないか。彼の反対はいよいよすさまじくなり、わたしはひどく悩まされたが、同時に、このおかげで深刻な困難に立ちむかう覚悟ができたのだ。なるほど、雨がふるまえに奥地に向かってキャラバンを出発させようとする、せっかちなまでの慎重さとは相容れないわけである。忍耐を強制されることでわたしの性急さは抑えられ、ひとたび出発したあとは、わたしのやり方を仕上げ、完成させる十分な時間を与えてくれたのである〔…略…〕。

ああ、なんということ！　実にひどい話なのだが、ザンジバル島についてみると、わたしが頭のおかしな女だという天下に知られた噂が、ここにもすでに伝わっていた。アメリカ、英国、アデン、モンバサ、そして今度はこのザンジバル島というわけだ。わたしは世間の激しい非難にせいいっぱい耳を傾け、立ちむかわなければならなかった。まったくばかげた話だが、次のような考えが公然と流布している――ドイツ人《エミン・パシャ》が大変な騒動を引き起こし、反乱が起こりかけているときに、あろうことか、あえて東海岸からアフリカに入り、かつてマサイ族の襲撃のあったはるかキリマンジャロ地区まで奥地に分けいろうとし、女だてらに自分が編成したキャラバンの唯一の指導者《リーダー》となり、指揮官となろうとするなどとは、あまりにも無謀、無知きわまるというものだ、と――。そんな女性は頭がおかしいのだというあからさまな非難を受ける理由は、主として、そうした冒険には先例が皆無だということだ。一般に容認される妥当性という点からみて、まったく革新的なことだったからである。これまで一度もなされたことがない、提案されたことさえない。したがって、それは不可能なこと、少なくともまるで実際的ではなく、明らかに女性の本分外のことだ〔…略…〕相も変わらず繰りかえされる気の抜けた抗議と説得に、わたしの耳にはタコができている――そう、実際、わたしはどんな反対の文句もそっくり空で覚えているから、いろいろ形を変えて、反対する人たちと同じくらい上手に言えると思う。これらの紳士たち、はわたしの〝愚の帝国〟が排斥されたわけではないこと、そして二千人以上もの男女から志願の申しこみを受けていることを、はたしてご存知なのだろうか？　志願者たちは一般に並はずれたセンスの持ち主であることが認められており、ほとんどすべての階級を占めているが、その大半は知的専門職や科学の仕事に従事する人々であり、資金的に他者に依存していない自由なわたしの探検にぜひ加わらせてほしいと切望しているのである。

メイの決意はきわめて固かったので、最後には反対者も折れざるをえなかった。彼女は、伝統的な型通りのキャラバンを結成するのに必要な助け手としてポーターの一団を雇いいれた。彼らは、交易品や貢ぎ物にするガラスの飾り玉や布のほか、キャンプ用具、武器と弾薬、個人的な手荷物を運んだ。儀式的行事の際に身につけるため、メイが持参した礼服一式は、部族の酋長たちのどぎもを抜いた。人造宝石をちりばめた宮廷舞踏会用のドレスと金髪のかつら――その三十年前に、アルバート湖の発見者であるサム・ベイカーがブガンダ王国の西のブンヨロ王国のカムラシ王に敬意を表して、ハイランドの民族衣装の正装で現れたのといい勝負である。

ベベ・ブワナがポーターを募ったザンジバル島は、十九世紀後半には、東アフリカへの最も重要な旅の発祥地であり中心地となっていた。サルタンの権威は海岸地方にまで及んでおり、名目上は遠い奥地にまで達していた。そして米

部族の酋長を訪問するための
メイの正装姿

国領事は、フレンチ・シェルドン夫人のためにサルタンへの拝謁の手はずを整えてくれた。「生まれながらに自由な米国人女性」にとっては、あたかも〝まったく別の目的〟で参内するかのように宮廷までの道を案内されるのは癪ではあったが、どうやら誤解を受けていることにはそしらぬ顔を通し、必要としていたサイド・バガシュからの通行証と許可を手に入れた。当時は内陸での交易が盛んで、ポーターは引く手あまたで人数が不足していたが、まもなく百五十人近くを雇うことができた。しかも、ここが肝心なところだが、頼りになる人夫頭や通訳と契約できたのである。

メイのポケットには、W・E・ステアズ大佐が書いてくれたテントの張り方のメモが入っていた。ステアズ大佐はかつてスタンリーに仕え、のちにレオポルド王のためにカタンガ★を領土に併合している。同様にメイの薬箱には、やはりスタンリーに同行したことのある外科医のパークが推奨する医薬品が詰まっていたし、彼女のウエストには救急用の薬を入れた「M・フレンチ・シェルドンの薬ベルト」が巻かれていた。

ベベ・ブワナは「驚きの目で彼らの顔を眺めわたした。彼らの、不思議な黒い顔と、薄い茶色から焦げ茶まで濃淡さまざまな茶色の顔を、固唾を呑んで見つめた。その顔には少なからぬ残虐さが刻みつけられている。はたしてわたし

★カタンガ　ザイール南東部シャバ州の旧称。銅をはじめ豊富な鉱産資源がある

に、常に彼らを統制し、命令に服従させることができるのだろうか〔……略……〕わたしはなんとかしてそうしなければと思った」。メイの言うのはもっともだった。メイにとっての英雄はスタンリーだったが、彼女のやり方はむしろジョセフ・トムソンに似ている。トムソンは優しくて威勢のいいスコットランド人だったが、メイの著書の中にはたった一か所、名前があげられているにすぎない（しかも綴りを間違えて）。ベベ・ブワナは、気むずかしく野性的なスタンリーのようにではなく、このジョセフ式に、男性が楽しむのと同じようにたっぷりと楽しんだ。また、これまでのアフリカの旅行家からは考えられないほどキャラバンとのトラブルも少なかった。早い段階でポーターたちの反抗にあった彼女は、ベルトからピストルを抜いて、飛んでいるハゲワシを撃ち、「反抗する男どもの度肝を抜いて」から、ピストルを突きつけ、全員にそれぞれの荷物を運ばせたのである。それ以来、悪質きわまりない言動にはむち打ちも辞さぬかまえでいたが、探検旅行は完璧に満足のいくものとなった。骨の折れる務めは、義務として課せられるより、むしろ挑戦として与えられた。その日の行軍が終わると、「上品なテーブルクロスが広げられ、ナプキンがセットされる。いつものようにナイフとフォーク、スプーンが並べられ、エナメル塗りの皿がそれぞれの料理にあわせて取りかえられる」。そして、ベベは絹のドレスを身にまとって、正餐《ディナー》のテーブルにつくのである。

　ポーターたちは不満をぶちまけたいことがあると、メイのところに箱を持ってきた。彼女はその箱の上に立って、彼らの問題を検討するのである。メイは主婦のように蓄えを分けあたえ、男のように銃を操った。一方、ポーターたちは彼らはメイを蟻や雪崩だけでなく、盗みを働く原住民からも守り、彼女が足に刺をさせば、一同の中でいちばん清潔で器用な男がオーデコロンで口をすすいだあと、歯で刺を抜いた。メアリ・キングズリも、同じ時期にフランス領コンゴを旅しているが、彼女は現地人の同行者から「サー！」と呼ばれることに当惑していた。メイ・フレンチ・シェルドンも同様にとまどいを覚えたが、この呼称は、長らく海の仕事に従事していた通訳のジョセフによって、海軍の兵士が絶対服従の上官に対して用いる「アイアイ、サー！」に改められた。

　キャラバンは、現在のケニア＝タンザニア国境にあるタベタに向かった。その途中でメイは原住民たちと仲良くなり、彼女の名前入りの指輪を配ったり、オレンジの皮で義歯を作るといった茶目っ気ある行為で彼らをおもしろがらせた。実を食べたオレンジの皮に切れこみを入れ、歯に似せて先をとがらせ、それを自分の歯に張りつけたのだ。彼女はちょっとした小物を熱心に集めており、女性の好みそうな装身具にはとくに目がなかった。「茂みの中に臭いでかぎつけた」マサイ族の女性の「堅く硬直した死体」から、大胆にも自分で足輪をはずしたこともある。また、探求心が旺盛なあまり、とんでもない結論を導きだすことがあった。たとえば、割礼の慣習を長いあいだ守ってきた部族では、この獲得形質★は次の世代に受け継がれるかもしれないと言いだしたりする。さらには、何が未開民族を踊りに駆りたてるのかと原因を追求したあげく、「言葉では説明できないほど享楽的な種族から、どうやら自然発生的にでてくるもののようだ」という、実に〝卓越した見解〟をひねり出したこともある。

「ジャンボ！　ジャンボ！　ベベ・ムズンガ（こんにちは、白人の奥さん）」

――メイがずらりと引きつれたポーターの先頭に立って近づいていくと、オールド・ケニアの原住民たちは目を丸くしてこう叫んだ。彼女のいでたちは、こざっぱりした外出着と前びさしのある帽子。手には先の曲がったアルペンストックをもち、その先には〝ノリ・メ・タンゲレ〟と書かれた旗《ペナント》がひるがえっている。腰には、ポーターたちがベベの「ベビー・ピストル」と呼んでいる拳銃をさしていた。黒っぽい眼鏡は、彼ら〝野生児〟たちをびっくりをさせるといけないのではずしている。

メイは、タベタからキリマンジャロ山麓の丘にある噴火口までつづく道を見つけた。火口底にはチャラ湖があり、一行は銅製の箱舟《ポンツーン》★で湖を周航した。この

★獲得形質　個体が一生のあいだに外界の影響または器官の要不要で獲得した形質

★ポンツーン　起重機船・浮き桟橋などの台船

舟は、一八八八年にグレート・リフト・バレー★でルドルフ湖★を発見したハンガリー人のテレキ伯爵が残していったものだった。メイは、湖を一周するという偉業をなしとげたことで、探検にかける意気込みが本物であることを世間に証明できたのである。

噴火口の縁に立ち、中にたたえられた水晶のような水をみおろしながら、わたしは、最初は水のそばまで降りていくのは不可能だと感じていた。空を飛びでもしないかぎり、とても無理ではないかと――。ところが、数か月まえに湖の水際まで降りていったことのあるミスターAが大丈夫ですよと請けあってくださったので、わたしは恐れを捨て、冒険に立ちむかう決心をした。この場所には、土地の人間さえも威圧する奇妙な魅力が満ちている。この場所についてかき集めた説明はどれも雲をつかむようなので、わたしは禁断の果実を自分で味わってみたいと思ったのだ。先に立ってわたしを守ってくれる男性はふたりだけ――。ミスターAは、ポンツーンの運び手を指揮するために頂上に残ったからだ。わたしはいつのまにか、湖を取りまく原生林の木立の中にいた。この木立は、いってみれば、岩床に対する火山活動によって打ちこまれた矢来★のようなもので、ここを通りぬ

★グレート・リフト・バレー　アフリカ東部を南北に連なる世界最大の地溝帯。東・西二列からなる

★ルドルフ湖　ケニア北部の細長い湖。発見当時のオーストリア皇太子にちなんだ命名

★矢来　太い杭を並べて打ち込んだ防御柵

けるにはなんとも骨が折れそうだ。わたしは、彼らが鉈鎌《なたがま》とナイフとでわずかに切りひらいた木立の中を、どうにか押しわけて進んだが、木立を抜けだしたと同時に丸い巨岩の上に立っているのに気がついた。その岩は別の巨岩の上にやっとバランスを取って乗っており、その上にとどまっている刻一刻ごとに、わたしの均衡は危うくなっていくようだった。足場を提供してくれる別の不安定な岩の表面に思い切って乗りうつるためには、猫のような敏捷さで這っていくか、すべり降りなければならない。ときには、何世紀にもわたって堆積したと思われる木の葉のベッドの上に着地することもあった。わたしは何度もその中に、胸のところまですっぽりとうずまってしまい、男たちに全力で引っぱりだしてもらわなければならなかった。それから、頭上に突きだした木の枝をひっつかみ、しがみつき、必死に奮闘したあげく、少なからぬ危険のあとで、やっとほかの足場に到達するのに成功した。それから、一歩一歩踏みしめるように進み、巨大な朽ち木がバリケードのようになっているのに何度も邪魔された。それは雷に打たれたのもあったし、噴火の際のなにか強大な力によって根こぎにされ、なんとも哀れな格好でひっくり返されたものもあった〔…略…〕その光景の不気味さをさらに強めたのは、これまでその神聖さを侵されたことのない巣から鳥たちが飛びたつ不思議な羽音、それにおびただしい数の猿たちが恐しさのあまり声もたてずに枝から枝にすばやくと飛び移っていく姿だった。ワシが笛のような鳴き声をたて、嵐に打たれた花のように荒々しく羽をまき散らしながら、わたしの頭上を風を切って飛んでいく。そして白い頭巾をかぶったふくろうが人目につかない場所から外をのぞき、驚いて、重々しくホーホーと声をあげる〔…略…〕鬱蒼と茂った木々のかすかな間隙を縫うようにして太陽が通りぬけ、木立の暗闇をまばゆい光の輝きが差し貫いていく。そして、わたしの待ちわびた目にきらっと輝く湖が映った。男たちから〝チャラ湖だ！　チャラ湖だ！〟という歓声があがる。ああ！　これまでの労苦は報われたのだ。わたしは、ごつごつした倒木がからみあい、白と灰色の岩が転がっている上に立っていた。澄みきった水が笑いさざめきながら、休みなく、

チャラ湖に漕ぎだすメイの一行

わたしの足に打ちつける。その光景にわたしは心をわしづかみにされた。そこにはまことの聖地《サンクチュアリー》の崇高な雰囲気が漂っていた。その壮麗さに夢中になっていたわたしは、ミスターAとポーターたちのことをすっかり忘れていた。慎重を期してふたつに分けたポンツーンを抱えた彼らは、湖岸の火口底に無事についたら出すことに決めていたサインを、今か今かと待ちわびていたのである。まもなく、夢からさめたように、はっとわれに返ったわたしは口笛を吹いた。すると、けたたましい音と歓声とともに、ポーターたちがこちらに突進をはじめた。貴重な荷を背負って、先陣のわたしたちが通ってきた、曲がりくねった狭く険しい、この世ならぬ道を雄々しく駆けおりてくる〔…略…〕。

そこでミスターAとジョセフ、そしてわたしは、銃と撮影道具を携え、せわしく浮き沈みするポンツーンに、急ごしらえの長い櫂を二丁もって乗りこんだ。わたしたちは、ポーターたちがおろおろしながら口々に叫び、食い入るようにみつめる中を、慎重に岸を離れた。彼らは心の中で、とんでもない結果に終わるはずだとかたくなに思いこんでいて、万が一事故があった場合に備えて、異様で不格好なこの舟に長さ数百フィートの大索《ホーサー》★を結びつけていた。ワニたちは自分たちのねじろに何が進入してきたかわか

★ホーサー　係留や引き舟用の太いロープ

らなかったので、興味津々で舟の下部のすぐそばまで寄ってきた。わたしが片方の櫂を巧みに操って舟を誘導し、もう一方の櫂でジョセフがおっかなびっくり漕ぎ進んでいく。そのあいだ、ミスターAは招かざる客である水の住人たちを油断なく見張っている。舟がホーサーの綱いっぱいの距離まで進むと、わたしたちは舟を操れるめどがたったので綱をといてしまい、岩の上で固唾をのんで見守っていたポーターたちをぎょっとさせた。

何もかもが、「魂飛魄散《こんぴはくさん》かつ豪華絢爛なものだった」と彼女は、相も変わらず、時代がかったとっぴな修飾語を使って、話を結んでいる。

メイはチャラ湖に何度も降りて、ポンツーンで湖上に乗りだしたが、そのたびに星条旗を掲げることを忘れなかった。そしてとことん探検して満足すると、今度は、敵対的だという評判のある土着民に目を向けた。こうしてふたたび、向こうみずな冒険がくりひろげられ、メイ流の大げさな表現でつづられていく。なかには思わず、にやりとしてしまう箇所もあるが、彼女は決して考えなしに行動しているわけではなかった。同行の男たちに銃の使用を全面的に禁止し、野生動物にさえ発砲することを許さなかったし、原住民と友好的な関係を築こうと手探りで進んでいた。そして、人夫頭四人に通訳ひとりというおともにふさわしい人数にともなわれ、ある村に儀礼訪問を行なった。そこで彼女が出会ったのは――

わたしたちの訪問を喜んで、ベベ・ブワナに対してきわめて礼儀正しく、熱心に敬意を表そうとする人たちだった。彼らは無礼でも不親切でも狭量でもなく、ましてや、敵対的などではまったくなかった。美しい毛皮をはじめ、わたしが思わず見ほれるようなすばらしい品をどっさり贈り物にくれた。男たちはカバの皮でつくった盾と槍を誇らしげに掲げ、弓矢を携えている。盾は長さ三フィート幅一フィートの大きさで、浮きだし模様と押しつけ模様で飾られ、槍には一フィートに満たない細い刃先がついている。彼らは、老若男女を問わず、ほとんど例外なく、一糸まとわぬ裸だった。それでも男たちのふるまいには、文明人に当然のごとく要求されるたぐいの男らしさが備わっていた。わたしは男たちに布地をプレゼントした（このことをわたしは十二分に説明したいと思う。これに関して間違った引用をされることが非常に多いからだ）。すると彼らは、わたしに同行してきたポーターたちを見回して、彼らがどんなふうに飾りたてられているかを目にとめた。けれども、

ある部族のサルタン

この村の男たちは布を身につけるのに変に上品ぶったり、恥ずかしがったりはしなかった。それぞれ、四、五ヤードの布を肩から垂らしたり、ターバンのように頭に巻いてみたり、腕や足に結んでみる。あるいは腰布として用いるか、身体に巻きつける〔…略…〕彼らは裸だということをまるで気にしない。それどころか、大いなる威厳さえ漂わせているのを見て、わたしは、その肌の色が、彼らにとっての自然で素朴な、そして豊かな衣服なのだと思うようになった。まさに彼らは〝トーガ・ヴィリリス〟――どんな文明の流行にも左右されない、生まれながらに与えられた男の衣《ころも》で装っているのであった。

一行はこの村をあとにし、ふたたび旅をつづけた。キリマンジャロの北東側にあるドイツの支配圏にさしかかったとき、この旅ではじめての深刻な反対を受けた。その土地の酋長は白人女性からの使者を受けいれることにも、彼女が領地を通りぬけることにも二の足を踏んだが、べべ・ブワナはかまわず、ずんずん進んでしまった。そうはいっても、ちょっとした事故がその後、増えたことからみて、相当の緊張を感じていたのは間違いない。また、次にあげる身の毛のよだつような出来事に遭遇したのも、この時期のことである。

ある夜のこと、疲れきったわたしはテントの中の輿で、ぐっすりと眠りこんでいた。突然、わたしはなんともいえない恐ろしい不安を感じて目をさました。本能的に、何か危険なものがそこにひそんでいるような気がした。思わず、自分のナイフとピストルをつかんで、「誰、そこにいるのは？」と声をはりあげる。なんの答えもない。それでわたしは、見張りをしていた植民地政府所属のアフリカ人兵士《アスカリ》を大声で呼んだ。同時に、わたしをとりまく闇を見透かそうと目をこらす。そのとき、ぼんやりした闇の中で冷たく不気味に動めくものが、わたしの頭上にいるのに気がついた。輿のてっぺんにいて、しかも、もうちょっとでわたしに触れそうになっている。籐で編んだ輿が、まるでプレス機にはさまれたみたいに、ギシギシ音をたてた。わたしは、〝それ〟に触れないように、起きあがらず横になった姿勢のままで、輿から滑り出ようとやっきになった。そのとき、わたしの声を聞きつけたアスカリがランタンをかざして入ってきた。その光で、わたしは直感的に恐怖を感じていたものの正体を知った。全身がさっと総毛立ち、体じゅうの血が凍りついた。それは、十五フィートほどもある巨大なニシキヘビだったのだ。輿のてっぺんにとぐろを巻いていたのが、今、まさに這いだしてきたところで、頭を突きだし、周囲に何か身を巻きつけ

パラーキンでくつろぐメイ

だが、招かざる客が訪れて……

られるものがないか探している。そのぬめぬめと光った、長くおぞましい身体を巻きつけようとして——。ニシキヘビを目にしたとたん、アスカリは狂ったような叫び声をあげ、助けを求めた。たちまち、十人以上の屈強なポーターが情け容赦なく飛びかかって、のたうつ身体をめった切りにし、細かく切りきざんだ。わたしは今まで生きてきて、これほど恐ろしい思いはしたことがない。恐怖のあまり、身がすくんで動けなくなってしまったのだが、別に恥ずべきことでもないだろう。わたしはあまりのショックに危うく卒倒するところだったが、今は、そんな弱気を見せているときではなかった。ほかにもいろいろ検討しなければならないことが、次々に起きてきたからである。

これは「未開のキマンジェリア」での出来事だった。一行は、ベベ・ブワナがこの旅のひそかな目的地としているマサイ族の土地の境界に足を踏みいれていた。人夫頭のまとめ役であるハミディは、これまでずっとメイの命令に従順だったが、マサイ族の地に旅する計画をうち明けると、背を向け、背中ごしに言った。

「べべ・ブワナ、わたしはあそこへはあなたを案内しない。危険が大きすぎる。」「つまり、あなたはわたしの命令に従わないということね？」彼はくるっとふりむいてわたしに向かい合うと、ひるむことなく、わたしの目をまっすぐみつめて答えた。「べべ・ブワナ、わたしはあらゆる危険から可能なかぎりあなたを守り、あなたに危害が加わるくらいならわたしの命をあなたに捧げると、ザンジバル島のサルタンとブワナ・マッケンジーに誓った。べべ・ブワナ、このピストルを取って――」と、彼はリボルバーをベルトから抜いた。「わたしを殺してください。でも、わたしは行かない。」彼には英雄を思わせる威厳が漂っていた。わたしは出されたピストルを受けとった。その行為を彼が誤解したのかどうかはわからないが、彼は躊躇せず自分のカンスを開いて胸をあらわにすると、冷徹な面もちでわたしの前に立った。「さあ、べべ・ブワナ。心の準備はできている。」「ハミディ、行きなさい。でないと、わたし、なにかとんでもないことをしてしまいそう。よく考えさせて。あなたが行こうが行くまいが、わたしはマサイの土地に行くから。あなたたち頑固者は残ればいい。わたしは明日の朝、日の出とともにマサイの地に出発するわ。」

夜明け前、わたしのテントの外でハミディの声がした。哀しげな声で

「ベベ・ブワナ、お話ししたいことがあります」と言う。「なに？　ハミディ、どうしたの？」「困らせてしまってすみませんでした、ベベ・ブワナ。もしあなたがマサイの地に行くなら、わたしも行きます。どうせ殺されるのなら、どこで殺されても同じだから。」彼は、こういう状況下でリーダーを守ろうとするどんな白人よりも、忠実で勇敢で騎士道精神にあふれていた。マサイの地に行くことは単に危険きわまりないだけではなかった。わたしひとりに災いが及ぶだけでなく、わたしのキャラバンごと略奪され、ザンジバル人は皆殺しにされていたにちがいない。みすみすそうなるのが目に見えていた無謀な計画を、好漢ハミディは思いとどまらせてくれたのである。

メイは来た道と並行して走るルートをとって南に戻り、ドイツ領を抜けて、ふたつの強力な部族の長――マルング族のミレアリと、モスキ族のマンダラを訪ねた。メイはマンダラに「〝ノリ・メ・タンゲレ〟の決まりを一度だけ破って」長い金髪をなでさせた。ミレアリには、「実にすばらしい午後のお茶」のお相伴に預かり、傘とノコギリを送る約束をしている。それだから海岸への岐路は凱旋行進となるはずだったのだが、凱旋どころか、もう少しでお葬式の行列となるところだった。丸木橋を渡っていたときに、木の皮がはがれて輿をかついでいたポーターたちが足をすべらせ、ベベ・ブワナを乗せた輿もろとも、川に落ちてしまったのだ。ショックを受け、背骨にけがをした彼女は、赤痢と高熱というおまけまでついて、ザンジバルまでハンモックで運ばれていった。そこでやっと快復した彼女は、ポーターたちに賃金を払って、解雇した。「恐怖の探検」は夫の待つナポリでようやく終わった。彼女を待ちわびる夫がふるえる声で訊ねた言葉は、「妻は生きているのでしょうか?」であった。

　妻は間違いなく生きていて、八月には、ウェールズのカーディフで開かれた英国学術協会の会合でチャラ湖の勇敢な探検について講演している。といっても、杖がなくては歩けなかったし、聴衆は彼女の身体が衰弱のゆえか、緊張のゆえか、小刻みにふるえているのを目にした。E分科会（地理部門）のE・G・レーヴンスタイン議長は、敬意をこめた暖かな口調でメイを紹介し、

舞踏会用のドレスをまとったメイ

ポーターたちにはきちんと衣服を身につけさせたという、しごく当然の彼女の主張を強調した。フランシス・デュ・ウィントン卿はメイの講演を感謝し、偉業を祝ったが、ほかの女性に対して彼女の例に習うように勧めたりはしなかった。一八九二年、メイは王立地理学協会の最初の女性特別会員として選ばれたえり抜き集団のひとりとなった。

また一八九二年には、『サルタンからサルタンへ』が出版された。この本は「わたしが成しとげたことはすべて、彼のおかげ」という夫に捧げられたもので、次のような献辞が記されている。

エリ・レモン・シェルドンに捧ぐ――

私が成しとげた業績はすべて彼に負うものである。彼は私の創造の泉、私の批評家であり、支援者であり、私の避けどころ、私の錨、私の支持者、私の友人、私の同志、私の夫だった。高潔で優れた才能をもち、崇高で私心がなく、紳士ですべての人から愛された。本書の完成をめざしていた折りの突然の逝去であった。そのときから私は、耐えがたい悲しみの重荷を負いつづけている。

夫はこの本の完成を見ないうちに世を去っており、メイはその死をひどく嘆き悲しんだ。

彼女は、一八九四年にはふたたびアフリカに冒険旅行に出かけた。今回はレオポルド王のお墨つきを得てのベルギー領コンゴへの旅で、王は〝わがコンゴ領全土にわたる〟原住民の調査をするにあたって「あらゆる便宜をメイ・シェルドンに与えるべし」という命令をくだしていた。彼女がもう一冊本を執筆するもりでいたのは確かだが、実際に書かれた形跡はない。さまざまな冒険についての記録もまったく残っておらず、この時期にジャーナリストのW・T・ステッドから進呈された二千枚のカラー写真を携えて道中で配ったという、あいまいな記述があるばかりだ。★

一九一四年に第一次世界大戦が始まると、メイはアメリカに渡り、ベルギー赤十字の資金を募るために奔走した。この赤十字への貢献と、コンゴでの業績によって、ベルギーのアルバート王から、ロードドル・デュ・ラ・クローネ勲爵士の称号が贈られている。

一九三六年二月十日、彼女はロンドンのケンジントンのフラットで亡くなった。葬儀は、ロンドン北部のゴールダーズグリーンで行なわれた――それは、

★実際にはメイ・フレンチ・シェルドンの冒険は十九世紀では終わらなかった。彼女は一九〇〇年代初頭にコンゴとリベリアを旅して多くの写真を撮っている。残念なことにこの写真は現存していない。その中の一枚を現像したら、木から吊された死体が二つ、ぼんやり写っていたという話があるが、どうやらコンゴ自由国での残虐行為の犠牲者であろうと言われている。

晩年のメイは旅先から持ち帰ったたくさんの思い出の品に囲まれて暮らしていた。ロシア皇帝から与えられた真鍮製の熊の置物もそのひとつだが、彼女はドアストッパーとして使っていた。けれども、いつどこでなぜ、どのようにしてそれを授けられたかの記録は残っていない（一九八二年版序文より）

もしかしたら平凡な最期だったかもしれない。けれどもベベ・ブワナは、それまでの生涯で胸おどる冒険をさんざん楽しんできたので、厳かな静寂のうちに世を去ることをよしとしたのだろう……。

第四部　神に仕える

第5章 アニー・テイラー

Annie Taylor 1855-?

さらば家族よ！
さらば祖国よ！
彼女はムーア人のもとに殉教を果たしにいく。

『聖テレサ』
リチャード・クラショー★

★R・クラショー（一六一三－四九）
英国の詩人

「ここには主イエスがともにいてくださるので、とても安全だ。」——一八九二年のクリスマスの日、雪に閉ざされたチベットの丘陵地の山ふところで、ヤクの糞を燃やす火にかがんで暖をとりながら、アニー・テイラーはそう日記に綴った。ここで思い出すのは、同じく宣教師であり旅行家であったデイヴィッド・リビングストンが極度の危険にさらされたときのことだ。彼はそのとき、キリストの「見よ、わたしはいつもともにある」という言葉は、「もっとも厳格で聖なる栄光を備えた方の言葉であり、危険には終わりがある」という意味だということを確信した。それは、すべての人の救いを堅く信じた宣教師のまぎれもない信仰の声だった。すなわち、耳を傾けるチャンスが与えられさえすれば人類のすべてが救われることを、そして、その福音を広めるという逃れられない召命を与えられたことを確信した人の声だったのである。そうした宣教師にとって、福音はまさに抑えがたい、どうしても広めずにはいられない〝良き知らせ〟にほかならなかった。

原住民の宗教や生活様式をあまりにも急激に変えることが賢明かどうか疑問に思ったり、機会を待ったり、キリスト教の普遍的な正当性を疑うことは、宣教師にとっては教理的誤りであり、さらに邪悪なことなのである。このことがわからないと、現代の読者には、極度の苦難や危険、幻滅をもたらす状況にあ

チベットの衣装を着た
アニー・テイラー

って、あれほど多くの海外伝道者を支えた原動力を理解はできないだろう。これはアニー・テイラーに関連して、必ず心にとどめておかなければならないことだ。彼女はユク神父に次いで内チベットに分け入った二番目のヨーロッパ人となった。ユク神父はフランスのローマカトリック使節で、ラザリスト会の神父たちと中国布教に加わり、チベット布教のために、一八四四年から四六年にかけて、北の辺境から拉薩《ラサ》★に旅をしている。産業革命によって富を得たヴィクトリア朝時代の人々は宣教に熱心だった。ジョン・ウェスリー★とメソジスト派★の信仰復興《リバイバル》運動から多大な感化を受けた福音主義的★★運動は、彼らに道義心を与え、その計り知れないバイタリティーは当然の結果として〝商業とキリスト教〟のスローガンにはけ口を見いだした。海外市場は、さまざまな国の広大な領土に道を開いたが、そこでは人々はまったくの無宗教の闇の中や、あるいは宣教師が無宗教と同じくらい遺憾に思っているイスラム教的隷属や仏教的無の中に置かれていたのである。中国のような人気のある処女地に関しては、何世紀にもわたるローマカトリック教会の活動をヴィクトリア時代のプロテスタントたちはほとんど度外視していた。アニー・テイラーが極東を初めて知ったのは、中国内陸伝道団の奉仕においてであった。

★ラサ　中国チベット自治区の首都でラマ教の聖都

★J・ウェスリー（一七〇三―九一）英国の聖職者・神学者。メソジスト教派の創始者

★メソジスト派　英国国教会の司祭だったジョン・ウェスリーは、霊的に沈滞していた英国教会の信仰覚醒のために説教を通じた伝道活動を展開するが、教会当局の反対に遭い一七三九年に最初のメソジスト会を建てる。メソジスト派は当初から福音伝道と共に社会的関心も強く、労働者学校や地域福祉施設の建設にも世界各地で力を注いでいる

★★第一章の一〇一頁参照

* * *

アニー・テイラーは一八五五年十月十七日、イングランド北西部チェシャー州エグリモントで、富裕な大家族の第二子として生まれた。父親のジョン・テイラーは、「海の快速船《グレーハウンド》」として一世紀前の全盛期に名を馳せていた大型帆船のブラックボール航路の管理者《ディレクター》だった。王立地理学協会の会員であり、海外への旅も多く、ニュージーランドには彼にちなんで名付けられた湖もある。アニーの母は、貿易商のピーター・フォウクの娘としてブラジルで生まれた。母には、フランス革命を逃れてブラジルへ亡命した貴族の祖父だけでなく、ジボーという名前のフランス新教徒《ユグノー》の先祖もいたので、フランス系であることは間違いない。こうした広範に及ぶロマンティックな先祖をもっていたので、テイラー家の子どもたちがはるか水平線の彼方にあこがれを抱いて成長したのも不思議はなかった。

アニーは〝心臓弁膜症〟の虚弱児で、生存が危ぶまれていたため、かなりのところまで自分の思いどおりにふるまうことが許されていたし、学校の規律も大目に見られていた。一家が南に移ったのは彼女が子どもの頃であることは確かである。アニーが十三歳のときに救いの確信を得て人生をキリスト教に捧げたのは、キングストン・アポン・テムズ★でのことだったからだ。甘やかされたわがままな子どもだったアニーは熱烈な福音派のクリスチャンとなったが、どちらにしても、一緒に暮らしやすいタイプではなかったし、物事を中途半端にすませるタイプでもなかった。アニーは乗馬もダンスもやめ、お芝居も見なくなった。学校も出たり入ったりで、本国と海外で美術をかじり、しょっちゅう両親と（高慢にも）口げんかばかりしていた。そんな不安定な思春期をすごしていたある日、アニーは、リッチモンドのクラレンス・ハウスの学校に短期間在籍していたおりに、宣教師の会合に連れていかれた。そのときのテーマは、ベチュアナランド★の福音活動の偉大なる先駆者でありリビングストンの義父でもあるモファット博士の仕事に関してで、博士の息子が講演者だった。アニーは宣教師になることを決心し、父親との十二年におよぶ口論を通してますますその決意を固くした。彼女はそのあいだ、両親が一時期住んでいたブライトン★やロンドンのスラム街の病人を訪問して過ごしたが、この仕事はあとになって、もっと危険な冒険を成功させる基盤になったという。アニーは後年、極東の旅から戻ったあと、『クイーン』誌のインタビューに答えて、次のように語っている――「もし女性が自分の仕事をおとなしく控えめに行なっていることを明確に示しさえすれば、めったに危害を加えられることはありません。わたしは

★キングストン・アポン・テムズ　大ロンドン南西部の自治区。サリー州の州都。アングロサクソン時代、ここで七人の王の戴冠式を行なった

★ベチュアナランド　アフリカ南部のボツアナ共和国の旧称

★ブライトン　イングランドのイーストサセックス州の都市。海浜保養地

そのことを、のちにアジアの旅で発見したのとまったく同様に、ロンドンでも発見したのです」。

アニーはロンドン病院とクイーン・シャーロット病院で医学を学んだ。父親に仕送りをとめられると、装身具を売り、下宿に引っ越した。やがて家族の反対もようやくやみ、一八八四年九月二十四日、アニーは中国内陸伝道団の宣教師として船で上海に旅立った。父親は船賃と旅の費用は出してくれたが、ふたたび仕送りは止めてしまった。帰路の運賃を出す約束はしたが、それは娘の意気込みもそのうちさめるだろうと信じて――あるいは、期待したうえでのことだった。

プロテスタントの伝道活動は、十九世紀初頭から中国の周辺部において盛んに行なわれていた。聖書の中国語訳を最初に試みたプロテスタント学者ロバート・モリソンが、一八〇七年に広東に着いて以来のことである。世紀が進むにつれ、交易に関心を抱くヨーロッパの列強は中国に強い圧力をかけるようになり、それまで外国人に立ち入りが禁じられていた内陸部が開放されるようになった。一八三九年から四四年、一八五六年から六〇年にかけて起きた、いわゆるアヘン戦争は貿易戦争であったが、その後に締結された和平条約は、商人だけでなく宣教師にとっても活動の場を拡大させることとなった。最初は香港と条約港★に限られていたが、一八六〇年には勇気ある宣教師によって内陸への道が求められるようになった。

その先駆者は、中国内陸伝道団を設立したジェームズ・ハドソン・テイラーだった。彼の両親は敬虔なメソジストで、息子が中国の宣教師になれるよう祈りつづけていたのだ。テイラーは若い頃、寧波《ニンポー》の条約港で働いていたが、中国内陸部に住む、福音を一度も聞いたことのない何百万人もの人々の窮状が心から離れなかった。そして、組織に属さない伝道師として、当時は外国人には開放されていなかった地域を、危険を冒して数年のあいだ旅してまわった。一八六五年、彼は同じく宣教師である妻とともに、内陸部への伝道団の設立を求めて祈りと開拓伝道のキャンペーンを始めた。中国内陸伝道団の記録によると、一九〇五年にテイラーがこの世を去るまでに、同伝道団は、中国十八省全体及びモンゴリア★、満州《マンチュリア》★に八百人以上の宣教師を配置したという。テイラーのやりかたは（実に組織的な方法なのだが）、召命される働き手の人数を明確な数字をあげて祈り、また費用を満たす資金についても祈って、神の答えを待つというものだった。

一八八一年、テイラーは三年のうちに七十人の宣教師が志願するように祈った。一八八二年に任命されたのは、わずか十一人。資金は底をつき、離脱する

★条約港　欧州列強の進出に押された中国・日本・朝鮮が条約を結んで開港した所

★モンゴリア　中央アジア東部の広大な地域で、中国の内モンゴル自治区、モンゴル国を含む

★満州　中国北東部の旧地方名。現在の東北地区で、遼寧、吉林、黒竜江の三省から成る。満州族の祖国

ものが後を絶たなかった。しかし、一八八四年の終わりには、多数の志願者から選りすぐられた七十六人の宣教師が中国に航行し、資金も豊富に入ってきた。この一八八四年は特筆すべき年だった。若くてとびきり優秀なケンブリッジの卒業生グループ〝ケンブリッジ・セブン〟が入団してきたからだ。その中にはケンブリッジ・ボートの前ストローク★と、クリケットのイレブンのキャプテンもいた。熱烈な祈りの会に参加することで駆り立てられるようにしてアニー・テイラーが中国に船で旅立ったのは、この〝驚異の年★★〟のことだった。

　アニーは、揚子江の河口近くの大条約港、鎮江《チェンチァン》★に派遣され、鎮江にある伝道所にジャッド夫妻とともに寝泊まりした。中国語をマスターすると伝道団の熱心な集会に参加した。この集会は賛美歌を歌い、聖書釈義が朝から夜まで続くので、女性宣教師たちはふらふらになって倒れそうになり、声がかれてしまうほどだった。かつて重慶《チョンチン》★のニコル夫人は、疲れ切って本当に気絶してしまったことがある。意識を取り戻した彼女の目にうつったのは、扇子を手にした中国人女性の一団だった。彼女たちは、ニコル夫人が気を失っていたあいだ、ずっと扇子で風を送ってくれていたのである。

　聖書講読と日曜学校もきちんと行なわれており、四六時中、新たに学ばなければならない生活様式があった——キリスト教を伝える目的をもって中国の生

★前ストローク　舵手の直前で、もっとも船尾に近い漕ぎ手。他の漕ぎ手はそのオールに合わせる

★★一六六六年のロンドン大火とペスト大流行の年。対オランダ海戦勝利を題材としたドライデン作の同名の詩（一六六七）より

★鎮江　中国江蘇省南部にある揚子江沿いの河港都市。黒酢が特産

★重慶　中国四川省東南にある揚子江に臨む都市

活様式を学ぶのである。「われわれの同胞は、衣服から習慣から、話す言葉から生活様式まで、その不信仰の罪以外は、すべて中国女性になるのである」と、伝道団の機関誌『中国の民衆』に特派員が書いている。これは、改宗を成功させるためには個人的に親しくつきあうことが必要だが、それは奉仕者が中国服と中国の流儀を取り入れることによってのみ可能だという、ハドソン・テイラーの深い信念を、単純明快に言い表したものだ。

鎮江でアニーは、中国内陸伝道団――ヤーウェ・イルエ（〝主、備えたまわん〟）★をモットーとし、広く中国全土の霊的必要を視野に据えた異色の事業の特徴がしだいにわかってきた。なんの俸給も保証されておらず、募金の収集や、資金協力を訴える個人的運動も行なわれていなかったが、神は確かに備えてくださり、それをハドソン・テイラーのすぐれた組織能力が、効率のよい経済的用途に確実に用いられるようにはかった。また、ハドソンの伝道団は広い基盤に立っており、キリスト教のどの教派をも受け入れていた。ただし、教義上は厳格なうえにも厳格な福音主義的な信念にのっとっていたが――。その試みはうまくいった。どれだけ多くのボランティアを祈り求めようとも、その熱意や能力がテイラー自身の厳格な基準に達しないものは決して伝道団の奉仕に受け入れようとしなかった。信仰復興運動者《リバイバリスト》の言葉を借りれば、志願してきた男女

★旧約聖書「創世記」二十二章十四節に次のようにある。「アブラハムはその場所をヤーウェ・イルエ（主は備えてくださる）と名付けた。そこで、人々は今日でも〝主の山に、備えあり（イエラエ）〟と言っている。」

が中国への〝神からの恵み〟であることはもとより、〝神からの召命を受けて〟いることを求めていたのである。このようにして伝道団は優秀な海外伝道者を育てあげた。それは今も変わらない。現代の有名なゴビ砂漠探検家ミス・ミルドレッド・ケーブルも、中国内陸伝道団に属していた。伝道団の主な責務は、説教やトラクト★配布、そしてたえまない個人的接触を通して、できるだけ広範な領域に影響を及ぼしつづけることだった。福音の情熱がしかるべき形で働きはじめると、伝道者は旅の合切袋《がっさい》と杖を携えて次の場所へおもむくしたくをする。こうした伝道者はオフィスから動かない指導監督者よりも重要とされていた。読者はここで、ふたたびリビングストンのことを思い浮かべるかもしれない。いまだ福音が伝えられていない、アフリカの地平線上にある〝千の村の煙〟に思いをはせる彼の姿である。

伝道団の活動において女性の果たす役割は大きく、アニーが赴任する数年前には、女性だけで内陸に旅をし、伝道所支部の管理もしていた。クリスチャン生活の手本を示すことは、福音主義運動のプログラムの中でも要《かなめ》の部分で、結婚している宣教師の生活が最高のお手本だった。しかし、ハドソン・テイラーは未婚女性にも大きなチャンスがあることを最初からみてとっていた。独身であれば、社会から隔離された中国人女性のあいだを自由に動け、彼女たちに、

★トラクト　宗教上または道徳上の目的のために発行される小冊子

聖書を学ぶこと、男性を感化すること、纏足《てんそく》をやめさせることを促せたからである。

それが、アニー・テイラーが二十八歳のときに足を踏み入れた信仰と希望と冒険の世界だった。「〝新たに生まれ変わらせる〟のではなく、何か教育的な方法によって人々を改宗させることができると考えたなら、それは大きな間違いだ」と、ハドソン・テイラーは書いている。彼の人柄は、伝道団の活動をすべての面にわたって活気づけ、啓発した。彼は〝怠け者でなく、働き人〟を募るとともに、自ら、中国のさいはての辺境に福音を届けることを固く決意し、身をもって範を示したのである。ハドソンは絶えず、あちこちを移動していた。あるときは中国の荒れ狂う川を、おそらくは現地の改宗者と同室の船で進み、あるときはでこぼこ道をスプリングのきかない荷馬車でがたがた揺られていった。乗り心地の悪いラバの担いかごで運ばれたり、例のケンブリッジ卒の元ボート選手のがっちりした肩に肩車をされ、氾濫した川を渡ったこともある。それだから、アニーの布教活動の記録はほとんど残っていなくても、路傍伝道に加わった彼女の様子はたやすく想像できる。おそらく、日暮れに畑から引き上げてきた農夫たちに神の言葉を聞くように声をかけたり、夜は村の小屋に泊まって、彼女と同時代のエリザベス・ウィルソンが記しているような藁の詰まった籠で眠ったりしたのだろう。男女を問わず、新任者でハドソン・テイラーと一緒に旅ができるものは幸運だった。彼と同行して、さまざまな経験をつむことで、神へのゆるぎない信頼とたゆまぬ洞察力とを結びつける、幅広い知識を学べたからである。それは、感謝の賛美歌を歌いながら道を曲がると、神が備えてくれた食事にありつけたり、猛暑の中を夜まで旅したり、蚊帳の中にもぐりこんで眠ったり、夜明け前の聖書講読のために蠟燭とマッチを常に用意したりといった、忘れられない体験だった。

まもなく、アニーは鎮江から揚子江上流にある安慶《アンチン》★に移った。ここの支所は、城壁に囲まれた騒がしい鎮江よりも戸外での活動の機会が多く、一八八五年五月には「うれしいことに、ミス・バークリーとわたしは、親愛なるミス・マシューソンと一緒にウェストゲート・ハウスに腰を落ち着けることができた」と日記に書いている。「わたしは中国に導いてくださったことを主に深く感謝している。主はわたしに、まさに百倍以上のものを与えてくださっているのだ。わたしはアブラムが祖国を離れたときに主がなされた〝あなたは祝福されるであろう〟という約束を、わたしのものとしてここにあげたいと思う。」

この年の後半に、アニーは〝小旅行を二度ほど〟した。一度は船の旅。もう一度はそれより長い行程で、村々を説教してまわり、最後は〝籠で〟快適に帰

★安慶　中国安徽《あんき》省南部の都市。揚子江と皖河《かんが》の合流点。安徽省の旧都

路についた。田舎の人々は世慣れた町の住民より、気持ちよく耳を傾けてくれた。アニーがこの仕事に適性があることは、一八八六年に蘭州《ランチョウ》★に赴任したことが物語っている。蘭州はチベット国境近くの中国北西部にある甘粛省の省都で、アニーが何年間もチベットに対して漠然と抱いていた関心がここに具体化した。なすべきことはたくさんあった。「蘭州はとても不道徳な都市」と彼女は書いている。「結婚の絆は聖なるものとは見られていない。」女性は食い物にされ、さげすまれていた。「いったい、誰が彼女たちを引き上げにやってくるだろう？　彼女たちはどんどん堕落して地獄に落ち込んでいる。そして、この大都会には、彼女たちにイエス・キリストのことを証しするものはわたし以外に誰もいないのだ。」それでも、彼女はひとりでいることを楽しんだ。「神はすぐそばにいてくださる。わたしは自分がまったくとるに足らないものであること、そして神が全能であられることをますます感じるようになった。」そんなアニーに、中国人の女性牧会者《ぼっかい》がしばらくのあいだ、集められるかぎりの子どもを集め、教えるのを手伝ってくれた。聖書販売員のミスター・パーカーは、甘粛省における七百マイル四方の受け持ち区域を回って三か月近くで、六か国語（中国語、アラビア語、チベット語等）訳の聖書を三千部販売したが、おそらく蘭州にも立ち寄ってその一部を売ったことだろう。

★蘭州　黄河沿岸に位置する中国甘粛省の省都。古くより中国東部と西北地区とを結ぶ交通の要所として栄えた蘭州でやることは山ほどあったが、若い頃のハドソン・テイラーが中国の奥地の闇に胸を痛めたように、今のアニーも福音をチベットに伝える必要を夢見ていた。商人と巡礼者はわりと定期的に国境を越えており、偉大な〝青い海〟——青海湖《チンハイ》★のすぐ東にある西寧《シーニン》のクンブム寺院では年に一度、チベット人の大集会が開かれていた。クンブムはチベット仏教の聖地のひとつで、ここに集まる参拝者は、アニーにとっては前途有望な開拓地であった。アニーは恒例の〝バター祭り〟に参加し、群衆に混ざって、チベット語で聖句を書いたトラクトを配り、酒《チャン》★を酌みかわすにぎやかなパーティには首をふった。彼女は自分の唯一の目的に忠実なあまり、世界中でもっとも未知で神秘的な聖域のひとつについて、何の記述も残していない。四方に不規則に広がったラマ教の僧院と、悪鬼の住処のような神殿。列をなし、足を引きずって歩く巡礼と、儀式用の赤や黄色の衣をまとった無数の僧——この半世紀あとに、ピーター・フレミング★のような老練な旅行家をとまどわせ、畏敬の念を起こさせたこれらのものに、アニーは、少しも心を奪われることはなかった。聖書とトラクトを携えた若い英国人女性は、奉納されたバターでてらてらと光った、謎めいた神像と向かいあってもなんの感動もしなかったのである。彼女は、チベットの女性たちをお茶に招き、手作りのケーキでもてなした。そして、彼女たちの子どもに簡単な医療

★青海湖　中国西北地区の青海省にある塩湖。別称ココノール

★チャン　麦などの穀物を発酵させて作った酒

★P・フレミング（一九〇七―七一）多くの紀行文を出版した英国の旅行作家

をほどこすことで、「傍観しているだけだったチベット人やラマ僧の心に、少しは近づけた」と感じたのである。といっても、チベット語を覚えるまではあまりうまくはいかなかったが——。

その後まもなく、病気のために上海に戻らなければならなくなると、アニーは、それを新たな使命のために備えよというしるしと受け取った。黄河を下る途中で酔っぱらった船乗りのせいで船が転覆するという災難に見舞われた彼女は、一命はとりとめたものの、上海の医者に、肺結核にかかっているから、仕事を続けることも英国に戻ることもいけないと言いわたされた。それでも彼女は両親から電報をもらってオーストラリアの旅に加わり、ふりそそぐ陽光の中ですっかり健康を取り戻した。主の御手はさらに示された。ダージリンでは、ある伝道団が後ろ盾となり、チベット人の中で務めを果たすことになる。おそらくは中国内陸伝道団も承認したのだろう。というのも、彼女が上海「経由でダージリンへと出発し、チベット人社会の中で働き、チベット語を学んだ」ことが『中国の民衆』に公式に記録されているからだ。彼女の名前は、この機関誌に一八九三年まで載っている。

一八八九年の終わり頃、アニーはダージリンに着き、五か月間グームに滞在したあと、少しでも目的地に近づくためにシッキム★に向かった。チベット国境の関係当局はアニーに疑惑の目を向け、彼女は一度ならず強制移動させられたが、生来の粘り強さはゆるぎもしなかった。トゥンロン修道院の片隅で忍従の生活を送りながら、チベット語をマスターし、訪れるすべての人を治療して、非友好的なコミュニティに足場を保った。そんなとき、アニーはラサの主人のもとから逃げ出してきたチベット人の若者、ポンツォと出会った。彼はアニーの影響を受けてキリスト教徒になった。

一八九一年三月のある日、アニーは「中国へ行け！」と言う声をはっきりと聞いた。彼女は、すぐにポンツォを連れてカルカッタへと向かった。上海に着くと、中国を抜ける長いルートでチベットへ行くことに決めた。伝道団の友人たちはポンツォを伴うのをやめさせようとしたが、何を言っても彼女を思いとどまらせることはできなかった。ポンツォが祖国へ戻れば、首をはねられる危険は大いにある。それでも、彼を連れていくことは、アニーにとっては神の命じた計画の一部だったのだ。この地を旅するには時期が遅すぎたが、突発的な洪水が、彼女とポンツォの乗っている船を（酒の荷を積んでいるもう一艘の船も一緒に）、波のさかまく急流に押し流した。三か月後、ふたりは旅の計画を練るために、国境の町大橋に落ち着いた。

★シッキム　インド北東部。ネパールとブータンに挟まれたヒマラヤ山脈東部の州。インド最小の州チベットには世界で有数の手ごわい山々が集まっており、雪に閉ざされた山腹や湖からは、アジアの大河が多く流れ出ている。チベットには本街道は一本もなく、何世紀にもわたって商人や牛飼い、巡礼や追い剥ぎが踏み固めた道があるばかりだ。ユク神父がかの有名なチベット横断を成し遂げたとき、彼は主要ルートのひとつを一般の隊商《キャラバン》とともに旅した。それは中国の国境から真南に、果てしなく広がるチャンタン高原の荒涼とした広がりを越えて、ラサへと向かうルートだった。

その五十年後、アニー・テイラーとポンツォはほとんどふたりだけで、ユク神父がたどったよりも目立たない道でチベットに入り、バヤンカラ山脈のチャリン湖とンゴリン湖の源流から曲がりくねって下降する黄河の大湾曲部を越え、西に旅した。湖の近くで南に進路を変え、そのあと、西に向かったふたりは玉樹《ジェクンド》（アニーは、この場所にある寺院名のジェグと呼んでいる）に進み、それから丘と谷を越えて那曲《ナクチュ》（アニーの呼び方はナクチュカ）を目ざした。このルートには、黄江、揚子江、メコン川★、サルウィン川★の源流が溝を掘るように流れており、旅するには非常に過酷な地方だった。これらの川はおよそ東の方向に流れ、それから山並みのあいだを南に向かっている。交易のキャラバンのヤクたちにとって、そびえたつ峠を通ってこの山並みを越えるのは容易なこと

★メコン川　中国南西部、チベット高原に発し、タイとラオスの国境沿いに南東に流れ、南シナ海に注ぐ

★サルウィン川　中国南西部から南流し、ミャンマー東部を経て、ベンガル湾に注ぐ

ではなかった。

　アニーたちはナクチュまで来て追い返された。あと三日進めばラサに着くというところだった。来た道をジェクンドまで戻ると、古いルートを捨てて最短の道を取り、チベットを出て中国の国境近くを打箭炉（今の康定《カンティン》）――ダルツェンドと呼ばれることもある――に向かった。この旅は七か月かかり、千三百マイル近くを踏破した。

　チベットのルートは谷沿いに進み、雪解けが始まって水量が増減する川を越えなければならない。道は不毛の峠に向かって急勾配で登り、ふたたび、遠く離れた谷にある細長い農地と牧草地に向かってくだっていく。谷には、ラマ教の僧院のすぐ下に村があり、たくましく血気盛んな村人が暮らしていた。彼らは昔から外国人に対して本能的ともいえる根強い嫌悪感を抱いていた。それでも、連れのないよそものがくれば暖かくもてなし、ツァンバ★とお茶の単調な食事を分けてやった。その食事に変化をつけるのが、水差しに入れた強い酒である。女性たちは、宝石入りの重い鉢巻きとけばけばしい装身具を持参金として嫁いでくる。母親の背中にひもでおんぶされている子どもは、まるまると太って愛らしかった。アニー・テイラーは、この未開の雄大な地とその気高い人々の魂の救済に打ちこんだが、その生き生きしたイメージを目に浮かぶように伝

★ツァンバ　大麦の煎り粉

える努力はしなかった。ヴィクトリア人の美徳として人に知識を与えたいと願っていたアニーの、堅苦しい文体と単純な絵から、わたしたちが引き出すことのできる事実は、たとえば次のようなものだ――「チベット人は信心深い人々だ〔…略…〕わたしはタリシ近くの男女が道路の端から端まで地にひれ伏しているのを見てショックを受けた〔…略…〕気の毒に、彼らはこれよりもっと良いことを知らないのだ。これまで誰ひとり、彼らにイエス・キリストを伝えたものはいない〔…略…〕」。アニーがきちんとつけていた覚え書きからわかるのは、チベットは寒い土地であり、多くの川を渡り、多くの山を登らなければならないこと、雪に反射する陽光がまぶしくて目がくらむこと、行く手には常にシカや狼、ヤクに馬、ワシとカモが姿を現すことだった。彼女は、自然の風景にはあまり関心を示さなかった。プルジェバリスキー★だったら野生の馬の観察に夢中になっただろうし、ほぼ同世代のトーマス・ソーンビル・クーパーは原住民の奇行を語って読者を楽しませようとした。けれども、アニーはそのどちらもしなかった。また、キャラバンがチベットの浅瀬を渡るときの様子を知りたければ、アニーよりもっと説得力のある文体で、同じくらい魂に対する思いやりを持っている（と思われる）ユク神父の著書を、ぜひとも参考にすべきだろう。人と動物が入り乱れて川を渡り、川岸に上がる。彼らにまとわりついた

★N・プルジェバリスキー（一八三九―八八）　ロシアの陸軍士官。探検隊を率いて四度にわたり中央アジア及びチベットを訪れた

水滴が凍ってつららとなり、「ガラスがふれあうようなきれいな音で鳴る」――そのどれをとっても〝変てこでおかしな〟イメージが浮かんでくるからだ。アニーはもっとそっけなく、自分と連れたちが服をまくりあげ、すねや足をむきだしにした恰好は「見られたものではなかった」と書いているだけだ。

＊＊＊

アニーの計画はいたって単純なものだった。〝主を宣べ伝えて〟チベットを旅し、ラサを抜けて、ダージリンまで行くというものである。彼女は受けた訓練にたがわず、控えめな、つましいくらいの支度を整え、あとは神にゆだねた――ヤーウェ・イルエと（伝道団のもうひとつのモットーである）エベン・エゼル★――すなわち、「主、是《これ》まで我らを助けたまえり」の言葉に従ったのだ。彼女が自費で用意したのは、テント二基と二か月分の食料。キャンプベッド一台に「チベットの役人への贈り物」が一箱。彼女の資力を物語る銀数オンスと中国製の綿布。馬も十頭借り、護身用のピストルと観測用の望遠鏡も用意した。ヴィクトリア時代のほとんどの旅行家にとって欠かせなかった精巧な銀の携帯食器セットやテーブルクロス、美味しい食べ物といったものは、荷物のどこに

★サムエルがペリシテ人に対して勝利したとき、神の助けを記念してミツパとシェンの間に置いた石の名。これから一般に神の助けを記念するものにも使う――「サムエルは石を一つ取って、ミツパとシェンの間に置き、「今まで主は我々を助けてくださった」と言って、それをエベン・エゼル（助けの石）と名付けた（旧約聖書「サムエル記上」七章十二節）

も見あたらなかった。そして錫製の水盤ふたつに、銅製の鍋ひとつ。ナイフにフォークにスプーンに木のボウルがふたつ。アニーはどちらかというとありあわせの材料で手際よく、おいしい料理を作るのが得意だった。このほか、持参したのは、『日々の光』と詩篇付きの新約聖書。それと英語の賛美歌集に配布用のチベット語の福音書。アニーが唯一、英国からの旅行者としてのしきたりに従ったのは、ダージリンに着いたときに英国の衣服を身につけたことだった。ふだんはポンツォ同様、チベット人のように裾も袖も広くゆったりした羊皮の服を着ていたからだ。

アニーは道案内と荷物運びに三人の男を雇った。そのひとりノガは妻のエルミニがラサ出身だったが、彼を選んだのは失敗だった。妻の故郷に夫婦で行きたがっていたノガは、いくばくかの金も入ってくるまたとないチャンスと見て、一同を案内することを承諾した。だが、そのとき、交わした契約の条件は、アニーの満足のいくように了解され、受け入れられることは決してなかった。英国人女性を禁断の地チベットに連れていけばどんなことになるか怖がっていたノガは、中国から遠ざかるにつれ、ますます不安をつのらせていった。そのくせ、欲ばかり深くてあてにならないところはさらにひどくなり、ついには彼のせいでアニーとポンツォは目的地から引き返さざるをえなくなった。それから数か月、ノガとの口論はひっきりなしに繰り返された。彼はアニーと言い争わないときは、妻を殴った。また、ポンツォに対して猛烈な嫉妬心を抱き、ことあるごとにつらくあたった。

レウコツは中国人のイスラム教徒で、ぐうたらでいつもぼうっとしているような男だったが、風邪をこじらせて旅のなかばで死んだ。もうひとりのノブゲイは、物語の登場人物としての役割はほとんど果たさずに終わった。彼は土地いちばんの美女をかどわかして同伴しようとして失敗し（ノブゲイは、そうしたことにはうといアニーに、彼女は自分の〝花嫁〟だと言っていた）、がっくりして早い段階で引き返してしまったからだ。ジェグで一行に加わったペンチンは愛想がよく、忠実で献身的だったが、ひどく手癖が悪かった。

だが、一八九二年の九月二日の時点では、それはすべて先の問題だった。アニーとポンツォは主

アニーとポンツォ

要な荷物は他のメンバーに預け、ふたりで大橋を抜け出て、誰にもみとがめられることなく国境を越えた。残りのメンバーとは丘陵の窪地で合流した。それから一週間は順調に進んだ。一日分の大麦の粉に、きのこや道ばたで摘んだラズベリーで変化をつけ、牧夫から買った羊の肉に舌鼓をうつ。あまった肉はソーセージにした。

川の氾濫のために本道をそれたアニーは、まもなく、道案内の男たちを頼りに、〝泥棒の国〟に足を踏み入れた。一行は何度か待ち伏せされ、強奪にあったが、初めて襲われたときのことを、アニーは次のように記している――「相手は八人組だったが、わたしたちのほうは戦える男性は五人しかいなかった」。そのため、彼女はエルミニに手を貸して、荷を負った馬たちを強盗の手の届かない距離に追い立てた。そのあと、シベリアから戻る途中のモンゴル商人が寄り集まっている黒いテントの野営地に逃げ込んだが、彼らと一緒にいてさえ安全ではなかった。重い荷を負ったヤクに足をとられ、アニーたちはまたしても襲われた。所持品の大部分を失い、かろうじて命は助かったものの、ひどいパニック状態に陥った。ノブゲイはもうたくさんだ、家に戻ると言い出した。また、ノガとの口論も始まり、そのせいで全体の計画がめちゃめちゃになった。一緒にキャンプをしている商人たちがアニーの肩を持ち、これ以上ノガをあてにして旅をつづけるのはやめたほうがいいと忠告したが、彼女は耳を貸そうとしなかった。「主は慈悲深い方」と、アニーは日記につづっている。「人がわたしに何をしようとも、わたしは恐れない。」

九月の終わりには、一行は黄河の最初の支流に到達し、雄牛の皮でできた舟で越えた。そして、降りしきる雪の中を、山賊として悪名高きゴロクス（ンゴログス）が横行する土地を重い足取りで通った。やっとの思いで沼地を抜け、丘陵を越えると、またしても黄河に道を阻まれた。アニーは、たまたま知り合った中国人商人から狐の毛皮で作った服をもらった。彼女たちはこの商人とともに、三日間というもの、河の水かさが減るのを待った。「彼らは、黄河を渡るのは不可能だと言う」とアニーは記している。「でも、わたしたちは明日まで待って、朝には水面が下がっているか見るつもりだ。主なら、わたしのためにそれがおできになる。わたしは主に目を向ける。主はイスラエルの民のために、紅海をふたつに割って、民を渡らせてくださったのだから。」

十月十四日、一行は雪の降る中、黄河を渡った。頭上をカモと小ガモが南をめざして飛んでいく。レウコツは相変わらずのんびりとした様子で、アニーの子犬の紐《リード》を引っ張ってしんがりについていたが、彼の気づかぬうちに子犬はまんまと逃げ出してしまった。くたくたになって辺鄙な場所にテントを張り、休息をとろうとしても、ノガと妻がひっきりなしに夫婦げんかをするので、休んだ気がしなかった。ふたたび旅をつづけるあいだに、レウコツは病気になり、アラーの名をつぶやきながら息を引き取った――「主イエスは強きものの命を召され、弱きものを残された。主の御名によって旅をつづけ、チベットにたどりつくために――」。

たどる道沿いには狼が咆吼し、人間たちの争いは絶えなかった。キリスト教に改宗しアニーの従者として大事にされているポンツォに、ノガはますます嫉妬を募らせた。道ばたには白く乾いたヤクの頭蓋骨がいくつも転がっていた。巨大な黒いワシがキャラバンのあとを追ってハゲタカのように急降下し、その骨の上に留まる。陽光が雪にぎらぎらとまぶしく照りつける中を、一行はひたすら南に向かった。アニーは体力を消耗して気を失ったが、炭酸アンモニウムをブランデーに溶かしたものを口に含んで意識を取り戻した。馬を誘導することもできなかったので、かわりにポンツォが手綱をとった。

このときからアニーの日記は川越えの記述でいっぱいになる。この地方の難所を越えると、揚子江上流の最初の支流が道を阻んだ。この支流はのちにメコン川の上流となるが、ほかの支流の名を彼女の日記で確認するのは必ずしも容易ではない。その途中で、ほかの野営をしている人々に出会い、激しい雪の中を彼らに導かれて浅瀬を渡った。「ノガは怯えている。彼らがわたしの白い顔についていろいろ言っているからだ」とアニーは日記にしたためた。「彼らはわたしがどんな人物なのか、知りたがっている。〝主から遣《つか》わされた者〟にとって、何もかもが順調に運ぶにちがいない。わたしは主におゆだねしている。」

十月三十一日、一行は揚子江上流の川を渡り、「今まででいちばん手こずらされた最悪の丘陵」を登ったあと、チベット人のペンチン夫妻の家に身を落ち着けた。ペンチンもラサまで同行することを承知し、ポンツォともずいぶん親しくなった。ポンツォは彼に勧められ、地元の寺を礼拝したほどだ。「主よ、彼をお許しください！」とアニーは日記に書いている。「哀れな弱いポンツォ！　彼の信仰がぐらつかないよう力が与えられますように。」

十一月十日に一行はふたたび山を登り、ジェグの寺院に向かった。ジェグはジェクンドの中心地であり、かなり大きな町だった。ここで、中国からチベットに向かう主要な交易ルートのひとつに、はからずも行き当たった。康定からラサまでの〝茶の道〟である。人や馬の往来も激しくなり、道には茶の荷を積んだヤクの行列がつづいていた。中国人の役人から尋問されて冷や冷やした思いを味わったアニーたちだったが、あろうことか、彼女が乗っていた馬が死んでしまった。活力のもとになっているお茶も、氷や雪をとかした水で入れなければならなかったし、風はうなりを上げて吹きつける。不安のあまり、ノガの要求はますますエスカレートし、嫉妬からのいじめも激しくなるばかりだった。ノガがいつ暴れ出すかわからないので、いざというときに守ってもらおうと商人たちとキャンプをともにした。キャラバンのリーダーはアニーに元気な馬を提供し、何よりも必要としていた食料を分けてくれた。

アニーは、ノガが去って彼女たちだけでラサにたどりつけるよう祈りはじめていた。ノガをなだめようにも、金も品物ももうなかったし、このままでは自分の命まで危ぶまれる。ついに彼女はペンチンとポンツォを連れて、ノガの目をくらまして逃げだし、一週間の山越えの後にタシリンにたどりついた。洞穴に身を隠したアニーたちは、所持品はほとんど残っていなかったが、「わたしたちには平安があり、感謝の気持ちでいっぱいだった」。すると、そこに、ラマ僧でもある有力な商人が現れ、とても親切にしてくれた。洞窟のそばにラサに行く途中の大規模なキャラバンが到着して、その豊富な糧食の中から、羊肉や唐辛子、チーズをアニーたちにふるまってくれた。贅沢なことには砂糖まであった。その幸せな気分をさらに高めるように、太陽までが輝きわたり、暖かな陽光をふりそそいだ。

アニーは、自分たちに追いついたノガとエルミニがタシリンから馬で去っていくのを見て、もうこれで、彼らにつけまわされ、びくびくしなくてもすむとほっとした。彼女はテントを八ルピーで売り、新しい馬に乗ってふたたび旅をつづけた。その夜は久しぶりに洞窟以外の開けた場所で野宿した。ケンカや脅しからやっと解放されたアニーとふたりの忠実な従者は、いくつもの丘と川を越えていった。川は彼女たちの道筋を横切って、母なるメコンに向かって南東に流れていく。カラスの群が急降下してきては、ポニーの背に積んだ肉をかすめとっていった。それでも、マトンの焼き肉や大麦粉は夜ごとの食事にたっぷりあった。

一度、道に迷ってしまったことがあったが、アニーは川岸に沿っていくことに決め、みんなにそう言いわたした。途中、野生のシカが水を飲みにやってきた場所では自分たちの馬にも水を飲ませ、なおも進んでいくうちに、ふたたび本道に出ることができた。「すてきなクリスマスの日」と十二月二十五日の日記には書かれている。「太陽がまぶしく輝いている。」アニーは、タシリンで親切な商人たちに頼んで分けてもらった羊の堅い脂肪とアカスグリの荷をあけて、クリスマスプディングを煮始めた。ところが、二時間たってもプディングは芯まで温まらず、おまけに心臓の動悸も激しくなってきた。このところ、よくそうなるのは、高地での野営だからだ。

アニーは仏教の尼にみせかけるために髪を切り、年が明けるとすぐにナクチュカ（現代の地図ではナクチュ）に入っていった。どのくらいの規模であれ、ナクチュカはジェクンドをたってから最初にたどりついた町であり、なんらかの行政当局があって、アニーたちの職業について尋問される可能性があったからだ。

いろいろと脅し文句を並べていたノガだったが、少なくともひとつは実行に移していた。出会った相手に片っぱしから、英国人の女がラサにやってくるとふれまわっていたのだ。そこに、長い旅の果てにようやく、アニーがたどりついたというわけだ。彼女は軍の隊長に迎えられ、総督が到着するまでのあいだ、〝拘留〟されることになった。彼女は冷静そのもので、隊長が「彼なりになかなかおしゃれで、髪は前を切り下げて垂らし、後ろを風変わりな弁髪にしている」のも、ちゃんと目にとめていた。彼らはみなアニーに対して丁重にふるまい、マトンの上半身とチーズを届けてきた。下級判事に尋問されたアニーは次のように答えている――「わたしは丁寧に扱っていただかなければなりません――こう言うと彼はちょっとびっくりしたらしい。彼は、わたしが英国人なのでチベットの食事を食べる権利はないと言った。わたしは彼に、〝わたしは人間です、野生の獣ではありません。わたしたちの国に来たチベット人はわたしたちの食べ物を食べています〟と答えた」。

　アニーは、来た道を戻って引き返せと言われると、そんなことは不可能だ、食料などの必需品はもう何にも残っていない、ノガ夫妻にだまされて所持品を巻き上げられてしまったので、彼らを法の裁きにかけることを要求する、と言い返した。「わたしは断固とした態度をとらなければならなかった。わたしたちの命は、ひとえにわたしが断固とした態度を取るかどうかにかかっているように思えたからだ。」〝おしゃれな隊長〟はアニーの勇気を賞賛し、三十人の兵士から成る護衛隊が彼女に付き添って数マイル先の上級判事のもとに送りとどけた。そのとき、アニーは「心から祖国を誇りに思った。たったひとりの女性を逃げ出さないようにするために、こんなに多くの人数を必要としたからだ」。

　アニーたちは、彼女の運命を握っている〝大隊長《ビッグチーフ》〟が到着するまで、手厚くもてなされた。彼女はポンツォとペンチンに命じて、いつもどおりに湯をわかして紅茶を入れさせた。「わたしはいかにも囚人らしくなるのはまっぴらだった。だから、ふだんとまったくおなじようにふるまった。」

　供述を取られたアニーは、その中で〝父と母の名前および父の職業〟を訊かれた。「父は自分が経営する会社のトップだったから、わたしは頭《チーフ》だと言った。そして、わたしの兄と義兄はいずれもインドの文官だったので、こちらもチーフだと言うことができた。」ポンツォとペンチンも供述をした。ミス・テイラーがどんなに優しくしてくれるか、また彼女が自分たちの助けと忠節を必要としているかを語った。アニーはそのあと、「明日、ビッグチーフが着いたときに、あまり見苦しくないようにと、自分の服」を洗った。そして、法廷となる大きな黒いテントが張られるのを、不安よりも興味をもって眺めた。テントの内部はカーテンで飾られ、役人たちは一方の端に山と積まれたクッションの上にあぐらをかいて座った。それぞれに茶卓が備えられ、湯飲みのお茶が湯気をたてている。テントの裏には兵士や従者たちが大勢待機しており、従者が炭をくべた火鉢に飛んでいっては、やかんから急須にお湯をついでくる。

アニーはおじけづいたりはしなかった。座るのに楽なござを用意することを要求し、ポンツォとペンチンを痛めつけることを断固として拒否した。それでも彼女は、今回はラサに行き着けないことはわかっていた。そして、ふたりの従者の命が、アニー自身の命よりもさらに大きな危険にさらされていることも——。きれいになった服に身を包んだアニーが出した要求は、丈夫な馬と十分な食料、彼女と従者たちがチベットを安全に速やかに去るための護衛を用意することだった。また、今回の黒幕になっているノガに対し、これまで彼女から盗んだものを引き渡すよう強制手段をとることも主張した。それがかなえられなければ、この件はラサの中国人アンバンに持ち出すようにと要求したのである――その日のアニーの聖書講読箇所は、使徒パウロが役人の前に引き出されたことを記した「使徒言行録」だったのだろうか？　毎晩、ひざまずいて「主、与えたもう」と祈るとき、アニーは、自分自身に〝エベン・エゼル〟とささやいていたに違いない。もはや底をついた残りの食料だけで、ノガとともに中国に送り返すと脅されたとき、彼女は「あなたたちはわたしの屍を運んでいけばいい。でも、わたしの意志をひるがえさせることはできない、と言ってやった」。

一月十三日の夜、アニーは祈り明かした。翌朝は、まず涙にくれるポンツォを慰め、それから上級判事を攻撃した。「あなたはわたしを、もう先に進めない馬とともに放り出したいのですね。」彼女は憤然として言いつのった。「おまけにテントもないというのに――。数日後には、ひとりの役人もいない、山賊がうようよしている場所に足を止めねばならないことをご存じのはずなのに。そうやってわたしをやっかい払いしたいと思っていらっしゃるのでしょう。ご自分の手はくださずに、わたしを殺させるおつもりなのですね。」そして、この件がラサの当局に提出されるまでは、この場所を動かないという決意をくりかえした。これはチベットの正義ではないのかと、アニーは問うた。そして〝われわれの国のチーフ〟に判事のことを報告できるようにと、彼の名前を問いただした。はったりはうまくいった。「判事はこのあと、それはそれは丁重になった。」ついにアニーは、望んでいたものをほぼ手に入れた。馬一頭と、ノガに返還を要求した品の一部、羊一頭、バター。もっとも重宝したのはテントだった。道すがら、十人の兵士がアニーを護衛し、兵士たちの案内は、タシリンでアニーと親しくなった、あのラマ僧の商人が務めた。一月十八日、アニーたちは来た道を戻っていった。途中、一頭の大きな灰色の狼が忍びやかに道を横切っていくのに出会った。ジェクンドに至るまでに何度か川越えをしなければならず、最初の支流を渡る頃には雪も降ってきた。

　ジェクンドまでの道のりを半分来たところで、護衛の兵士たちは、アニーの一行を商人の一団にゆだねて引き返していった。商人たちは荷を積んだヤクの中でいちばん歩みの遅いものにあわせて、ゆっくりと丘を越えていった。アニーにはそのペースは遅すぎたので、彼らと別れて先へ進むことを主張した。ペンチンとポンツォは口々に不安を叫びたてたが、彼女ははねつけた。商人たちに同行して凍えて死ぬか、主が山賊から守ってくださることを信じて敏速に旅をするか、どちらを選ぶのか、と——。「本当になんという寒さだろう。」ふたたび山越えをしたときのことをアニーはそう記している。夜にはテントが、身を切るような風からいくらかでも守ってくれた。なんとか切り抜けることができたのはペンチンのおかげだった。彼はタシリンからジェクンドまでに二度もアニーの命を救った。一度は凍り付いた川を渡っていて足下の氷が割れたとき、もう一度は崖っぷちでアニーの馬が足を滑らせたときだ。雪の中にうずくまっていた野ウサギをしとめて、夕食に料理してくれたのもペンチンだった（おかげで「いつもとちがうごちそう」にありつけた）。そして、狼の群れが道を横切ると、いいことのある前兆だとみんなを元気づけてくれたのも彼だった。

冬はアニーの一行に容赦なく襲いかかった。高地の吹き溜まりは通り抜けることができなくなり、怯える馬たちを引いて岩壁に沿って迂回し、氷河を下っていかざるをえなくなった。あとから追いついた商人のキャラバンの話だと、このあとはもう春まで誰もここを通らないという。もはやアニーたちも進む速度を落とすしかなく、たゆみなく前進するヤクのあとについて、腰までの深さの吹き溜まりの中を谷を抜け、またひとつ峠を越えていった。ペンチンとポンツォは、馬の負担を軽くするために馬からおりて歩いた。まもなく最初にペンチンの、次にはポンツォの馬が雪の中に倒れて死んだ。ポンツォは自分の馬をフェルトの毛布で覆ってやり、重い足取りで涙ぐみながら立ち去った。

一行は二月二十一日、中国の正月でにぎわうジェクンドに入った。ペンチンは姉《シスター》と一緒にアニーがくつろげる宿を探してくれた。ここで、道中、勇敢な騎士ぶりを発揮したペンチンにまつわる残念な話を記しておかなければならない。以前、アニーの荷物から理由がわからないままにかなりの数の品が紛失したことがあったが、なんとペンチンが今回、さっさと市場に出向いて、高値で売り払ったのだという。「三ルピーで湯たんぽが売られていた」と、アニーがいらだったのも無理はなかった。とくにこたえたのは、英国から持ってきた服がなくなったことだった。それでも、ペンチンがお別れを言いにきて、自分は妻と家族のもとに戻るけれど、ポンツォとふたりだけで旅をつづけるあなたのことを思うと悲しいと言って泣いたときは、胸がじんとした。おでこをつけてチベット式の別れのあいさつをしたペンチンに、アニーは馬を二頭とテント、羊皮の服と十ルピーを与えた。

ジェクンドから、中国の国境を越えたところの康定までの道はかなり整備されていたが、追い剥ぎがひんぱんに出るというので、ポンツォは「怯えきっていた」。アニーは旅の途中の商人に、時計とひきかえに道連れになってもらうことにした。何人もの商人と交渉を繰り返したあげく、ようやく、気さくな若い中国人商人に同行の約束をとりつけ、ほっとした。

彼らは、三月七日にジェクンドを出発し、樹木の茂った丘を越え、「緑色に輝く川」を渡った。三月十八日には「この旅でもっとも手こずらされた峠」を越えたが、陽光があまりにも強くて、激しい寒さにもかかわらず、日射病にかかりそうになった。途中で複数のキャラバンと行き合い、まもなく、ふたたび耕作地のある地方に足を踏み入れた。一行は、ひとつの畑に十五頭ものヤクが鋤を引いている光景を目にした。四月七日の記載は簡潔そのものだ――「スグリの茂み！　満開の野生のアンズ！　畑にいっせいに芽吹いたトウモロコシ！　緑の草、それとヒル！」

四月十三日――暖かな晴天の日に、アニーたちは康定にたどり着いた。フランス人のカトリック宣教師たちが彼女を迎え入れ、「とても親切にして」くれた。二日後にアニーとポンツォは海岸地帯へと旅だった。それから五年後のこと、アニーと同じ道を通って、誰の助けも借りずに自分たちだけでチベットに入ろうとした勇敢な人々がいた。オランダ人宣教師ペトルス・リンハルトの一家で子どもは旅の途中で亡くなり、ペトルスは道を尋ねにいった遊牧民のキャンプから二度と戻ることはなかった。カナダ人の妻スージーが生々しく描いた、その悲痛な冒険の記録を読めば、アニーが奇跡的に免れた危険がどのようなものかわかるだろう。フランス人探検家デュトゥローイ・ド・ランスも同様の運命をたどり、一八九四年の夏、ジェクンドの近くで殺された。アニーがメコン川上流の支流を横断したときに通った場所のどこかを、彼も通っていたはずだ。

祖国に戻ったアニーはすっかり名士扱いされ、世慣れていない有名人が陥りがちな罠にはまってしまった——彼女の冒険をやたらとドラマチックに、正確さのかけらもなく描いた書物に名を載せたのである。そのことを彼女を賞賛する人々は数年後まで弁明しつづけたが、アールズコートの貸間で受けた『クイーン』誌のインタビューを見るかぎりでは、アニーの冷静さは失われていない。か細い体格はミセス・バード・ビショップを思い出させるが、インタビューした記者は〝うなじ〟のところでカットしたアニーの髪を褒めている。その髪型のおかげで彼女は〝男っぽさをみじんも感じさせることなく、髪をゆいあげる面倒なつとめから〟解放されたのだ。インタビューにはポンツォも同席した。どうやら彼は、いささかのぼせあがっていたらしい。アニーが通訳したところによると、英国の女性は美しさではチベットの女性にかなわないし、チベット女性は誰も人混みの中で押し合ったりはしないという。ポンツォは、王家の結婚式を見にロンドン市長の公邸に出かけたとき、たまたま押し合いへし合いする英国人女性の姿を目にしていた。ポンツォに言わせると、英国の伝道団がチベットに派遣されているように、チベットからも英国人に礼儀を教える使節団を派遣すべきだというのである。

アニーはインタビューに応じるほかに、英国とスコットランドじゅうを講演してまわり、ポンツォに頼んで、チベット人の同胞が置かれている深い闇のことを語らせた。彼女は、自分で伝道団を結成してチベットへ送る決心をし、中国内陸伝道団のやり方にならってボランティアの人々に呼びかけた。けれども、十二人もの宣教師を登録させたり、丘陵地帯のシッキムのような、足場として不便な場所に施設を設立するのは、アニーの手にあまる仕事だった。彼女は自分のグループを〝チベット開拓伝道団〟と呼ぶことを主張したが、どことなく尊大な響きのあるこの名については、彼女の友人や熱心きわまりない支持者でさえ、北の国境におけるフランス人カトリック教徒や、西の〝小〟チベットにおけるモラビア兄弟団★の労苦をどこかないがしろにしている感じをもった。

一八九四年二月十六日、アルバートホール★で祈禱会が開かれ、アニーとポンツォのほかに、スコットランド人五人、スウェーデン人一人、ノルウェー人二人、英国人一人の宣教師の歓送会が行なわれた。アニーは、チベットの暮らしはしとやかな同性には過酷すぎると思っていたので、女性はひとりも受け入れなかった。それでも、ある宣教師は妻と幼い娘を伴っていた。ダージリンに半年滞在したあと、開拓伝道団はシッキムとチベットの境界にあるガントクに移った。ここは荒涼とした僻地で、避難する場所もなければ、生活必需品にも事

★モラビア兄弟団　ジョン・フスの流れを汲むキリスト教の一派。聖書を信仰と実践の唯一の規範であると考える。十五世紀以降にボヘミア、モラビアで成立した後、一時消滅状態だったが、一七二二年にモラビア教会として復興。ルーテル派と関係が深く、海外伝道などで発展

★アルバートホール　ロンドンのケンジントンにある円形の建物。音楽会、集会などに使用。ヴィクトリア女王の夫、アルバート公の名にちなむ

欠き、一同は、忍耐と使命感の強さを試されることになった。グループ全体と独り決めのリーダーとのあいだに避けられない意見の食い違いが生じてきたことも、同じように厳しい試練となった。結局、開拓伝道団は分裂し、なおも使命感に燃えるものは、北の国境、西寧にある中国内陸伝道団の支部に加わった。

ひとり残されたアニーは、探しうるかぎりの最高の住処に身を落ち着けた。といっても山腹の、古い砦の下にあるあばらやで、ポンツォと新妻のシギュも一緒だった。アニーはこの小屋を〝ラサ荘〟と名付け、ここから徒歩でチベット商人の野営地を訪れた。彼らが夜に焚く火をともに囲み、トラクトを配り、堪能なチベット語で神の福音の物語を説いた。

ガントクからはジェレプ峠を越えて、亜東《ヤトゥン》に移った。この地では一八九四年五月に、チベットとインドの交易を促進するために市場が開かれている。一世紀以上も前の初代インド総督ウォーレン・ヘースティングズの時代から英国政府は、チベットへの立ち入りの困難さや、領主の非友好的な態度、中国皇帝の

ポンツォと
妻のシギュ

不可解さにずっと悩まされてきた。英国政府が求めているのは、チベット人がインドに入るのを許可されているように、交易の目的でチベットに自由に入国させてほしいという、ただそれだけだったのだ。そして長ったらしい交渉が延々と続いたあと、アニーの旅の翌年、ついにヤトゥン市場が開設された。英国はチベット国境を越えたパリに市場開設を望んでいたが、チュムビの大渓谷に通じる狭い谷間に位置し険しい丘陵に囲まれたヤトゥンで甘んじなければならなかった。市場の開設から半年後の報告の中で、シッキムの駐在官はチベット人のことを礼儀知らずで邪魔ばかりすると述べ、チベット国境を越える品に重い税金が課せられることに不満を訴えている。一九〇四年にヤングハズバンド伝道団がこの地を越える頃には、チベット人は自由に行き来ができないようにこの谷に城壁を築きあげていた。

狭苦しくて店舗とも呼べないような場所で、本来の価値の五倍もの賃貸料（ときには一か月二十五ルピーにもなった）をぼられるために、ヤトゥンは商業的な魅力には欠けたが、アニーにとっては念願のラサへの到達を約束してくれるものだった。賢明な彼女は本気で商売にとりくむことにし、一八九五年に自分の店を持って、布や白の平織り綿布《キャラコ》、菓子や装身具を仕入れた。インドから一八九九年にこの地を訪れた宣教師のウィリアム・ケアリー★は、アニーのこ

★W・ケアリー（一七六一―一八三四）英国の東洋学者。インド派遣宣教師の草分け

とを「大胆さとひたむきさ、かけひきのうまさが不思議に調和している」と述べ、ユーモアのセンスがあると賞賛した。ヤトゥンの役人たちにとって、そんなアニーが〝目の上のたんこぶ〟であったことは容易に想像できる。ウィリアム・ケアリーとアニーは、「狭くて窮屈な彼女の部屋でお茶を飲みながら」何時間も話をした。ケアリーが、あなたの有名な旅のことは日記につけてこられたのですかと尋ねると、アニーは引き出しから、汚れた小さな黒いノートを出してきた。彼はうやうやしく手に取った。この日記はのちに、彼の著書『チベットの旅と冒険』に収録され、活気にあふれたラサの地でアニーが成し遂げた孤独で果敢な挑戦の記録を後の世の読者に、確実に伝えるものとなった。

それまでにアニーは、この地で誰もが知っている名士となっており、ヤトゥンのanni《アニ》と呼ばれていた。これはチベット語で文字通りには〝おば〟の意味だが、そこから派生して、尊敬すべき未婚女性を指し、さらには尼僧という意味もある。アニーの本名と語呂合わせになっているのがおもしろい。

一九〇三年には妹のスゼット・テイラーがアニーに会いにこの地を訪れた。ダージリンから八十マイルの旅、――一万四千四百フィートのジェレプ峠を越える一週間の旅ののちに、聖書で言う〝約束の地★〟に着いたのである。

★旧約聖書で神がアブラハムとその子孫に授与を約束したカナン（パレスチナ）の土地。「乳と蜜の流れる土地」と表現される豊饒なカナンは、モーセを指導者とするエジプト脱出と常に結びつけられ、土地を持たないイスラエルの民にとって到達すべき地とされる。ここから転じて、既存の世界や秩序からの脱出運動の目標を指す象徴表現としてもしばしば用いられる眼下には深い谷が南北に長くつづき、黒い松の林立する窪地をふたつに分けて、雪解けの水をたたえた川が白い泡を立てて流れています。青い靄にかすんだ遠景にはまばゆいばかりの円錐形の峰――美しいチョモラーリ山（約二万五千フィート）がそびえ立ち、中ほどには、カチュ修道院の建物や木々が一幅の絵のように、西の谷壁から突き出た小さな突起部に抱かれていました。

けれども、わたしたちはこのうっとりするような魅惑的な光景からもっとそばのものに注意を転じなければなりませんでした。峠を下っていくのは、言葉では言い表せないくらい大変で、おそらく今回の旅の中で最悪のものでした。なめらかな半解けの雪をかぶった、くずれやすい巨大な岩の上を一時間かけて、やっとの思いで下山したのです。

この恐るべき下り勾配のふもとに、ランランの中国風の休息所があって、そこを越すと前より楽な道になりました。もっとも、雪に覆われた石や穴に足を取られたり、ごうごうと流れる川にかかるいくつもの橋をよろめくように渡ったりはしましたが――。何しろ、川は水かさが増している上に、橋には柵もついておらず、お粗末きわまりないものだったからです。谷をかなり下って、幹が薄桃色の松林の中を縫うようにして進んでいるうち、前方にいきなり、こちらに向かってくる人影が現れました。赤れんが色の民族衣装をまとったその人は、まわりの風景にぴったりあって、その中にとけこんでしまいそうでした。首と手首の部分に淡い黄褐色の絹のブラウスがのぞき、上着を腰帯でしぼってふわっとたくしあげているので、青い布製のズボンが見えているのですが、ズボンの裾は就寝用のソックスみたいな毛皮のブーツの中に入れこんでいます。小柄で、現地人にしては色が白すぎるその人は、先のとがった黄色い帽子をかぶり、いかにも楽しそうな顔つきです。なんと、それはわたしの姉ではありませんか！　姉はさもいとしげにわたしに挨拶をし、「いい旅だった？」と尋ねました。まるで、ヴィクトリア・ステーションにわたしを迎えにきたみたいな感じで——。それから、一八九五年からずっと住んでいる伝道所《ミッションハウス》に連れていってくれました。

スゼットは、姉がこの家を「一生懸命に居心地よくしようとしている」のを見てとった。天井には『ウィークリー・タイムズ』が貼られ（とびぬけて丈夫なので）、壁には柄のあるキャラコの布地が張られ、気圧計と壁掛け時計、何枚かの絵がかかっている。テーブルには「ロシアの役人夫婦」から贈られた湯沸かし器《サモワール》が置かれ、そこここに鉢植えのサクラソウや本、装飾品が飾られていた。この小さな応接間は、きっといつも訪ねてくる客でいっぱいだったことだろう。

一九〇四年、ヤングハズバンド伝道団がゆっくりとラサに向かう途中でヤトゥンを通ったとき、アニーはまだこの地にいた。伝道団は今度こそ、英国とチベットとの関係を理にかなったものとするためにラサをめざしていた。一方、アニーは相変わらず、当局とは反目状態にあった。古い役所のファイルから探し出された通信文や、ピーター・フレミングの『ラサへの一撃』の中で彼が引用している手紙には、関税局長官を威勢よくやりこめるアニー・テイラーのいささか奇異な姿が描かれている。この長官は、中国の主計官の利益をはかって同郷の人々をだまし、さらには（もちろん、想像の飛躍であろう）「自分の隠し子たちをわたしの井戸で溺れ死にさせた（自分の悪行の罪をわたしにかぶせた）」のだった。アニーは店の経営をポンツォとその妻にまかせ、ヤトゥンを越えたところのチュムビ谷に置かれた探検隊のベースキャンプで、しばらく看護婦として働いた。一九〇七年には兄《ブラザー》夫婦が彼女を訪ねてきた。また、女性宣教師がおりにふれてアニーの働きに加わった。けれども、精神的な緊張に耐えきれなくなり、いつとは特定はできないが、一九〇九年以前のある日、健康を害して祖国に戻っている。

その後のアニーはどうなったのか、ずっと調べてはいるのだが、いまだにわからない。願わくは、彼女が引退後の生活を〝ラサ邸〟で送り、家族の訪問を受けていたのであればいいいと思う。また、ポンツォがチベットから彼女に便りをよこし、もしかしてアニーがポンツォの子どもたちの名付け親になっていたらどんなにいいだろう。いずれにしても、不思議な冒険の人生を、たとえひとときでもアニーが後悔しなかったことは、確信していいだろう……。

第6章 ケート・マーズデン

Kate Marsden 1859-1931

汝、世を去りしとき、ヒースの茂りし荒れ野より、
——夜毎よごと
〝死出の船路〟を、ついにたどれり
——主イエス・キリスト、汝の魂を受け入れん
もし汝、肉と飲み物とを捧げたれば、
——夜毎よごと
業火にひるむこと、よもあらじ
——主イエス・キリスト、汝の魂を受け入れん

『通夜の葬送歌』
作者不明

『そりと馬の背にゆられて、見捨てられたシベリアの癩《らい》病患者のもとへ』――このなんともぞっとするような題名のケート・マーズデンの著書から連想するのは、あのフローレンス・ナイチンゲールとデイヴィッド・リビングストン、アルバート・シュワイツァーを合わせたようなイメージだ。それは、あながち的はずれではない。ケート・マーズデンはナイチンゲールを手本と仰ぐ正看護婦であり、医療伝道に打ち込むひたむきな熱意の持ち主だったからだ。自己を犠牲にすることをいとわぬ献身的な思いと、キリストへの信仰にかりたてられるようにして、見捨てられたヤクート族★の癩病患者を、北東シベリアの森林の中に探しにでかけたのである。

＊＊＊

ケート・マーズデンは一八五九年五月十三日、ミドルセックス州★の畑と果樹園に囲まれた、当時はまだ村だったエドモントンに生まれた。ミドルセックス州ではそれから半世紀たっても相変わらず田園のままだったので、ジョン・ギルピン★に習ったロンドン子たちが休日の気分転換をはかっていた。ケートの父親は、ギルピンの店があるチープサイド★にオフィスを構える事務弁護士★で、仕

★ヤクート族　シベリア北東部に住むトルコ系種族

★ミドルセックス州　ロンドン北西部を占める旧州名。一九六四年ロンドンに併合された

★ジョン・ギルピン　英国の挿絵画家R・コールデコット（一八四六―一八八六）の絵本『ジョン・ギルピンのゆかいなお話』（一八七八）に登場するロンドンの服地商人。結婚二十周年に馬でエドモントンのレストランに出かけることになった善良な市民ギルピン氏の珍道中を描く

★チープサイド　ロンドンのシティーを東西に横切る大通り。中世には有名な市場であった

★事務弁護士　イングランド、ウェールズで正式の法廷弁護士(barrister)に比べ下級弁護士で、依頼された事件の書類作成などの法律事務を行なう。日本や米国には両者の区別はない

1890年にシベリアを訪れたときの
ケート・マーズデンの旅姿

事の依頼は引きも切らなかった。母親については、ケートの伝記作家は「女性としてはこの上なく優しく、家庭のしつけに関してはひどく厳しかった」と、どっちつかずの言い方をしている。これを読んだかぎりでは、優しいニックルビー夫人と厳しいミス・マードストン★のどちらの面がまさっていたのか、首をかしげざるをえない。

マーズデン家は、見たところは典型的なヴィクトリア時代の中流家庭で、飛び抜けて裕福ではないが、塀でさえぎった郊外の広大な邸宅で快適な暮らしを送っていた。だがひとたび中に入ると、さまざまな重圧に苦しめられていた。マーズデンは病気がちな家系で、代々、肺結核という恐ろしい業病にとりつかれていた。あまりにも多くの死が一族を見舞ったために、マーズデン家の子どもたちは生涯独身を通す覚悟を固めていたが、ケートが四十歳を迎えるまでに、つぎつぎに結核に命を奪われ、残ったのは彼女と兄ひとりだけだった。そしておそらく、叔父のジェイムズ・ウェルエステッドの思い出を通して、さらなる悲劇の萌芽が、冒険心とともに、この秩序を重んずる家庭にもたらされていたのだろう。彼は一八三〇年代にアラビアを旅してまわり、自殺をはかったあと、遥かな砂漠で高熱が長引き、早逝した。

八人きょうだいの末子として生まれたケートは、末っ子にありがちな異端児

★ニックルビー夫人はディケンズの『ニコラス・ニックルビー』の登場人物。マードストンは『デビッド・カパーフィールド』に登場する圧制的で冷酷なエドワード・マードストンの冷たく厳しい姉のことか？

だった。姉たちが、決められた型に素直に従い、せっせと針を動かしたり、社交的なおつきあいをこなしたりしているのに、ケートは大工仕事や木登りのほうが好きだった。なんでも実際に確かめないと気がすまないたちで、暖房の仕組みを調べようとして温室の煙突にはまってしまうというおよそレディらしくない目にあったこともある。お稽古ごとは苦手、決められた日課をやるのは嫌、おとぎ話を読ませられてもすぐに飽きてしまう――どれも針仕事に負けず劣らず嫌いだった。ケートの母親の〝家庭のしつけに対する厳格な考え方〟は、この生き生きした愛らしい少女の中に深く植え付けられていたようだが、ケートは、彼女独自の考えや物事に深く打ち込む熱意をもっていたし、計算や裁縫よりも動物や花のほうがずっと好きだということに対する罪の意識も感じていた。幸い、彼女は人形が大好きで、これはヴィクトリア時代の子どもが興味をもつものとして許容されていた。病人の世話が上手だったのも、たしなみがよく、役立つことと認められていたのである。

ケートの父親は彼女が十代の頃に世を去った。ケートの伝記作家によると、父親は〝頭の切れる、高潔な〟人物だったようだが、どうもその資質はあまり役に立たなかったらしい。家族に十分な備えを残さなかったので、エドモントン邸を売り払わなければならなかったからだ。〝裕福な暮らしから、いきなり、貧しい生活への変化〟に直面した母親は、自分の実家に支援を求めた。ケートの活力と実際的な才能も大いに役立った。

ケートは看護婦になる決心をした。それまで良家の子女が就くにはふさわしくないとされてきた看護婦という職業も、偉大なフローレンス・ナイチンゲールのおかげで、ようやくその認識が改められてきたところだった。セントトマス病院★にあるナイチンゲール自身の看護学校は一八六〇年に創立されている。ケートは、トテナム病院、次にはエドモントンの昔の家に近いスネルズパークで研修を受けた。

プリンスオブウェールズ総合病院は、ユダヤ人医師マイケル・ラセロンが一八五五年にトテナム★に創設した貧民学校★から発展したもので、一八九三年から現行の名前で呼ばれている。ラセロン医師はドイツを去り、英国に定住したときにキリスト教徒になったが、故郷では冷ややかな目で見られていた。貧民学校は福音伝道に対する熱狂のおかげで繁栄し、まもなく、八百人の少女を収容できる診療所付きの孤児院に発展したのである。

一八六七年になって、カイザースベルト★の有名な〝ルター派研修所〟から派遣された女性伝道師が、年長の少女たちの一部に対して、トテナムの貧しい病人の中で働くための訓練《トレーニング》を開始した。このささやかな始まりから、〝福音主義

★セントトマス病院　ロンドンにある教育研究病院

★トテナム　ロンドン北方の旧自治都市。現在は大ロンドンのハリンゲーの一部

★貧民学校　貧民の子弟のための無料学校で、授業のほかに給食が出された。一八二〇年頃ポーツマスで始まり、各地に普及

★カイザースベルト　西ドイツ中西部、ジュッセルドルフ北西部の一地区

女性伝道師研修所〟が生まれ、一八八三年に、トテナム街道からすぐのところにあるザ・グリーンの新しい敷地に移転した。研修会は現在も同じ場所にある。この協会の誕生と成功はひとえに、ふたりの人物のおかげだった――いわば地元の聖人として長寿をまっとうしたラセロン自身と、少女たちの指導監督者レディ・クリスチャン・ダンデスである。カイザースベルトの母院の制服であるおなじみの黒いボンネットとショールに身を包んだクリスチャン・ダンデスは誰からも慕われていた。

このトテナムの共同生活体は、プロテスタントでローマカトリック看護修道女会に当たるものと考えられていた。拘束力のある誓願の要求はあまりにもローマカトリック的すぎるのでまったくなかったが、看護訓練を受けにきた婦女子は強い道義感に迫られて、自分の使命を終生のものとみなし、俸給はいっさい受け取らなかった。また、トテナムでは、看護だけに関わっていればいいわけではなかった。ケートの訓練が終了して数年たった一八八五年、移転後の病院を訪ねた『クイーン』誌の記者は、壁に張られた聖句や机の上のトラクト、病室で祈る人々のことにふれ、「今のところ、看護の仕事は、伝道師の生活における主要な目的に次ぐ二次的なものである。その思いと意思はまっすぐ魂の改宗に向けられている」と述べている。賛美歌を歌い、聖句を学ぶことは病棟の日課の一部であり、外来患者は聖書講読と臨時にもたれる礼拝によって、しばし病気を忘れることができた。奉仕者は、プロテスタントの範疇でありさえすれば、どの宗派でも歓迎された。今日のプリンスオブウェールズ病院における宗教的構成を知ったら、敬虔な創始者たちは、いったいどう思うだろう? スタッフや患者を導く聖職者として、英国国教会と自由教会派ばかりか、ローマカトリック教のチャプレン★までが任命されているのだから。

まず第一に宣教師、第二に看護婦であるだけでなく、伝道師はソーシャルワーカーでもあった。新しい建物には伝道ホールもあり、バイブルクラスや母の会、禁酒の会が行なわれた。また、図書室も完備し、募金箱の管理もしていた。「礼拝には、儀式的なものはほとんど行なわれていない。施設で営まれる生活全体は、簡素で熱心で実生活に立脚している」と、『クイーン』誌の記者は、「原初の積極的なキリスト教教義に立つ女性たちが自発的に結びついた、平和で簡素で活気あるホーム」を絶賛した。ケートがトテナムで一年弱を過ごしたのは、この記事が出版される八年前のことだが、雰囲気は最初からほとんど変わっていないようだ。

若く、多感でひたむきなケートは、ヴィクトリア時代の強烈な福音主義的熱狂に、自己を初めて捧げたのである。彼女は消し去ることのできない強い感銘

★チャプレン　病院に所属する神父や牧師

を受けた。これは中国内陸伝道団がアニー・テイラーに与えた影響と同種のものだ。どちらも伝道にエネルギーを注ぐあまり、家族と衝突した。ケートは罪の意識と挫折感とに悩んだが、その激しい情熱は、馬を馬車につなぐように、福音伝道の信条につなぎとめられていた。アニーの場合は、幸いにも一生、信条につながれていたが、アニーよりも弱いケートの神経は、自分ではすぐに順応したように感じていたトテナムの宗教的雰囲気の強烈さに傷ついていたのかもしれない。

シスター・クリスチャンは、カトリックのように、規律によって強制的に従わせることは許されていなかったので、献身的な愛と熱意をもって奉仕者たちを奮い立たせた。そうした愛の精神は、地元の人々の必要に答えるだけでなく、トテナムの看護婦を広く世界中に送り出そうという大きなビジョンにも反映されていた。派遣先は遠いシベリアの戦場や、カトリックの拠点であるコーク★やダブリンにまで及び、七〇年代に起きたバルカン戦争および普仏戦争★の負傷者の看護にあたった。また、コーク診療所や南ダブリン連合のプロテスタントの患者たちにも歓迎されたが、南ダブリンでは、ある派遣看護婦のひたむきさがプロテスタントに対する悪感情を取りのぞき、婦長にまでなった。ケートが心を惹かれたのは、看護婦という仕事のこうした国際的な側面だった。それだか

★コーク　アイルランド南部コーク州の州都。カトリック教会の司教区の所在地

★普仏戦争（一八七〇―七一）　スペイン王位継承問題を契機に起こったプロシア・フランス間の戦争。この結果、プロシアを中心とするドイツ統一が完成した

ら、一八七七年、露土戦争★で負傷したロシアの兵士の看護にあたるブルガリア派遣団に加わることを許されたときは本当にうれしかった。ケートはまだ八か月間の研修しか受けていなかったが、シスター・クリスチャンによると、〝看護婦としての素質と能力を確かに備えた、聡明で意欲的な教え子〟だった。シスター・クリスチャンがケートの派遣を決めたのも、いつも「病気の修道女《シスター》たちの世話を元気いっぱいに手伝っている」彼女を見て、ほかの年上のメンバーの世話をさせようと思ったのかもしれない。年のいった同労者たちは、献身的でよく気のつく若い娘が日常のこまごました雑事をやってくれるのをきっと喜んだことだろう。さらにシスター・クリスチャンは、ケートが研修中に「患者に対してとても優しかった」ことを誉めちぎっているが、サラ・ガンプ★のこっけいな物語が、一八七七年においても依然として不愉快な現実であったことを思い出さずにはいられないエピソードだ。

　ブルガリアにおけるケートの体験は、彼女の半生の伝記を書いたヘンリー・ジョンソンがさっとふれている以外には何も残っていない。ジョンソンの記述によれば、ケートは「頑丈で粗末な荷馬車で、藁をクッションがわりに」旅し、ブルガリアの地で初めて癩病に関心を抱き、癩病患者の看護が少しの猶予もできないことを知ったのである。

★露土戦争　十七―十九世紀のロシアとオスマントルコ間の一連の戦争。不凍港を求めて黒海から地中海への南下を図るロシアの政策が発端

★サラ・ガンプ　ディケンズの『マーティン・チャズルウィット』に登場する、太って酒好きのコックニーの助産婦、ガンプ夫人。友人のハリス夫人の話だと言って、とんでもない作り話をする

同僚の看護婦と一緒に野営地を出た彼女は、まだ戦場に残されているかもしれない負傷兵を捜して、廃屋となった納屋に入っていった。そして見つけたのは、およそ人間とは見分けられないようなふたりの癩病患者だった。その体験は彼女に大きな精神的ショックを与えた。若い繊細な魂が受けた深い衝撃は、決して忘れられることはなかった。

だがケートは、心にその衝撃を抱いたまま、ふつうの看護婦の仕事に就くために英国に戻り、最初にウェストミンスター病院、つづいてリバプールのウールトン回復期患者保養所で監督者のシスターとして勤務した。彼女はここに四年半滞在したが、この大きな港町でさまざまな国籍の人々を扱うことで、看護婦の仕事に対する満足感はさらに強いものとなった。ケートが健康を害して――マーズデン家に悪霊のようにとりついた肺病ではないかと心配された――退職した際には、感謝を表す輝かしい記念品として、百ポンドの小切手と〝すてきな三輪自転車〟が贈られた。

一八八四年、ケートは病気の姉の最期をみとるために、母親とともにニュージーランドに出向いた。姉は治療法が見つかるかもしれないという希望を抱いて地球の裏側に渡り、今や、そのかいもなく肺結核で死にかけていた。ケート自身はずいぶん元気になって、ウェリントン病院の〝レディ監督者〟としての地位を得、トテナムで学んだ看護実技や積極的なソーシャルワークをことごとく実践していた。彼女の〝陽気さ〟は、炭坑で事故にあって病院にかつぎこまれた〝荒くれ坑夫たち〟たちに深い感動を与えたと言われている。彼女は応急手当の講習をスタートさせ、セントジョン救急隊★の支部を結成するために、ニュージーランドのレディたちを呼び集めた。けれども、〝人の役に立ち、自分も幸せ〟な仕事はまもなく不幸にも妨げられてしまう。ウェリントン病院で〝深刻な事故〟に遭遇したからだ。それがどんなものだったか、ケートの伝記作家は語っていないが、「彼女は精神病でひどい状態にあり、実につらい数か月を過ごした」のである。彼女自身は〝この時期〟のことを、「わたしはおびえて後ずさり、キリストから顔をそむけていた」と述べている。彼女が深刻な神経衰弱になっていたことは想像に難くない。おそらくは、若い頃に受けた厳しい宗教的な修練への反感もともなっていたのだろう。また、罪責コンプレックス★——何事かに償いをしたいという願望もうかがわれる。その願いは強く、彼女は回復すると同時に、世界じゅうの癩病患者のために我が身を捧げようと決心し、その治療法を見つけたいとさえ願っていた。というのも、精神の安定を取り戻すと、忘れかけていた十三年前のブルガリアの戦場が思い出され、あの見捨てられた納屋で心に刻みつけられた癩病患者たちへの憂いがよみがえってき

★セントジョン救急隊 応急処置や看護奉仕を行なう民間の奉仕団体

★罪責コンプレックス 無意識下に罪を犯したのではないかという強迫観念

たからである。

　ケートはすっかり元気になって英国に戻り、一八九〇年、サンクトペテルブルグ★に招かれ、ロシア赤十字からメダルを授与された。彼女はこれを起点として、ロシアだけでなく、中近東の多くの癩病患者のことを徹底的に調査することにした。またパリの病院を訪問し、癩病の問題をパスツールと議論することに決めた。社会的地位の高い友人を得ないかぎり、この問題の核心に達することはできないと確信していたので、宮中への参内を求め、一八九〇年三月五日、公式接見会にのぞんだ。そのおかげで英国皇太子妃《プリンセス・オブ・ウェールズ》に受け入れられ、ロシア女帝にじきじきに紹介状を書いてもらった。これを武器として、ケートはサンクトペテルブルグとモスクワの社交界と役人の世界に攻撃をかけたのである。

　きっとケートという女性はいつも意欲的で、人を強く惹きつける魅力をそなえていたのだろうが、ジョンソンが著した『ケート・マーズデンの人生』の堅苦しい言い回しからは伝わってこない。そのかわり、ジョンソンは〝看護婦の制服〟に身を包んだケートの〝見るからに堂々とした姿〟や〝たくみにユーモアを交えて指示を出す聡明さ〟を語っている。彼が一度ならずあげているのは、ケートの〝陽気さ〟だ。よく見かける、うんざりするほどにぎやかなタイプ――「みんな、元気?」と大声で言いながら病棟に入ってくる看護婦像をく

★サンクトペテルブルグ　ロシア連邦北西部、バルト海に臨む港市。ロシア帝国の首都（一七一二－一九一七）

ロシア王女（中央）を囲む、三人
のシスターとケート（右端）

りかえし押しつけてくるのである。実際のケート・マーズデンは、それとは全然ちがった人物だったはずだ。ロシア皇后とその女官たちを魅了し、防備を固めた帝政ロシアの官僚たちに対して敢然と自分の意志を通した、もっとずっとすばらしい女性だったにちがいない。

ケートが王室と役人の世界でうまく事を運ぶことができたのは、彼女が社会改革家ではなく、博愛主義者だったおかげである。ヴィクトリア時代においては今日よりも、博愛主義者であるほうが歓迎されていたからだ。彼女は不幸な人々を助けたいと強く望んでいたが、彼らの生活状況を変えることにはほとんど関心がなかった。次にあげる有名な賛美歌はアレクサンダー夫人★が作ったものだが、ケートも、清廉で秩序を重んじるヴィクトリア朝の会衆の誰よりも心をこめて、合唱に参加していたことだろう。

富める者は、その城にありて、
貧しき者は、その門におり
彼らを高くするも卑しくするも、
財産を定むるも、ただ神なり

★アレクサンダー夫人　アイルランドの詩人・賛美歌作者で、主教ウィリアムの妻のセシル・フランシス・アレクサンダー（一八一八―九五）か？『Hymns for Little Children』（一八四八）中の「There Is a Green Hill Far Away」、「All Things Bright and Beautiful」などがとくに有名わたしの祖父は毎週日曜日、教会に行く途中で出会う道路の掃除夫に半クラウン貨幣を与えていた。あるとき、祖母が、馬の糞を片づけるような仕事をしなきゃならないなんて運が悪いこと、と哀れむと、祖父は言った――「彼もわたしもそれぞれの身分や持ち場において、十分に幸運なのだ」と。わたしの肉親で最善と最悪の人物を端的に表しているエピソードだが、おそらくケートも同じ考え方だったのだろう。のちにヨーロッパの刑務所や癩病患者の居留地を訪れたとき、彼女は収容されている人々の運命に対して、熱心な社会改革家が抱くような義憤はまるでもちあわせていなかった。しかし、その運命をもっと耐えうるものにせずにはおられない（おそらく、このほうが実際の助けになったはずだ）という、並の博愛主義者よりさらに強い衝動を感じていたのである。

ケートの〝陽気さ〟はいわば生まれついての才能のようなもので、〝すばらしい癩病療養所〟や〝りっぱな刑務所〟のことをいささかの皮肉も交えずに語ることができたが、たとえば、同時代のメアリ・キングズリのおはこだった微妙なユーモアのセンスはもちあわせていなかった。

ケートは、〝癩病患者がいると噂を聞けば、どんなところでも探しまわる任務〟の計画に取り組み始めた。幼少期の現実的な好奇心、青春期の優しい思いやり――そのすべてがひとつの方向を見いだしたのである。三十歳のとき、いつでも自分の使命にとりかかれる準備が整った。彼女はエルサレムとコンスタンティノープルを訪れ、コーカサス地方を通ってモスクワに戻った。そして、チフリス★でシベリアの癩病患者に注意をひかれた。中東地方や海外の病人がどれほどひどい状況に置かれていたとしても、シベリアの患者たちはそれ以上の苦境の中に放置されているように見えた。当時、癩病を薬草で治療する試みが盛んで、多大な期待がよせられており、治癒も望めるかもしれないと思われていた薬草が少なからずあった。そのうちのひとつがシベリアにあるということを聞いて、根が楽天家のケートは、自ら課した任務への意気込みをいっそう強くした。今は現代医学がそうした治療薬にとってかわっているが、当時、シベリアの癩病は大変な苦しみをもたらす業病だったのである。一八九〇年十一月、モスクワに着いたケートは、必要な許可も得て、今しも北の荒野に向かおうとしていた。

ケートの説明によると、一八九〇年代のシベリアは、〝もっぱら囚人と役人の居場所〟だった。辺鄙なヴィリュイスク地方にも百人近くの癩病患者が、自分たちの村を追われ、不潔な小屋で生ける屍として悲惨な生活を送っていた。病んでいる人々と瀕死の人々が、極寒の北の森林の中で身を寄せ合っていたのだ。ケートの計画は、あらかじめ、ロシアと英国で人々の関心をかきたて、資

★チフリス　トビリシの旧称。グルジア共和国東部の都市で首都

金を集めたあと、まっすぐシベリアに渡り、まず何をする必要があるかを自分自身で見いだすというものだった。彼女は口先だけの博愛主義者ではなかったからだ。

ケートはロシア語はさっぱり話せなかったので、モスクワとサンクトペテルブルグの役人がとまどい、怪しんだのも無理はなかった。スパイの嫌疑までかけられたが、皇太后の後ろ盾のおかげで必要な許可を得ることができた。こうして一八九一年二月一日、彼女はロシア語を話す英国人の友人、ミス・アンナ・フィールドと一緒にモスクワを離れた。

この一八九一年には、シベリア横断鉄道★はまだ青写真の段階だった。ウラル山脈を越えてからの交通手段は、ほとんどそりに頼っていた。御者と馬数頭を標準料金で雇うのである。「放りあげられ、ゴツンとぶつけられ、上下にゆさぶられ、投げ出され、またガタガタゆられていきました。ふと、アスファルトやブロックウッド、一ペニーで乗れる乗り合いバスを思いだして気をまぎらわしました。」こんな具合に、そりはガチガチに凍った道を進んでいった。イルビトで開かれる大規模な二月の市に向かうそりで道は混雑し、ケートの乗ったそりはもろにそのあおりを受けた。夜の帳《とばり》がおりると、道ばたの密生した木々のあいだにオオカミの目がちらちらと光った。御者たちは酔っぱらいか、役立

★シベリア横断鉄道　ウラル山脈東麓のチェリャビンスクからウラジオストクに至る、シベリア南部を東西に横断する鉄道。一八九一―一九一六年に建設

たずのどちらかで、公共の宿泊所はどれもファニー・バロック・ワークマンがインドで泊まった駅の待合室よりはるかに居心地が悪かったらしい。窓は厳しい寒さを閉め出すためにぴったり閉ざされていた（ケートとミス・フィールドはすきま風が恋しくて、新鮮な空気を入れるためにケートが窓を壊したこともあった）。おまけに、床に羊皮の敷物を敷いた上に雑魚寝をするのだが、その敷物にも壁にも、虫がぞろぞろはいまわっていた。

ケートたちはウラル山脈中のズラトウストで最初のそりに乗りこんだが、寒さに対抗して何枚も服を着こんでいたので、乗りこむのにけっこう骨が折れた。フェルトのブーツに皮のオーバーシューズ、アイダーダウン★のコートで（これは上着だけで下着は含まれていない）着ぶくれて、鎧に身を固めた中世の騎士なみの重さになったケートとミス・フィールドを持ち上げ、そりに乗せるのに、「三人の筋骨たくましい警官」が必要だったのである。ほかにも同じくらい重かったのは、主食に選ばれた「昔ながらの固い良質のプラム・プディング★」で、これはどんな天候でも味が変わらず、保存がきいた。この「おいしいもの」は四十ポンド積み込まれたが、ほかには鰯とビスケット、パンと紅茶が数箱だけ。ケートは強い信念によって、〝人間的欲望にかかわるものは〟アルコール飲料からイエーガー博士の〝吸水性の毛織物★〟まで自分の人生から断つことにした

★アイダーダウン　雌のケワタガモの胸から採った柔らかい綿毛

★英国のニットメーカーおよび、そのウール製ニットウェア類、マフラー、リゾートウェア、靴下、手袋、ネクタイなどの手織地。ドイツ、シュトゥットガルト大学の動物生理学教授グスターヴ・イエーガーの「人間は動物の毛（主に羊毛）から作った服を着たらもっと健康になるだろう」という説を読んだ元会計士のルイス・トマリンが教授の名を商号として使う許可を得て、店の看板を〝Dr. Jaeger's Sanitary Woolen System Co., Ltd.〟として一八八四年、ロンドンに店を開いた

★プラム・プディング　特にクリスマスに食べるので、クリスマス・プディングとも呼ばれる。第五章の二九三頁参照

のである。

ズラトウストから南シベリアのイルクーツクまでの旅は「わたしの友人のベールにつららがぶらさがる」ほどの極寒の中で三か月かかった。ケートたちが最後に文明に触れたのは、エカテリンブルグで、「極上のアメリカ式のホテル」を見つけたときだった（ところが、刑務所は〝最高のもの〟とはいえなかった）。

エカテリンブルグを去ったケートたちは、道中で北からの商人に出会ってヤクートの癩病患者の情報をじかにきけることを願いながら、イルビトへの数百マイルの旅を急いだ。イルビトからチュメニまでは「これまでそりに乗った中で、最悪の体験」だった。それは穴だらけの道や、凍り付いた雪の小丘のせいだけでなく、「〝政府の御者〟と区別される〝自由な〟御者」のおしつけがましい言動のせいだった。「腹立たしいことに〝民間の〟乗り合いバスの運転手がひとりじめしている権利と特権の一部を、彼らもふりかざしていた。」

チュメニでは、〝英国および海外聖書協会〟のウォードローパー夫妻が、ケートたちを「英国式に心から歓迎し」、トボリスクまで送ってきてくれた。

馬たちは全速力で、新しくできたばかりの雪の吹きだまりの中を疾走し

★イルクーツク　ロシア連邦南部、バイカル湖西方の都市。東シベリアの行政・経済の中心地

★エカテリンブルグ　スベルドロフスクの正称。ロシア連邦西部、ウラル山脈中部の東麓にあり、十八世紀にシベリアへの通路上の要地として発展。一九一八年にロマノフ王朝最後の皇帝ニコラス二世とその一家が処刑された地

★トボリスク　ロシア連邦中部のイルティシ川とトボル川の合流点にある都市

ていきます。雪はすぐにまんべんなくそりの上にふりつもり始めましたが、屋根は雪で覆われても、前のほうはかなり見通しがききます。雪はわたしたちのコートの襟にもとまり、体温でとけて少しずつ首筋を伝わり落ちていきます。雪が袖の中まで吹き込んでくるので、袖の手首はしっかりとめておかなければなりません。わたしたちの大切な荷物の箱はすべてそりの下部の〝船倉〟のようなところに積み込まれ、箱の上に藁が厚く敷いてあります。わたしたちはこの藁の上に座っているのですが、座るというより枕を背中にあてて周囲にもたれているといったほうがあっています。〝もたれる〟という言葉からは、くつろぎや快適さが連想されるけれど、今の、このそりの旅にあてはめると、〝ホブソンの選択★〟という意味になります。この位置に身を置かざるをえない、というよりも置かせられてしまい、ずっとこのままの姿勢を保っていかなければならないからです〔…略…〕。

六時間というもの、すべては順調でした。相変わらず、しょっちゅうゴツンゴツンぶつけられ、ガタガタゆられていましたが。今回は別の若い御者――ここではめったにお目にかかれない〝シベリア人の若者〟がそりに乗っています。あたりが暗くなるにつれ、だんだん御し方が乱暴になってくるように思えたのですが、わたしたちは何も言いませんでした。おそら

★ホブソンの選択　（選択の余地がありそうに見えながら）えり好みの許されない選択。馬小屋の戸口にいちばん近い馬から客に選択を許さず貸していたケンブリッジの貸し馬屋トーマス・ホブソン（一五四四―一六三一）の名にちなむ

くウォッカが、恐れを知らぬ英雄的行為に彼を駆り立てているのでしょう。それとも、身を切られるような寒さのせいか、馬の引き具の付け方がいいかげんだったせいか――。とにかく、夜がふけるにつれて、つい先頃の夜の冒険があざやかによみがえってきて、ちょっぴり不安になり、いらだってきたことを告白します。何かが起こりそうな強い胸騒ぎを感じたのです。ちなみに、そりの旅では、引き具の付け方がしばしば事故の原因になることを述べておかなければなりません〔…略…〕。

わたしは四頭の馬のうち、外側の二頭の馬の様子がなんだかおかしい気がしました。馬を整然と並べて走らせるにはロープがきちんと張っていなければならないのに、変にたるんでいて、今にも馬の足がからまりそうなのです。そのとき、突然、二頭目の馬が姿を消してしまいました！　御者はがくんと前のめりになり、そりから外れた馬は激しくもがいています。そして、またしてもそりに激しくぶつかって、もう一頭の馬がいなくなり、完全にお手上げの状態になりました。わたしたちはすっかり眠気もふっとんでしまい、そりの脇ばらにズンとぶつかる不吉な衝撃を耳で聞き、体で感じました。外をのぞくと、馬は二頭ともロープにからまって地面に横倒しになり、起きあがろうと懸命にもがいています。

御者は「Nichevo《なんでもない》」と叫びました。けれども、どんなに〝なんでもない〟と言ってもらっても、不安な気持ちを抑えることはできません〔…略…〕わたしはふたりの男性への有無をいわせぬ命令を、友人に通訳してもらいました。互いに相手のせいだとわめいていた彼らはこれで、ののしり合う以外に何か手を打たなければならないことに気づいたのです〔…略…〕兵士は急いで一頭の馬の首のところにまたがり、若い御者が引き具を解き放しました。もう一頭の馬も同じように引き具を解かれたものの、御者は明らかに、この馬に猛烈に腹を立てていて、これ以上、御する気はなくなっていました。それで、そのまま馬を放し、早足で去らせてしまったのです。仄かな雪明かりの中で、引き具をひきずって走る馬はなんとも異様な生きものに見えました。不愉快な出来事ではあったけれど、そのおかしな光景に、わたしたちはお腹をかかえて笑いました。かわいそうに残りの三頭の馬が前より強めに引き具をつけられて、強制的にそりにつけられ――というよりは縛り付けられたあと、そりはふたたび進みはじめました。

しかし、ふたたび進みはじめたのもつかのま、全速力で走っていたケートたちのそりは大きな貨物用そりにもろにぶつかって、溝に落とされた。なんとか抜け出したものの、今度は道に迷ってしまった。最初は耕された畑の上を突っ走り、次には険しい丘をすべりおりて、凍り付いた川の縁で急停止した。おなじみのケートの陽気さが、この非常時に役に立った。「わたしたちは今にも別の災難がふりかかるのではないかと思って、笑ったらいいのか、泣いたらいいのかわかりませんでした。それで前者を選んで、なるようになれ、と陽気になりゆきまかせにすることにしたのです。」

シベリアに向かう途中でケートたちは、悄然と足をひきずって歩く、監視付きの囚人の集団に出くわした。どの町にも刑務所があった。困っている人がいたら必ず助けるようにという訓練を受けていたケートは、絶望の中にある人々に配るために、新約聖書と、紅茶と砂糖の小さな包みを持ってきていた。また、トボリスクの「すばらしい刑務所」から、カンスクの「ブラック・ホール」★まで、さまざまな監獄を訪ねた。カンスクの刑務所は文字通りの〝過酷《ブラック・》な獄舎《ホール》〟で、不衛生で換気が悪かった。おまけに真っ暗で、手かせ足かせの鎖ががちゃがちゃ鳴る音で、囚人が監房いっぱいに押し込められているのがかろうじてわかる状態だった。ケートとミス・フィールドはそうした哀れな人々の中を少しも怖がらずに自由に動き回った。監房を離れるのは、よどんで汚れた空気に耐えられなくなったときだけだった——「わたしは紅茶と砂糖、福音書の小冊子を配

★ブラックホール　一般には獄舎、（特に軍隊の）営倉の意。また、the Black Hole はインド、カルカッタの約六メートル四方の小獄房のこと。一七五六年六月二十日夜、ここに百四十六人の英人捕虜が監禁されたが、大部分が窒息死し、翌朝まで生き残ったのは二十三人だけだったという

り、友人が〝命の言葉〟を語りました」。あるときは、雪嵐が来ているのに、道の先に囚人がいると聞いていたのを思い出し、大急ぎでとんでいって、少しでも暖まれるように紅茶を与えた。またあるときは、刑務所は夜は閉まっていると聞かされても、看守を押しのけて闇の中にふみこんでいった。明かりといえば蠟燭の燃えさしだけで、不潔な床にびっしり折り重なった死体につまずきつまずき、進んでいったのである。「もしかしたら、一部の友人は、こうした囚人の物質的必要に対するささやかな心くばりはよけいなことだと思っているかもしれません。霊的な手助けをすることで満足すべきだと――。けれどもわたしは、こんな言い方はおこがましいかもしれませんが、イエスさまならどうされただろうと自分に問いかけてみたのです。そして、主はまず、そうした見捨てられた人々の物質的欲求にある程度まで応じられてから、〝命のパン〟をお与えになったのだと、そう感じたのです。」この一節《くだり》を読むと、ヴィクトリア朝人がいかに博愛の精神に富んでいたか改めて思わされる。

ケートに同行していたミス・フィールドは、オムスク★で、任務を断念せざるをえなくなり、トムスク★を越えた頃には、春の雪解けのせいで旅が危険になってきた。雪解けで増水し、驚くべき速さで流れていく大河エニセイ川★を見たケートは、息がとまりそうになったが、氾濫した黄河の前に立ったアニー・テイ

★オムスク　ロシア連邦南部、イルトゥイシ川に臨む都市
★トムスク　ロシア連邦中部、オビ川の東方にある工業都市。シベリア最古の総合大学がある
★エニセイ川　ロシア連邦トゥバ自治共和国から北流して北極海に注ぐ

ラーのように、主が安全な場所に導いてくれることを信じてゆだねたのである。

クラスノヤルスク★（ここは「りっぱな刑務所」を誇っていた）でケートは、乗り心地の悪いそりからタランタース★と呼ばれる〝独房〟なみの狭い四輪馬車に乗り換えた。それからレナ川★を船で三週間旅して、ヤクーツクに着いた。ここは防寒のために一年の大半を鎧戸で閉ざしたわびしい町で、住人は煙草を吸い、トランプをして、ほとんど一日じゅう家の中で過ごしていた。ケートは主教を訪問し、その高徳な態度に大きな感銘を受けた。敬虔な主教は、この勇気ある英国女性を自分の教区に使わし、悩める人々のことをいっさいまかせてしまわないで、自らも何かをしようとはしなかったのだろうか。一八二七年以来、癩病患者の窮状については、役人や主教を含むさまざまな公共機関のあいだで文書が取りかわされていた。ケートはその複雑きわまりない形式主義的な事務手続きを断ち切ろうとしていたが、例によって、ヤクーツクでは、そうした形式主義に憤っていたようには見えない――彼女は、主教の祝福を受けてとても喜んでいた。

ヤクーツクの指導者階級の委員会の後押しにより、ケートはコサック騎兵ジャン・プロコピエフの率いる十五人の部下に護衛されて、一八九一年六月二十二日、ヴィリュイスクに旅立った。ケートの熱意に感激したプロコピエフは、

★クラスノヤルスク　ロシア連邦中部のエニセイ川に臨む工業都市

★タランタース　二本の木の縦棒の上に車体を載せた、スプリングのないロシアの大型四輪馬車

★レナ川　ロシア連邦東南部バイカル湖西岸の山脈に発し、ヤクート自治共和国を通って北極海に注ぐ

レナ川を三週間旅した船

ヤクーツクから出発する一行

千マイルの旅程に必要な三十頭の馬を無料で提供してくれた。イザベラ・バードとは違い、ケートは乗馬はまったく未経験だった。ポニーは人に慣れていなかったし、鞍は重い木でできていた。横に足をそろえて乗る騎乗法を乗りにくいと思うのは、イザベラと同じだった。「わたしがどんな格好をしていたか、あまり説明したくはないのですが――」とケートは語っている。「というのも、とても野暮ったかったからです。わたしはジャケットを着ていたのですが、袖がやけに長くて、左腕には赤十字のバッジがついていました。しかも膝丈の長さの、だぶだぶのズボンをはかなければならなかったし。帽子はロンドンで買ったもので、前後にひさしのついた、どこにでもあるような鳥打ち帽です。手には鞭を持ち、肩に小さな旅行鞄をかけていました。」

暗く寒い日々、息が詰まりそうな狭い部屋に押し込められ、煙草の煙で呼吸困難になりそうだった日々は終わった。かわりにケートと護衛のコサック兵を待っていたのは、蚊と熊、焼けつくような暑さと激しい雷雨、山火事と足が沈み込む沼地、野営の夜だった。粗末な食事と蚊の襲撃は吐き気を催すほどで、ヤクーツクへの旅ですでに消耗しきっていたケートは、極度の疲労に身体をふるわせながらヴィリュイスクにたどり着いた。この地でジャン・プロコピエフは、ケートをヴィリュイスクの当局の保護にゆだねた。休息もそこそこに彼女は委員会を招集し、最も信頼できる右腕としてヨハネ・ヴィナコウロフ神父を選んだ。神父は、癩病患者に自分から近づいていける数少ない人々のひとりだった。

ケートの『そりと馬の背にゆられて』を読むと、つい失笑してしまうことがある。その大半が、稲妻に打たれる騎乗御者《ポスチリョン》★と酒に酔いしれる侍女が登場するヴィクトリア朝のメロドラマを連想させるような文体で書かれているからだ。設定はしばしば滑稽で、意見は洗練されていない。しかしながら、癩病患者の実態や、ケートが彼らのために払った努力の記述は決して笑いとばせるようなものではない。

癩病患者の運命は、ケートが聞いていたどの話よりも悲惨で、想像もつかないくらいひどいものだった。彼らを場当たり的にある種の居住地に集めようとする試みがそこここで行なわれていた。そうした居住地は小屋が一、二軒あるだけで、生きているものと死にかけているもの、そしてしばしば死んだものとが窒息しそうなほどにひしめきあっていた。供給される食料は村の残飯を集めたもの——。患者たちは、ときには雪の中に放置された残飯で必死に命をつながなければならなかった。手も足も腐っておち、這って食べ物を取りにいくことさえままならない男と女たち。子どもたちもいた。自分は罹患していないの

★ポスチリョン　馬車の左側の馬に騎乗する御者

に、癩病の両親のそばにとどまらざるをえない子どももいれば、家族全員に感染させるといけないので森の中で死ぬように家を追い出された子どももいた。ほとんど一年じゅう、過酷な寒さが何日もぶっ続けにつづくので、患者たちはその悲惨な掘っ建て小屋から出て、死んだ仲間を埋葬することさえできなかった……。

ケートは聞いた話をそのままうのみにはしなかった。自分の目で確かめるために、その森を訪れる段取りをした。それはさらに千マイルの旅となり、ヤクーツクから馬にゆられてきたよりもっとつらいものとなるはずだった。同行者は、ispravnick ――つまり、地元の警部と、四人の村の長老、それに「二十人ばかりのヤクーツク人で、全員が馬に乗っていました〔…略…〕その光景の異様さをさらに強めたのが、なんの手入れをもされない汚れた野生馬の姿でした」。

地元の人々は一行のために、森の中に道を切り開いてくれていた。その道がなければ、ケートが行き着くことができたかどうかは疑わしい。沼地の道は棒で場所を示し、森の中の道しるべとして二十ヤードごとに木々に目印がつけられた。長年、癩病患者に対してほとんど何もなされかったのに、ケートが来たことが地元の権力者たちに並々ならぬ刺激となったらしい。彼らがその気になれば、なんの問題もないはずだった。こうして彼らはケートを案内していったが、それは迷いやすい難儀な道で、馬は枯れた木の根によろめき、沼地の泥にくるぶしまで沈んだ。その後、馬からおりて川のボートに移ったが、嵐になって激しくうち寄せる雨と風で、舟はひどくゆれた。

わたしたちは、森の中を、千五百露里《ベルスタ》★の道を進んでいきました。ありがたいことに、すでに道にはヤクーックの人たちが目印をつけてくれていました。彼らはこの仕事を率先して、しかも無報酬で行なってくれたのです。これをやり遂げるためには、夏の畑仕事を犠牲にしなければならなかったのに――。彼らはわたしたちがどこへ向かおうとしているかを承知していました。これは、わたしたちの使命に対する彼らの共感と、癩病患者への哀れみを示すものだったのです。

その道は目印をつけられていたけれど、木の切り株や根っ子はそのまま放置されていました。からみあい、朽ちかけた根が一面に広がっている上を、わたしたちは馬で進んでいきました。ときどき、わたしの乗っている馬がずぶっと沈むのですが、今度は泥ではなく、木の根のあいだに隠れた穴に落ちるのです。あんなに足がもつれるのだから、シベリアの馬でなければ、穴から抜け出すことはできないでしょう。わたしはしっかり、鞍に

★ベルスタ　旧ソ連の距離単位。〇・六六二九マイル。一・〇六七キロメートルに相当

しがみついていなければなりませんでした。馬が穴を逃れようと、いつ急に動いてもいいように、またタイミングよく馬を助けられるように準備しておくのです。わたしたちはそんなふうにして、何マイルも何マイルも森の中を進んでいきました。

ついに、前方に大きな湖が見え、その向こうに、二軒の小屋があるような気がしました。わたしの直感どおりでした。ぞくぞくするような不思議な興奮が全身をかけぬけます。何か月もかけた旅のあと、ようやく、痛ましい人たちを見つけたのですから——。わたしはあの人たちを助けるために来たのです。ああ、神よ、感謝します！　うんざりするような道をもう少しジグザグに進むと、いきなり目の前に二軒の小屋が現れました。そして、人々の小さな群が——。ある人は足をひきずり、ある人は杖にすがって、

シベリアを突き進むケートの一行

わたしたちの顔をまっ先に見ようとして、やってくるのです。彼らの顔も腕も脚も、癩病のために無惨に崩れていました。スツールにすがらなければ這うこともできない気の毒な人もいました。そして誰もが等しく、癩病であるがゆえの表情をその目に浮かべていました。それは、とうてい言葉では言い表すことのできない深い絶望の表情でした。わたしは急いで馬から降り、歩くことも見ることもままならない人々のもとにかけていきました。ある人は立ち、ある人は膝をつき、ある人は地べたにうずくまって、誰もが真剣な顔をわたしに向けているのです。あとで彼らは、神さまがわたしをおつかわしになってくださったことを信じたと言いました。そして、わたしの友たちよ、もし、あなたがたがここにいたなら、わたしがなぜこの仕事に身も心も捧げたか、少しも不思議に思わなくなるでしょう。

わたしはすぐさま荷をほどくように命じ、草の上に品物を集めさせました。それからヨハネ神父によって感謝の祈りが捧げられたあと、女皇陛下への祈りが捧げられると、気の毒な人たちも心からそれに唱和しました。わたしたちが贈り物を配っていくと、ある人はゆがんだ顔をうれしそうに輝かせ、またある人は、それまでの怯えが消えて信頼と安らぎの表情にかわりました。そうです、こうした光景を見ると、本当によかった、多くの困難と危険をおして、長い旅をしてきたかいがあったと、心から思うのです。

ケートはさっそく、ひとりの少女を母親のそばから離した。少女は自分は病気にかかっていないのに、母親と一緒にこの過酷な状況の中で十八年も暮らしてきたのだった。癩病の母親は娘を出産するまえに村を追われていたのである。ケートの感化を受けて、同行した警部がこの少女を召使いとして家に連れ帰ると申し出て、本当に約束をはたした。

ヴィリュイスクに戻ったケートは疲れ切って倒れてしまったが、まる一日、完全に休息をとると、ふたたびもっと長い旅にでかけられるくらい元気になった。彼女は、紅茶と砂糖、福音書とこの世における希望のメッセージという贈り物を携え、何の恐れも抱かずに癩病患者と交際した。ケートが感動して見守る中で、ヨハネ神父が、見捨てられた痛ましい人々の一群に聖体を授けた。プロテスタントのケートは、聖体拝領★の儀式に積極的に加わることはできなかったが、熱心に祈りを捧げた。

そんな中で、隔離地区《コロニー》の計画が検討され、建設候補地の視察が行なわれた。北国の夏の夜、薄明の中で開かれた委員会の会合はしまいには真夜中のピクニ

★聖体拝領　キリストのからだと血の象徴であるパンとぶどう酒を拝領することで、カトリックの呼び方。プロテスタントでは聖餐式と呼ぶ

★チノブニク　（旧ロシア時代の）官吏、官僚（役人）風の人

ックになり、「わたしたちの心に重くのしかかっていた深刻な任務からの気晴らしになる、無邪気なちょっとした楽しみ」をもたらしたのである。

こうしてケートは、ボートで、馬で、徒歩で、ときには護衛の兵士に担われて何千マイルもの行程を踏破した。熊に脅かされたこともあったし、ときには足もとの地面が地下の炎によって揺れ動くこともあった——

> 最後の場所を出て二十マイルほど来たとき、わたしは馬たちの足取りがおかしいのに気がつきました。まるで、浅い屋根がついただけのトンネルの上を歩いているような感じなのです。チノブニク★が、ここは大地が〝燃焼〟状態にある場所のひとつだと説明してくれました。地表のずっと下で炎が起こり、ゆっくりと燃える。煙の逃げ口がないとさらにゆっくり燃えるのだそうです。土壌の燃えた部分があちこち、大きな空《うろ》になっているので、いつなんどき、表面のかさぶたのよ

コロニーの完成予想図

うになった部分を馬が踏み抜き、炎の中に落ちこむかわかりません。わたしは母なる大地の懐で、どうしてこのような驚くべき現象が起こるのか、その原因は何だろうと、それぱかり考えていました。

夜が近づき、わたしたちを闇が取り巻きました。やがて、遠くのほうにいくつかの明かりが見えてきたような気がしました。さらにもう少し進むと、明かりはまぶしい光になり、わたしの馬は急に止まってしまって動こうとしません。わたしたちはいつのまにか、森を抜け、開けた場所に出ていたのです。わたしの目をとらえたのは、この世のものとは思えない不思議な光景でした！　森ではなく、大地全体が、周囲何マイルにもわたって炎で埋め尽くされているように見えるのです。赤に金、青に紫――何色もの炎が小さくゆらめきながら、四方八方に矢のようにさっと飛び上がり、あるものはふたつ、みっつに別れて、ノコギリの歯のようにぎざぎざになり、あるものは槍《ジャバリン》のようにまっすぐに、地の上をそこここに伸び上がっていきます。地をなめるように這っているものもあり、ふたたび新たなエネルギーを得てどこよりも高く燃え上がるのです〔…略…〕。

不安に神経をとがらせ、暗い森から出てきたところに、こんな光景を目のあたりにしたわたしは、これらの炎は命を与えられているような気がしてきました。赤々と燃え上がる壮麗なスペクタクル――それはひととき檻から放たれた不思議な生きものが、幻想的な形に姿を変えながらあたりを走りまわってみせる、最高潮のカーニバルのようでした。ときおり、煙のせいで目が見えなくなり、むっとする熱い大気に息がつまりそうになりました。

引き返すことを選ばないかぎり、火の中を進んでいくしかありません。逃れようにも道はないのです。しばらく呆然とその光景を眺めたあと、怯えきった馬が急に飛び出さないように気をつけて、のろのろと先へ進みました。炎の中に出入りしながら、少しでもましな道を選んでいったのです。わたしは非常の場合に備えて、できるかぎりの準備をしました。万一、馬が暴れ出したときにすぐ鐙《あぶみ》から足を離せるよう両足を鐙にひっかけるだけにし、手綱を締めてガイドのあとに続きました〔……略……〕。

まもなく、わたしたちは壮大な森の中に足を踏み入れ、強烈な光から闇の中に入っていきました。わたしにとってその闇は、まさに暗黒そのものでした。わたしの馬はしょっちゅうつまづき、木の枝が次々にわたしの顔を打ちました。わたしは手綱をふたたび馬の首に落とし、両腕をあげて顔を守り、すべてを神の御手にゆだねたのです。タールを流したような真っ暗闇に目が慣れてくると、わたしの犬の、白いしっぽの先が見えてきました。これまでこの忠実な友のことを話すのをすっかり忘れていましたが、ふつうの黒いコリーで、尾は白です。この犬は、馬でわたしの前をいくヤクーツクのガイドのあとをいつもおっかけているのです。それで、わたしはずっと、この白いしっぽに目をこらしていました。これがちゃんと見えてさえいれば、どうにか安全だと思っていたからです。もし白いしっぽが消えたら、すぐそこに穴があるということだから、落ちないように気をつけなければならないというわけです。

ついにもう、完全に消耗しきってしまいました。馬には、数年前に一度、それも短時間しか乗ったことがなかったのに、この数週間というもの、堅い鞍に乗って、ほとんど睡眠も食事もとらずに、不安と危険がいっぱいの旅をしてきたのです。たぶん、読者の皆さんも、そろそろわたしが疲労困憊してきた頃だと思っておられるでしょうね。そんなわけで、わたしは休息をとらなければならず、内科的疾患の症状を感じるようになったので、最初はとても不安でした。この土地で、わたしの狭いテントの中で死ななければならないかもしれない。念願の仕事を始めたばかりなのに、みんなやり残したままで逝かなければならないなんて……。けれども、ともにおられる主イエスがわたしを元気づけ、落ち込んだ気持ちをすっかり追い払ってくださいました。一日休息を取ったあと、わたしは激しい痛みを抱えたまま、ふたたび出発しました。この痛みはあいにく、旅の終わりまで消えませんでした。

ケートは、ヤクーツクまで一日七十マイルの行程を馬で戻った。激しい苦痛に絶えずさいなまれ、身体が衰弱していたので手綱を手首に結わえつけ、馬の自由にさせた。ついには護衛の兵士が荷馬車を接収して、粗末な藁のベッドにケートを寝かせた——「戦争で負傷した兵士のようでした」と述懐しているのは、おそらく、ブルガリアの伝道活動や若き日の〝苦悩を癒す旅〟のことを思っていたのだろう。帰りの旅は来たときの繰り返しだったが、往きのときより耐える力はなくなっていた。全身、切り傷と打ち身だらけ。内臓の痛みに苦しみ、栄養失調で消耗し切っていた。

それでも、イルクーツクからトムスクまでタランタースでいく長い旅で、とんでもない値段をふっかけてきた御者に立ち向かっていくだけの気力は残っていた。四頭の馬に対して七頭分の料金を払うつもりはなかったので、「怒鳴り声がしだいにぶつぶつ文句を言うしゃがれ声になり、ついに妥当な値段で四頭の馬を手に入れる」まで、「四本の指を示し」つづけたのである。「ロシア人のかんしゃくに英国人の冷静さが及ぼした影響は驚くべきものでした。」実際、もし英国かアメリカの企業がシベリアに進出して来られたら、この場所ももっと改善され、発展するだろう、シベリア人自体はいくらでも向上させられる申し分のない人たちで、気性は英国人植民者によく似ている、というのが、考え抜いたあげくのケートの評価だった。

ケートはチュメニでミス・フィールドと再会した。ミス・フィールドの手厚い看護で、ケートは全快とまではいかなくても危険なしに旅を続けられる状態に戻った。ふたりがズラトウストに着いたときには、ケートの神経は弱り切っていて、鉄道の駅と汽車をふたたび目にしたとたん、「不思議な感情のたかぶり」を感じ、「歓喜と興奮」に襲われた。

ケートは十二月にはモスクワに戻り、〝性病学および皮膚科学学会〟の会合に出席した。この会でシベリアの旅に関するケートの報告が読み上げられ、のちに病院が建てられた。この病院のスタッフには修道女が配属され、その費用はケート自身の著書と講演の収益によって支払われたほか、皇太后から平民にいたるまで、ロシア、英国、アメリカの国民すべてに支援を求めた。こうして、現代のロシアの貨幣価値で合計三万二千ルーブルが、一八九七年にヴィリュイスクにオープンした病院の設立に投じられた。患者の収容施設には離れて建つ六棟の建物があてられ、六部屋ある医者用の住まいと研究所、図書室が付属していた。病院は地域の支持をえて、ケートの旅から二十年たった一九〇二年には、最高七十六人の患者を受け入れた。一九一七年には、患者数は十九人に減少した。その後も数は減り続け、数年後に、病院はその目的を果たして閉鎖された。ケートのすばらしい業績は、この時代のロシアで熱狂的に受け止められていた。彼女の冒険をロシア語で描いた作者不明の旅行記は、一八九二年にモスクワで出版されている。また一九〇四年にD・F・レシティロは、癩病に関する学術論文《モノグラフ》の中でケートに次のような賛辞を捧げている――

ミス・マーズデンは、シベリアにおける癩病の歴史において、その名を挙げるに十二分に値するものである。その類い希なるエネルギー、若い女性には不可欠な、並はずれた克己心に対し、その卓越性を正当に評価しなければならない。彼女はロシア語も知らぬまま、癩病人が追放される、いわゆる〝死の場所〟に到達せんがために、シベリアの旅の途方もない困難に打ち勝ったのである。そして癩病人に関する一切合切を観察して、つぶさに詳述し、帰国して、ロシアの社会を独り立ちさせるために、英国で必要な資金を集め、ヤクーツクの癩病人の運命を実質的に決定したのである。

この国におけるケート・マーズデンの〝使命と任務〟の成果については、残念ながらなんの記録も残っていない。だが、当時とは状況が大きく異なる現代のロシアにおいても、彼女が忘れ去られていないことは、癩病に関する〔旧〕ソビエトの権威者、N・トーリスエフ教授からの返信によって明らかになった。ケートとヴィリュイスク病院についての、これらの詳細はトーリスエフ教授からご教示いただいたものだからである。

ケートはシカゴ万国博覧会に出展参加し、一八九三年に『そりと馬の背にゆられて』を出版した。この本の出版にまつわる暗い面――つまり、彼女がこうむったと主張する精神的苦痛★については詳細は不明だが、一九二一年には『シベリアに対する私の使命――その弁明』を出版している。どうやら、旅行家として真実を語っているか、管理者として誠実で正直な人物であるかに疑問がもたれていたらしく、ケートの精神状態が正常かどうかさえ疑われていた。ニュージーランドで神経衰弱に陥ったことまでが、意地悪く記憶されていたのである。

しかしながら王立地理学協会は、旅行家としてのケートの主張についてはな

★多くの批評家から「この本にいったいどんな有益な目的があるのか、見いだしがたい」、「彼女の旅行記には目新しいものはまったくなく、なんの面白味もない」などの酷評を受けた（参考文献 Allen, *Travelling Ladies* より）

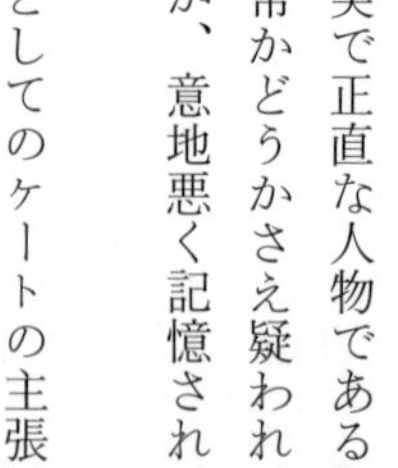
Balmoral Castle
October 27 1892
Victoria R.I.
The Queen has taken a deep interest in the work undertaken by Miss Marsden amongst the lepers and desires to recommend her to the attention and consideration of any persons

ヴィクトリア女王からケートにあてた手紙

んら疑いをもたず、一八九二年に選出した〝会員の名に恥じないレディたち〟のグループの中に数え入れた。ケートはこのことを大きな誇りとしていた。たとえ、毎年恒例の晩餐会への参加を拒否されても――。晩餐会だけでなく、ほかにも腹立たしいことはあったが、それを埋め合わせるものがあった。ヴィクトリア女王から天使の形をした金のブローチを下賜されたこともそのひとつである。このブローチは、現在は王立地理学協会博物館が所蔵している。彼女は過去にも拝謁を賜っているが、また一九〇六年には宮殿に参内した。これは社会的地位の高さを確実に示すものだ。

『ジオグラフィカル・ジャーナル』は、ケートの著書は信頼がおけると賞賛しており、シベリアを訪れたことのある批評家は、先に引用した地中の火の描写をとくに誉めている。一九一六年には、王立地理学協会から自由終身会員に推薦されたが、

1906年、宮殿参内用に正装したケートの肖像

これはまれにみる栄誉だった。

ケートはそれからの数年間を、病院の資金集めや宣伝活動に忙しく過ごした。ケート・マーズデンは、二度とふたたび旅には出なかった。それまでの旅で受けたさまざまな苦難が、彼女の健康を癒しようのないほどに損なっていた。カムチャツカ半島の癩病患者を訪ねる計画もむなしくついえた。そして三十年もの病床生活を送ったあと、一九三一年にミドルセックスのヒリンドンで、この世を去った。友人のミス・ノリスは、ケートがシベリアで使っていた時計とホイッスルを王立地理学協会に献呈した。このほかにも彼女は、宮廷参内用のドレスを着たケートの大きな額入り写真を王立地理学協会に寄付した。写真にはケートの署名と一九〇六年の日付が入っており、会員であったことを大きな誇りとしていた彼女にふさわしく、〝女性喫煙室〟に飾られた……。

第五部　海の冒険者

第7章 メアリ・キングズリ

Mary Kingsley 1862-1900

そして、戦いが行なわれ、
破滅のあとに、
大いなる憩いと充足とを見いだすだろう。

『戦闘の中へ』
ジュリアン・グレンフェル

メアリ・キングズリは、どんな行動をとるか予測のつかない女性だった。厚手のロングスカートにフォーマルな帽子、海の深さを測るにもカバをつつくにも使う日傘といった、いかにもヴィクトリア朝レディらしい出《い》で立ちを見れば、彼女も、これまで見てきた同輩たち――〝既成の枠にはまらない〟という〝枠にはまった〟レディ・トラベラーのひとりであることは一目瞭然だ。勇気と高潔さを備えている点も同じで、そのおかげで何度も窮地を切り抜け、毅然と自分を保ってこられたのである。けれども、才知のひらめきにかけては群を抜いており、その政治的判断は驚くほど情報に通じ、洗練されていた。理性的な思考に基づいた見解は彼女独自のもので、当時の風潮に左右されることはほとんどなかった。

彼女は食人種のファン族★について、こんなふうに語っている――「わたしたちは、自分たちが戦うよりも一緒に酒を飲みかわすほうがふさわしい、同じ種類の人間に属していることを、互いにわかりあっていました」。氷河でクーリーを叱りとばしたあのワークマン奥さま《メンサーヒブ》だったら、はたしてこんなせりふを口にできただろうか？　イザベラ・バードが酒の取引きを擁護するなんて考えられないし、ケート・マーズデンがこんな窮地に陥ったところも想像がつかない――「わたしと船長は、あわてて食堂のテーブルまで避難しました。裾の広が

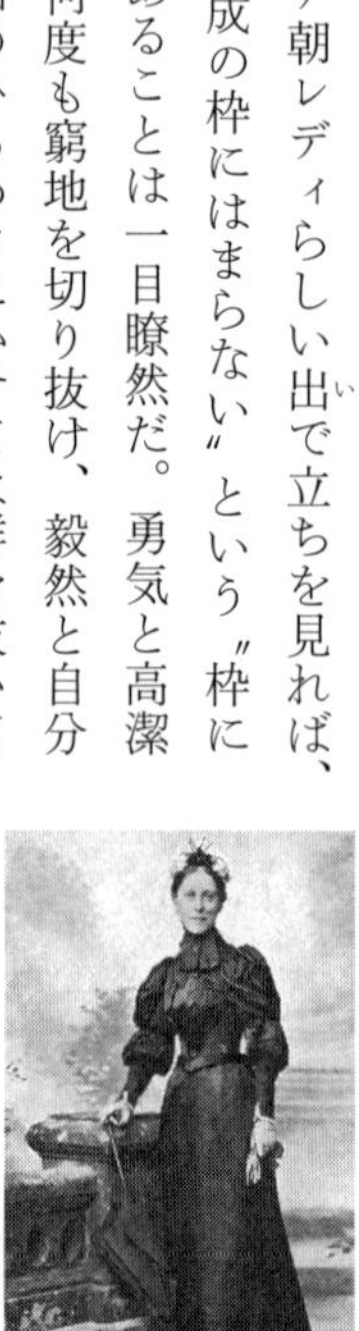

メアリの出で立ち

★ファン族　ガボンからカメルーン南部、赤道ギニアにかけての地域に住む民族

った白いフランネルの法衣に長い赤髭の司教が、オゴウェの総督に組みついて、床をごろごろ転げまわっていたからです。わたしと船長がどんなに平和と友好のメッセージを訴えても、ふたりはまるで耳を貸そうとはしませんでした」。

　今日では、波乱に満ちたアフリカ植民政策において、アフリカ人の解放という大義名分は欠かせない要素だという見方がなされているが、現代におけるメアリ・キングズリの名声はもっぱら、こうした大義名分の擁護と人類学の分野に先駆者的な業績をうち立てたことによるものだ。しかし、旅行家としては、ややもするとコミカルな面からとらえられがちで、同世代の人々にはよく理解されていた資質——その驚くべき勇気と聡明さ、とっぴょうしもない情報を求めてとっぴょうしもない冒険をする無類の能力は、今の時代では無視されることが多い。

　メアリは、迷いやすい土地で道をみつけだすことにかけては、並はずれた能力をもっていた。地理学的な調査にはまるで関心がないと言い、すでに知られている道を地図をたよりにたどっていくよりは、人がめったに足を踏み入れない場所を訪れるほうが好きで、そうした狭い地域を集中的に調査することで、近代の探検に先鞭をつけたのである。また、自然現象に対する鋭い観察眼においては、かの偉大なリビングストンにもひけをとらなかった。リビングストン同様、メアリ・キングズリもさまざまな顔をもっており、自然主義者で民族学者であった。学者であり、船乗りであり、アフリカにおける失われた大義の擁護者であると同時に、誠実な娘、姉、愛すべき友人でもあった。

メアリは『西アフリカの旅』の各章に、それぞれの内容を要約した古風な見出しをつけているが、その中で自分のことを〝海の冒険者〟と呼んでいる。彼女がもっとも満ちたりて、いちばん自分らしさを発揮したのは、まさにこの資質においてだった。『西アフリカの旅』の中に描かれた彼女自身の姿が、陽気で勇敢で、そして驚くほどタフな、海の冒険者としてのメアリ・キングズリであることは言うまでもない。自分がどんなつらいことにも危険なことにも動じないから、彼女ほどタフではない人々の不安に対しても頓着せず、その強烈な乱気流の中に引きずりこんでしまうのだ。

同様に彼女は、野生の呼び声に対してもエミリー・ブロンテを思わせる詩的な感性を備えていた。おそらくエミリー・ブロンテも、熱いお風呂や清潔なシーツ、新調の服といったありふれた快適さには、メアリと同じく関心を示さなかったことだろう。メアリはかつてイザベラ・バードから美しいチャイナドレスをプレゼントされたことがあるが、そのときも、あまりにも上等すぎるからと言って、ついに袖を通さなかったのである。

1896-97年頃のメアリの肖像

＊＊＊

メアリ・キングズリは一八六二年十月十三日、この世に誕生した。それから三十年間というもの、いくらヴィクトリア時代の良家の子女にしてもいきすぎではないかと思えるくらい拘束の多い人生を送っている。二十代の初めに一週間ほどパリで過ごしたほかは、生活範囲は家庭に限定されていた。父親はしょっちゅう家を空け、母親は病気がちで、弟はなんの役にも立たない。住まいも転々とし、どれもかなり老朽化した家ばかりだった。メアリは父や弟の代わりに『英国の職人』という〝楽しい新聞〟の助けを借りて家を修築し、闘鶏用の雄鶏を趣味に育てた。そのかたわら、父親の書斎にある本を手当たりしだいに読みあさった。彼女はこの父から、旅へのあくなき情熱と尽きせぬバイタリティーを受け継いだのである。

父親のジョージ・キングズリ（一八二六―九二）にはチャールズ・キングズリ★という兄がおり、この兄の方がよく知られている。★★読書と旅をこよなく愛したジョージは、いわゆる変人とよばれるタイプだったらしい。とにかくじっとしていられない性分で、妻をイングランドに残し、いつも世界のどこかを旅していた。だが、そんな身勝手さも、娘のメアリの心に植えつけられた理想の男

少女時代のメアリ

★C・キングズリ（一八一九―七五）英国国教会の聖職者・小説家。キリスト教社会主義者で、協同組合主義に基づく社会改革を提唱

★★三人兄弟の弟ヘンリー（一八三〇―七六）も、セダンの戦いでジャーナリストとして名をなし、のちに小説家に転身した

性像としての姿をいささかも汚しはしなかった。置き去りにされた妻は、次々に移りかわる家で、つねに孤独と不安におびえながらメアリと弟のチャールズを育てた。最後の住まいであるケンブリッジに移ったのは、メアリが二十二歳のときだった。

メアリは、原始宗教を研究する父を手伝うために家庭教師からドイツ語を学んだが、それ以外はもっぱら独学で学び、知識を実用的なことに応用する能力を身につけた。彼女が受けた教育の中でお金がかかったのは、このドイツ語くらいのものである。

一八九二年、両親が数週間のうちに相ついで世を去ると、メアリの人生の目的はあっけなく失われてしまった。そこで彼女は、父がし残した人類学の仕事を完成させる決心をした。ジョージ・キングズリは太平洋の島々の原住民や北米のインディアンを訪ね、中国人やインド人、セム語族★の慣習や信仰を深く研究した。しかし、アフリカについての知識は欠けていたので、メアリが代わりに補おうと決めたのだ。科学者の友人たちは、どうせアフリカに行くなら、滞在しているあいだに淡水魚をはじめとするアフリカの生

★セム語族　アジア南西部の大種族で、アッカド人、カナン人、フェニキア人、ヘブル人、アラブ人などを含む

両親の喪に服すメアリの肖像

物を研究し、標本を収集してはどうかと勧めた。こうして彼女は「ヒバリのようにのびのびとアフリカを楽しむ」旅の目的を〝魚と物神崇拝《フィッシュ・アンド・フェティッシュ》〟★と称するようになった。

彼女は手はじめにカナリア諸島★を旅したあと、アフリカ冒険旅行の計画に本格的に取りかかった。その結果、予想よりもはるかに多くのものを研究収集し、見るものすべてに熱い関心を抱くようになったので、最初は学究的な調査として始めたものが、しだいに実際的な擁護運動へと発展していった。それは世紀の変わり目に、〝暗黒の大陸〟の広大な領域を統治する義務に直面させられた同国人の、無知と無関心を打ち破るための運動であり、西アフリカ的なすべてのものを解明しようとする試みだった。当時、暗黒の大陸はヨーロッパの列強がそれぞれの〝支配権〟へと分割を行なっていた。

メアリは一八九三年七月末にアフリカに出発し、途中十一か月ほど帰国したあと、ふたたび一八九五年十一月末までアフリカを旅している。おりしも〝アフリカの争奪戦〟の真っ最中で、ヨーロッパの列強は、無統制の自由競争における大陸の東部と西部の所有権を主張していた。この自由競争は、ベルギー国王レオポルド二世が提唱し短命に終わった国際アフリカ協会設立プロジェクトに続くものであった。★★

★メアリのフェティッシュへのこだわりについては、井野瀬久美恵「メアリ・キングズリの西アフリカの旅」（「訳者参考文献」参照）に詳しい

コンゴの釘打ちされた呪物

★カナリア諸島　大西洋上、アフリカ北西海岸近くにある亜熱帯の火山列島。一四〇六年以来スペイン領

メアリが西アフリカに上陸したとき、レオポルド二世はスタンリーが王のために開発したコンゴ自由国にしっかりと権勢を確立していたし、ポルトガルはアンゴラ★の昔からの拠点にどっしり居座っていた。英国、フランス、ドイツは海岸沿いに角を突きあわせながら、交易用の原材料を求めて奥地へ奥地へと進んでいた。英国政府にしてみれば、新たに負わねばならなくなった植民地への責任は歓迎できるものではなかったが、アフリカの西海岸には何世紀も前から交易拠点が点在しており、メアリが初の航海で乗りこんだのもリバプールの貨物船だった。メアリに対する沿岸航行者の教育は、この船の中で始まった。乗り合わせた客は全員が貿易業者で、〝白人の墓場〟がどんなに危険で大変なところか――気のめいる話、ぞっとする話、ゆかいな話をたっぷりきかせてくれたのである。

最初のうち、彼らはメアリのことを、やせぎすの身体や地味な服装、ひっつめた髪型などから見て宣教師だと思いこんでいた。だが、「ベテランで評判のい航海士と、職務に忠実だが経験の浅いパーサーとが、ビスケー湾★で日曜礼拝を行なおうとして立ち往生してしまったとき、なんの助けにもなれなかった」ことで、誤解はとけた。

不可知論者として育ち、キリスト教の布教活動に共鳴できなかったメアリは、

★★この国際アフリカ協会は一八七六年、レオポルド二世がコンゴ盆地の支配をめざして設立したもので、コンゴ盆地の支配を決めるために八四年十一月に始まったベルリン会議は、レオポルド二世のコンゴ自由国による支配を認めている

★アンゴラ　アフリカ南西部の現・共和国。一四八三年ポルトガル人が到達して以来、わずかな時期を除きずっとポルトガル領だった

★ビスケー湾　フランスとスペインの間の大西洋の湾

商人として旅することに決めた。これなら、慣習を研究しにきた奥地のアフリカ人の信頼をもっとも得やすいと思ったからだ。彼女が旅に持ってきたのは布や煙草を中心とした、物々交換にはごく一般的な品で、それを象牙や天然ゴムと取り換えた。釣り針がおつりの小銭がわりだった。彼女はハットン・アンド・クックソン商会のお墨付きを受け、せっせと交易のテクニックや手順を学んだ。なかなか商才にたけていたようで、自分のブラウス十二枚と引き替えに窮地を逃れたこともあり、「赤い顔料と束ねたヒョウのしっぽ以外は〝一糸まとわぬ〟屈強な戦士がブラウスを着こんだ」様子を興味深げに描いている。

最初の旅でメアリは、ポルトガル領アンゴラのサン・パウロ・デ・ロアンダ★に上陸し、コンゴのフォルト族としばらくときを過ごした。それから、コンゴ自由国を抜けて北上すると、川を越えてフランス領に入り、さらに英国領のオールド・カラバル★まで足を進めた。

メアリは博物学の貴重な標本を、すぐれた識別力と細心の注意をもって選別保存し、祖国に持ち帰った。また、通商英語（西海岸のリングアフランカ★）の知識を実務を通して身につけ、僻地で大歓迎してくれた商人に対して白人黒人を問わず、限りない敬意を抱いた。彼らは、旅で服は汚れていても物腰は実に上品な英国人レディに、〝オンリー・ミー〟というニックネームをつけた。彼

★サン・パウロ・デ・ロアンダ　現在のルアンダ。大西洋のベンゴ湾に臨む港町。十九世紀中頃までブラジル向けの奴隷貿易基地だった

★カラバル　アフリカ西部ナイジェリアの南東部に位置する湾港都市。奴隷輸出の基地として繁栄した

★リングアフランカ　商用などに用いる国際共通語、混成語。異なる言語を話す人々の間で意思伝達の手段として広く用いられる共通の言語

女は奥地の交易所★のベランダや、商人が荷を選り分けている川の荷揚げ場にひょっこり姿を現しては、「わたしよ！《オンリー・ミー》」★★と声をかけたからだ。

この最初のアフリカの旅については、メアリはあまり記録を残していない。それでも『西アフリカ研究』という堅い内容の本の中には、あっと驚くようなエピソードが、さながらプディングの中のプラムのように埋めこまれている。たとえば、彼女は現地人の呪術医と友だちになったが、ある晩、その呪術医に誘われて、長い奇妙な散歩に出かけた。連れていかれた遠くの村には彼の病人がいて、呪術医はぜひミス・キングズリの意見を聞きたいというのだ。メアリはのちに、「ロンドン女性医療学会」で「アフリカの呪術医の見地に立った治療法」の講演を行なっているが、講演の資料を用意するのに、このときの体験はきっと役にたったにちがいない。

メアリはこの旅の初期に、粗食に耐え、食欲のわかない「原住民の食べ物」をもっぱら食べて命をつなぐことを学んだが、これについてはゆかいな話がたくさんある。旅の初めから終わりまで、主食はキャッサバの根茎から採った澱粉で作る料理で、それが行く先々で名前だけ変わって供される。だから、「たとえ〝バター付きのマフィン〟の名で呼ぶ部族に出会っても、飛びあがって喜んだりはしません。どんな料理が出てくるか予想がつくからです」。このどこ

★交易所　貿易商が物品、現金と交換に、毛皮やその地方の生産物を得るために未開地や新開地に設けた店

★★別にえらい人が来たわけじゃないんだから気をつかわないで、というニュアンスがある

でも採れるキャッサバの根には毒が含まれているので、水につけて毒を抜かなければならない。ところが、きちんと毒抜きをしていないことはざらだった。燻製にした肉は焼け焦げ、魚はひからびていて、「〝悪臭魚〟と呼ばれるのもあたりまえ」だったし、ガチガチに固くなっていることもしょっちゅう。そんなこんなで、「西海岸では、原住民の食事はもうこりごりだという人がやってくると、わたしたちは〝それはお気の毒に！〟と言って、すぐさま、とっておきの缶詰を取りだすのですが、それはこうしたわけなのです」。

メアリはこのほか、船に関することも学んだ。そのほとんどはリバプールから乗った船のマレー船長から伝授されたもので、おそらく航海術や船荷の積み方だけでなく、現地人の乗組員の扱い方についても教えを受けたことだろう。彼女は冒険好きなキングズリ家の祖先から、海に対する情熱を受け継いでいた。その情熱は、「いくつもの湾を越えていくアフリカ定期船の甲板の上で、青い空を背景に揺れる煙突とマストを眺めて」過ごす至福の夢の中に、おしみなく注がれた。メアリは航海のことならなんでもやりこなす実際的な才能に恵まれていた。縄ばしごをよじ登ること、故障しがちなエンジンをだましだまし使うこと、荒れた海や岩だらけの沿岸で船を進めること——そのすべてに、ひたむきな情熱を注いだのである。

本を執筆するようになると、たとえば語法に関することは従順すぎるくらいに助言を受け入れたが、船舶操縦術については絶対に信念を曲げなかった。「フォルカドスの砂州を、喫水十八フィートの船で越えることは可能です」と、出版者のジョージ・マクミランに宛てて書いている。「博士は干潮時の水位は十八フィートあるとおっしゃいますが、そんなにはありません。でも越えることはできるのです。一、二フィート分は泥の中を進むことができるからです〔…略…〕わたしはあのフォルカドスの砂州を、舵手として二千トンの船で三度ほど越えました。越えられないなんてそんなたわごとを公表したら、わたしは二度と別の船を操縦するチャンスを得られなくなるでしょう。わたしは本を書くより、二百トンの船で川を上っていくほうが向いているくらいなのですから。」

実のところ、メアリはすぐれた文筆家なので、これはあくまでも謙遜にすぎないのだが、生前は作家としての真価を認められなかった。というのも、そのくだけた口語体によるきびきびした文体は、彼女の愛読書である十八世紀のチャールズ・ジョンソン『イギリス海賊史』にあまりにも似すぎていて、ヴィクトリア朝時代の読者の好みに合わなかったのである。首尾一貫して話を進めていくのは得意ではなかったし、話があちこち飛ぶのでこんがらがってしまうこともある。けれども、「わたしは、ものごとをひとつづきの絵として描かなければと思っています。そうした一連の絵から、真実を感じとってほしいと願っているのです」という言葉は、メアリ・キングズリの流儀を的確に表している。彼女は『西アフリカの旅』を「〝言葉の沼〟のような本」と呼んだ。メアリにとって、沼地はゆかいなできごとをたくさん産み出してくれる、何が起こるかわからないすばらしい場所だった。そのことを思い起こせば、まさにぴったりの表現といえるだろう。

メアリは一八九四年十二月、ふたたびリバプールから二度目の航海に出発した。新たに建設されたオイルリバーズ★保護領の初代領事の妻レディ・マクドナルドと一緒で、彼女とともにカラバルに五か月滞在し、〝魚とフェティッシュ〟の研究に励んだ。また、マクドナルド夫妻に同行してフェルナンドポー島★とサントーメ島★を訪れ、先住民のブ

1895年、カラバルの領事邸前にて。中央がメアリで、その両脇がマクドナルド夫妻

ビ族や入植したスペイン人、ポルトガル人の生活様式を調査した。その後、カラバルに戻ったメアリは、マングローブの生い茂るオイルリバーズの沼をハエとワニに悩まされながらカヌーを漕いでまわり、水と泥への飽くことのない欲求を十分満足させた。

　まさしく、うっとりするような楽しみです。こういうことの好きな人たちにはこたえられないはず――こういうと、なんだか美術評論家が、市立美術館のために入手したばかりの印象派の絵について賢《さか》しらげに論評しているみたいですけれどね。でも、この楽しみにふけるには注意が必要です。というのも、ひとつには必ずワニと出くわすからで〔…略…〕それだけでも不愉快なのに、そのうえ、沼地で引き潮に閉じこめられやすいからです。その解決法としては、自分で経験を積んでそろそろ危ないなとわかるようになるか、原住民のアドバイスを受けるかしかありません。深い縁だまりとか、潟にそれたときにまわりの水が引いてしまって、川の主流に戻れなくなる〔…略…〕ワニやマングローブバエの「ホームパーティ」や、ものすごい悪臭を放つヘドロにどう対処したらいいか、そればかりに注意を向けていたせいで、ふたたび潮が満ちてくるまで、潟に足止めを食らってし

★オイルリバーズ　アフリカ西部ニジェール川のデルタ地帯。石油を産出する。現在はナイジェリアの一部

★フェルナンドポー島　ビオコ島の旧称。アフリカ大陸西岸のギニア湾東部にある火山島

★サントーメ島　フェルナンドポー島の沖、赤道直下の火山島。当時はポルトガル領で、一九一三年まで世界最大のカカオの産地だった

まうのです。そのあとは、あなたに残されているわずかな時間を、なぜ西アフリカに来たのかと自問自答して費やすことになるでしょう。マングローブの沼で愚の骨頂というしかない失敗を犯し、こんなことで時間を無駄にする救いようのないお馬鹿さんになってしまったあとは――。ほんとだったら、ユリの花を描いたり、バラを愛でたりしに行かなければならなかったのに〔…略…〕あるとき、『デイリー・テレグラフ』紙言うところの無敵のシルレス族★の一員が、わたしのカヌーの船尾に前足をかけ、つきあいの改善を求めてきたことがあります。カヌーのバランスを取るために、わたしはやむなく舳先に退却し、櫂でワニの鼻づらにすばやく一撃を食らわせてやりました。ワニが撤退すると、わたしは潟の真ん中まで漕いでいきました。あのワニにしろ、ほかの仲間にしろ、ふたたびカヌーにはい上がれないくらいの水の深さがあることを祈りつつ――。

カラバルで過ごすあいだにメアリは、宣教師の中では唯一高い評価を与えているメアリ・スレッサーを訪れた。スレッサーは厳格な長老派教会の信者でありながら、ともに暮らす原住民の信仰や習慣を深く理解し、心からの共感を寄せることで知られていて、メアリも彼女の中に同好の士を見いだしたのである。

★シルレス族　ローマ人の征服のころ主にウェールズ南東部に住んでおり、紀元四八年頃、活発に抵抗した古代ブリテン島のケルト系部族ここでメアリは例のごとく、この地における調査に関して書くべきほどのことは知らないからと言って、オイルリバー保護領の冒険についてはほとんど記述を残しておらず、残念ながら、まとまった話はまったくない。

一八九五年五月、メアリはカラバルを去り、かねて関心を抱いていた熱帯特有の淡水魚を採取するためにフランス領コンゴのオゴウェ川に向かった。リバプールのハットン・アンド・クックソンの店から交易用の品を供給してもらい、同社の代理人ミスター・ハドソンには、カングエとタラグーガの上流にあるフランス人の伝道所への紹介状を書いてもらっていた。フランス人のプロテスタント宣教師に対してはそこそこの好意を抱いていたからで、今は有名になったランバレネ★に近いカングエを、ジャコット夫妻とともに根拠地にした。このオゴウェ川の上流に向かう旅で、彼女は「熱帯の豊穣さと美しさへの期待をはるかに上回る」雄大な森林の姿を目のあたりにした――「それは、カラバル《アッパー・カラバル》奥地とは別世界のものでした。アッパー・カラバルも美しいのですが、ここと比べるとみすぼらしく感じてしまいます。たしかにあそこでは近寄りがたい恐ろしさと広大さをひしひしと感じさせられましたが、ここには同等の恐ろしさと広大さに加えて、すばらしい色彩があるのです〔……略……〕ベートーベンが書いたどの交響曲にも負けないくらいの生命と美と情熱にあふれていて、それぞれの

★ランバレネ　一九二四年フランスのシュバイツァー博士が病院を建設。同所には彼の墓がある

パートが変化し、からみあい、繰り返されるのです」。この森の中でメアリはすぐに心からくつろぐことができた。肉体の目とともに心の目が開かれ、まわりをとりまくすべてのものに順応したので、彼女もまた自然の中にとけこみ、その一部となったのである。

薄暗く恐ろしげな広大の森の中に初めて足を踏みいれたときは、ぐるっとまわりを囲むおびただしい数の、巨大な柱にも似た灰色の幹と、まばらに植物の生えた地面しか目に映りません。でも、日ごとにまわりの環境に慣れていくにつれ、どんどんいろいろなものが見えてきて、目の前の陰鬱な暗がりの中から、しだいに世界全体が姿を現してきます。最初は命がないように見えた地域に生息するヘビや甲虫類、コウモリに獣〔…略…〕また、森の中では同様の違いがあるのです。昼のうちは、かなり森に慣れることができても、夜には、何か災難にまきこまれて一晩じゅう、森の中に置き去りにされるかもしれません。そして、またしても別の世界を見ることになるのです。わたしの好みからすると、アフリカの森やプランテーションの中で夜を過ごすことくらい魅惑的なことはありませんが、同じようにしろとはどなたにもお勧めしません。そのことをどうか、心にとめておいてほしいのです。アフリカの森林で生活することについても同様です。森に興味を抱き、森の魔法にかけられないかぎり、それは想像しうるもっとも恐ろしい死と隣り合わせの生なのですから――。それはまるで、読めない本ばかりの書斎に閉じこめられているみたいなもの。そのあいだ、ずっとつらい思いをし、怯え、退屈しなければなりません。そしてもし、森の魔法にかけられてしまったら、ほかのどんな生き方もすっかり色あせて見えるのです。

メアリは、カングエの北にあるタラグーガのフランス人伝道所から、魚の採取のためにオゴウェ川の急流に向かったが、それは危険きわまりない旅だった――

わたしはカヌーの中では、旅行鞄に座って交易品を入れた箱に背をもたせかけていたので快適でした。箱のうしろにはわたしに同行するイガルワ族の男性たちが使う枕やマット、蚊帳などが積んであり、ふつうの棒にくくりつけた

オゴウェ川を行くメアリのカヌー

フランスの旗が翻っています。フォルジェ夫妻は、わたしが必要としそうなものはすべて備えてくださったので、イガルワ族の男たちの半数は、身体中の血の半分がアルコールに変わっています。つらつら考えてみると、確かに夫妻はもうわたしとは二度と会えないと思っていたふしがあります。でも、そのことを喜んでいるそぶりはなかったから、許してあげましょう。それでも、まだそうなると決まったわけではないし、この旅については何ひとつ確かなことはないのです。それに雨がふりだしそうだったのですが、ンジョレに向かって川をゆくうちに、やっぱりふってきました。おまけに、この旅そのものがだめになる恐れがでてきました。フランス人の役人が、奥地行きは危険すぎるといって許可してくれないのです。

それでもメアリはあきらめず、許可をとりつけると、ンジョレを出発した。今生の別れのような「さようなら、マドモワゼル」と叫ぶ声が彼女の耳に響いた。ンジョレの上流では、川幅がせばまって険しい急流となり、メアリたちはカヌーを必死にこいでカーブをやりすごした。ときおり、イガルワ族の男たちが「〝岸に飛び移って！〟」と叫びます。わたしが立ち上がって飛び移ると、彼らの半数もつづいてきました。その中に、忘れられそうもない、ぞっとするほど険しいカーブがありました。わたしは岸壁に飛び移ってしがみつかなければならなかったのですが、その格好ときたら、昆虫採集に来た人間というよりは、採集される昆虫そのもの——。それから岸壁をよじのぼり、ありとあらゆる大きさの巨岩に悩まされながら密集した森の中に分け入っていきました。不思議でならないのですが、この岩と木は、もともと、どちらが先にあったのでしょうか？」どれほど危険が迫っても、メアリの探求心を麻痺させることはできなかった。メアリの一行は、彼女のお気に入りの部族——「やたらと血の気の多い」ファン族の住む村で足をとめた。ここからの距離や前方にどんな危険が待ち受けているかという情報を入手するためだった。ファン族の村長は、さまざまな大きさの葉を、間隔をあけてカヌーの縁に並べてみせ、上流にある村々について有益なアドバイスをしてくれた。それはいってみれば原始的な地図で、それぞれの村の場所や距離を表していた。その中で交易所として安心して勧められるのは、四番目の村だけだという。メアリは村長にタバコをお礼に与えた。「ムボは彼らに賛美歌を聞かせようとして、ピエールに手伝ってもらって、一緒に歌おうとしたのですが、音ははずすわ、数小節遅れて歌うわ、おまけにははじめから終わりまで一本調子——。ファン族は感動したようですが、聾唖病院の患者でもない限り、うちの一行の賛美歌に感激する観客はひとりもいないでしょう。」

村をあとにしたメアリたちは、急流と格闘しながら上流へと向かった。その途中で、「わたしはなんとかみんなを面白がらせたくて、やっとの思いでのぼった大きな岩から、柳に似た低木の茂みに向かって頭から飛び込んでみせました」。そのあと、一行はたくみに流れをさかのぼっていった。だが、どうやら〝ファン族の距離感〟は、何をするにも時間のかかるアイルランド人ならみらしく、紫色のベルベットのような空に星が瞬き出しても、酋長の地図の、四番目の葉で表された村はみつからず、一行は、友好的だというその村を探して、あてもなく川岸に目をこらしつづけた。狭い小渓谷はまるで「鉄の壁にはさまれた狭い路地のよう」だった。その雨裂を、水車を回す水流なみの急流が流れゆく中を、けんめいに櫂を漕いでいるうちに、あたりはすっかり暗くなった。そのうち、メアリたちのカヌーは、「切り立った岩々をとりまき、激しく水しぶきをあげて渦巻いている早瀬にぶつかりました」。岩と岩のあいだに挟まれて動きがとれなくなり、漕ぐこともままならずに急流を押し戻されていく。ついに島に打ち上げられたメアリたちは、カヌーが流れにさらわれないように岩と岩のあいだに押しこむと、巨石があちこちに転がっている森林の中を苦労して抜けていった。遠くに見える明かりと、「太鼓のなつかしいタンタンタンという響き」をめざして――。この音は、自分の中に眠っていた原始人を呼びさましたと、メアリは語っている。

彼女は、顔や体を朱色に塗った踊り手の一団とすぐに親しくなり、村のクラブハウスを占有して、静かにディナーを待った。メアリが食事をしているあいだ、信心深いムポは、表の通りで宗教的儀式を行なった。そのあと、男たちが食事をはじめると、メアリは、「深い雨裂の中を、白い飛沫を散らしながら勢いよく流れるオゴウェ川」の岸辺へと、夜の中をさまよいでていった。

> わたしをとりまく闇の中に、何千という蛍がかすめ飛んでいました。この深い闇の向こうには、急流の白い泡が尽きることなく飛び散っています。聞こえるのは流れのとどろきばかり。その眺めの荘重さと美しさに魅了されたわたしは、そそりたった岩に背をもたせて、じっと立ちつくしていました。こうした自然の美しさは、ほかの人には複雑な詩心を喚起するのでしょうが、わたしが自分の心と喜んで呼べるものの中にそうした気持ちが生じるとは思わないでください。絶対にそうはならないのです。わたしはおよそ人間がもちうるすべての分別を、悲しみや悩みや疑いをともなった人生の記憶をすっかり忘れて、その自然の一部となるのです。もし天国が

あるなら、この場所こそがわたしの天国なのですから……。

翌朝、一行は急流をふたたび上流へとさかのぼっていき、ついにメアリの望みどおりの魚を採取できる最適の場所に達した。彼女は採った魚を選び抜いて、いつものように細心の注意を払ってアルコール漬けの標本にした。そして、役所の小蒸気船《ランチ》でタラグーガから戻った。船の中では、急流と格闘してかなりみすぼらしくなったスカートの裾周りに新しいブレードを縫いつけたり、周囲の自然の美しさを味わったりして過ごした。いつもならほかの船客の奇行を面白がるメアリだが、フランス語はさっぱりだったので、無関心ではないものの、それほど興味は感じなかった。

伝道所に戻ると、メアリはタラグーガで覚えたカヌー漕ぎの腕に磨きをかけ、自由自在に操れるようになった。「わたしの努力に対して、成功の王冠が授けられたのです」と彼女は語っている。「実を言うと、わたしにはふたつだけ誇れるものがあります。ひとつは、大英博物館のギュンター博士がわたしの集めた魚をほめてくださったこと。もうひとつはオゴウェ川のカヌーを漕げることです。速さ、漕ぎ方、舵取り、そのほかすべて、まるでわたしがオゴウェのアフリカ人でもあるかのように〝なんでもかんでもみんなと同じ〟なのです」。

カヌーが自由に漕げるようになると、メアリはもうじっとしていられなくて、ひっきりなしにあちこちにでかけた。ランバレネやオゴウェの上流まで物々交換用の品物を積んでカヌーを漕いでいき、岸辺の村やもっと奥に入ったところにある村々を訪れた。一度など、急な丘の斜面を転げ落ち、ファン族の家の屋根を突き破ってしまったことがある。メアリはハットン・アンド・クックソン商会あてに小切手を切って、その家の主人に屋根の修理と、老母を驚かせてショックを与えた償いをしなければならなかった。

それでもメアリは休むことなく、さらに奥地へと足をのばした。おそらく伝道所の周辺にも魚はいただろうが、彼女が「申し分のない粗野なフェティッシュ」と呼ぶものを得るためには、ヨーロッパの影響を脱しなければならなかったのだ。オゴウェの北には森林地帯が広がっており、メアリが上流の旅で知り合ったのと別のファン族が住んでいたが、こちらのファン族のほうがもっと野蛮だった。沿岸部にはキリスト教伝道の影響を受けた別の部族が住んでおり、白人と取り引きすることや衣服を身につけること、武器や呪術よりもっと快適なものを家に備えることを宣教師から学んでいた。原始的で強健なファン族は森を押し分けて進み、彼らよりも文明化された、この部族の住む沿岸部に侵略しつつあったのである。

ファン族は食人種として知られていたが、一部の部族のように宗教的な儀式によるのではなく、主要な常食として人間を食べていた。ファン族と出会ったメアリは彼らをいたく気に入り、その「燃えさかるような情熱と気質、知性と活力」を賞賛し、危険な人喰い人種だという悪しき評判もまるで気にしなかった。食人種は「白人にとってはなんの危険もないと思います。自分の黒人の連れを食べられないようにするのが、厄介といえば厄介ですが」とみなしており、宣教師に教育を受けたアジュンバ族がファン族の村ではいっさい肉を口にしないのを、むしろ小うるさいくらいに思っていたのである。

この魅力的な部族を、その自然居住地において多少なりとも知るために、メアリは森林を抜けてランブエ川に北上する道を探すことにした。この川のほとりにハットン・アンド・クックソン商会の奥地交易所があったので、メアリはこれまで旅に同行した現地人の男たちと別れる際に、報酬として交易用の品を与えることができた。それからランブエ川をくだり、ガボン川の河口にあるリーブルビルに戻ったが、フランス人、アフリカ人を問わず、知人たちはあまり激励はしてくれなかった。それどころか、当局はメアリの行動に関していっさい責任はもたないと突き放したばかりか、これまで急流の旅でしてきたように、保護の象徴となるフランス国旗の掲揚も許可しなかった。奥地では部族間の戦争の噂がしきりで、しかも現地人に聞いても誰も道を知らない。ところが、同行したアジュンバ族のひとりが、ファン族の中に顔見知りの交易相手がいると言い出した。彼らはンコヴィ湖に浮かぶムフェタという小島の、カヌーで一日かかる場所に住んでおり、ランブエ川沿いに住む部族と交易があると言う話だった。説得いかんではガイドを出してくれるかもしれないという。メアリたちは喜んでためしてみることにした。

一八九五年七月二十二日、どしゃぶりの雨の中を、メアリは割れるような頭痛をおして、四人のアジュンバ族の男たちとカヌーで出発した。彼らは「親切で感じの良い仲間」のように思えたので、メアリはそれぞれ、グレイシャツ、シングレット★、サイレンス、ペイガン★★とあだなをつけた。イガルワ族の通訳ンゴウタも一緒だった。彼はひどく臆病な上に役立たずで、「ひょっとしたらね」や「そっちのほうがいいね」、「うわあ、大変！　わたし、助けて！」といった〝愚にもつかない言葉〟を連発しては、一同の笑いものになっていた。幸い、彼らは白人との取引英語であるピジン英語を話すことができた。メアリも、このピジン英語のちょっとしたエキスパートだった。

一行は最初の夜をアレヴォマのアジュンバ族の村で過ごした。ここでグレイシャツは、自分のすばらしい家をメアリの好きなように使わせてくれた。この

★男性用の下着シャツの意
★★異教徒の意

家には椅子や鏡が備えられ、心地よいベッドにはキャラコのシーツがかかっていた。「ちょっぴり恐ろしげな」祈禱会のおかげでメアリの頭痛はかえってひどくなったものの、翌日、明け方に目覚めたときにはすっかりよくなって、カヌーの長旅にでかけることができた。同行者にはもうひとり、メアリが〝パッセンジャー〟と呼ぶ、アジュンバ族の男が加わった。彼はジョン・ホルトのランブエ交易所で雇ってもらいたいと望んでいた。彼を含めた男たちは、全員がゴリラやヒョウの毛皮で包んだ火打ち石銃に弾丸をこめ、完全武装していた。

一行は愛らしい鳥の群れる中を、川の主流をすべるようにくだっていった。果物を積んだカヌーが通りかかり、歌を歌いながら竿で舟を進めていたアフリカ人が、こちらに声をかけていく。「まさに贅沢きわまりない、うっとりするほど楽しい旅」だった。まもなく、一行は北に進路を取り、地図には載っていない川に入って砂堆★におりた。メアリはお茶を飲み、男たちは煙草を一服してくつろいだあと、「孤立した不思議な野生の小世界」に向かって漕ぎだした。男たちのひとりは、「ひどく不満げな声」で「今、みんなファン族」と言った。小島のそばを通りすぎたとき、メアリの観察眼は「草がカバによって刈りこまれ、道ができている」のを見つけた。「道の造成者が誰だかわかったとたん、道をつくった当の本人たちがおでましになったのです。なみはずれて大きな一

★砂堆　砂州や砂丘を形成する砂の堆積

頭がわたしたちの物音を聞きつけ、六フィート離れた草むらから立ち上がって姿を現すと、じっと穏やかにわたしたちを見つめました。それから一ヤードも口を開いて大あくびをすると、低い声で仲間にわたしたちのことを報告したのです。その中の何頭かが――大きな群であることは間違いありません――起きあがると、まるで貨物自動車のようなよどみない動きで、こちらに歩いてきました。」メアリはそれを見て、彼らは創造主が最初に手がけた被造物なのか、それとも最後の被造物なのか、と首をひねった。まだ、創造の腕が熟練していなかったときの失敗作なのか、それとも美しい作品をつぎつぎに創りたもうたあげく、あきてしまって、ついにこう叫んだのだろうか、と――「さあて、あとは残った臓物を大きな袋に詰めこんで終わりにしよう。手間ひまかけるのは、もうたくさん」。そうこうしてカバをやりすごしているうちに、今度はワニに出くわした。その光景は、メアリが子どもの頃、本で読んだ勇敢な探検家たちの話そのものだった。

夕闇の迫る頃、一行は曲がりくねった川を抜け、ンコヴィ湖に入っていった。不気味に静まりかえった水の広がり……。櫂が水面をたたくたびに銀色に輝く泡が沸きあがる。一同の不安を代表するようにシングレットが、血の匂いがすると叫んだ。メアリたちは大きな島の岩だらけの岸辺に大胆にカヌーをつけた。するとそこに現地人の集団がさかんに銃をいじりまわし、長いナイフの鞘を抜きながら、斜面をくだって押しよせてきた。彼らはムフェタ族だった。ペイガンは、彼らの中に知り合いの顔を見つけようとしていたが、いつも寡黙なサイレンスがめずらしく口を開いて、意見を述べた――

「もしキヴァ、ここに住んでないと、悪いもめごと、起きる。」わたしは立ち上がると〔…略…〕ゆっくりと岸辺を歩きながら、ずらりと並んだ恐ろしげな顔に向かって、さりげなく〝M'boloani〟と声をかけました。彼らのほうが先に挨拶するのがエチケットだとはよく知っていたのですが――。彼らは低い声でぶつぶつ言っていましたが、それ以上の行動にはでませんでした。まもなく、彼らは二手に分かれ、中年の顔立ちのいい男性に道をゆずりました。あいだを進み出てきた男性は、よじれた汚い腰布を巻きつけ、ヒョウと山猫の尾を束にしたものをヒョウの革ひもで肩からたらしているほかは何も着ていません。ペイガンはしゃにむに彼のもとに駆けよりました。まるで自分の豊かな胸に相手を抱きしめそうな勢いでしたが、いつものように相手の肩に片手を触れるか触れないかのところでとめ、ファン語で語りかけました。「わたしのことがわからないのかい？　親愛なるキヴァよ。よもや、古いともだちのことを忘れたわけではあるまいね？」キヴァは感に堪えたようなうなり声を上げると、両手を掲げ、やはりペイガンに触れないところでとめたので、わたしたちは、ほっと息をついて、ふたたび呼吸をはじめたのです。それから、グレイシャツが彼らのもとに駆けだしていきました。ここで会えるとは思っていなかった彼自身のファン族の友人を見つけたからで、彼も同じように、例の偉大なる愛情表現をやってみせました。わたしもオゴウェの上流からきたファン族の知り合いはいないかと見まわしましたが、この挨拶ができるような知った顔はなかったし、彼らがどんな性格なのかもわからなかったので、いくらしゃれた擬似抱擁でもためしてみる気にはなれませんでした。まったく、この夜、わたしたちが出くわした彼らほど、野蛮で邪悪な顔つきの未開部族には、これまで一度も――絵本の中でさえも――出会ったことがないと言わなければなりません。彼らとにらみあった、まさに一触即発の二十分間は、わたしのこれまでの人生において、もっとも長い時間だったのです。

だが、彼らはメアリたちに敵意のかわりに友好を示すことに決めたようで、一行は歓迎を受けた。メアリが勇敢にもファン族の集団の中にわけいっていくと、彼らは彼女の不思議な恰好に目を丸くして、さっと後ずさった。黒のロングスカートにハイカラーのブラウス、腰に巻く飾り帯《カマーバンド》にぴったりした帽子といった姿が、彼らの目には異様に映ったのである。子どもたちは、メアリの白い顔を見て口々にわめきだした。

メアリにあてがわれた小屋は不潔きわまりなかったが、ベッドがわりの粗末な木のベンチが備えられていて、この村では最高の宿だった。メアリは村の人たちをお茶に招き、ランブエ川まで同行して荷物を運んでくれる人はいないかと尋ねた。何時間もさんざん協議を重ねた結果、海賊なみに荒々しい気性で怖いもの知らずの四人の男たちを雇い入れることになった。メアリは喜んだが、同行のアジュンバ族の男たちは恐ろしさにふるえあがった。四人の男たちの中で、キヴァとウィキは狩りの名人として知られていて、飲み水や水を探し出すといった未開地生活に必要な技能にすぐれていた。もうひとりのフィカは「りっぱな若者」。四人目は「公爵のマナーと〝ごみ箱〟の習癖を持ち合わせたファン族の紳士」で、彼は頼みもしないのに自分から押しかけてきて、「何か面白いことはないか、けんかでもやっていたら、自分も加わるつもりで顔を出した」のだ。メアリは最初からファン族の人々と友達になり、彼らについて興味深い言及をしている（その一部はすでに引用した）――

わたしたちは、自分たちが戦うよりも一緒に酒を飲みかわすほうがふさわしい、同じ種類の人間に属していることを、互いにわかりあっていました。もしわたしたちがその気になれば、殺しあいになるのもわかっていたので、そんな気持ちが起きないよう、お互いにかなりの注意を払っていたのです。ファン族も、物々交換の取引相手であるグレイシャツとペイガンには、彼らなりの礼儀をもって接しました。けれども、サイレンスとシングレット、パッセンジャー、それに何よりもンゴウタに対しては、そんな配慮はちっともないことをあからさまに示していました。もしわたしたち三人がいなかったら、ファン族はこの人なつっこい紳士たちを殺して食べてしまっていたかもしれません。イギリス人のスポーツマンがたくさんのウサギを狩りで殺す

メアリが撮影したファン族の家族。『西アフリカの旅』より

のと同じ良心の呵責を感じながら——。アジュンバ族はアジュンバ族で、ファン族を目の敵にし、機会あるごとに「このファン族たち、すごく悪い人」とわたしに訴えるのです。

ランブエの道は、黒檀やマホガニーなどの広葉樹の密林につづいていた。木々はどれも百フィート、あるいは百五十フィートもの高さにそびえたち、からみあった枝は天蓋となって日差しをさえぎっている。蔓《つる》植物や匍匐《ほふく》植物が枝から垂れ下がっているさまは、航海好きのメアリに、船の帆を支えるロープを思い起こさせた。最初の日は、カヌーで上陸した地点から二十五マイルもの長い行軍で、真っ黒なヘドロの中をひざまでつかって進んだ。ファン族は元気いっぱいのきびきびした足取りで進んだが、カヌーを漕ぐのはうまくても歩くのは苦手なアジュンバ族は、ひいひい息を切らしながら彼らのあとを追った。それでもなんとか取り残されずについていけたのは、ファン族がそのけたはずれの食欲を満たすために、二時間ごとに休息をとったからだ。メアリはふたつのグループの中間くらいを歩いていたが、両方のグループの先頭にたったとき、五頭の巨象が砂浴びをしているのを見ることができた。彼らの進んでいた道が、象のいる窪地につづいていたのだ。そこにキヴァがきたので、メアリは象狩りを提案してみたが、彼は悲しそうに首をふった。自分たちの一団はそこまで強くはないし、どちらにしても、こちらに敵対するファン族に必ず出くわすに決まっているから、自分たちの弾薬はとっておかなければならないというのである。

一行はシエラ・デル・クリスタルの山麓の丘を登りはじめた。そこここに、朽ちかけた木々が倒れていて、ゆくてをはばんでいる。メアリたちはその倒木を這って乗り越えようとしては、何度も斜面をすべり落ちた。二十フィート以上も下に、「ヘビとムカデが——それも、たとえコレクターでももてあましそうな、おびただしい数のヘビとムカデがうようよしている」中を、である。「でも、誰かが谷底に落ちているあいだに、蔦の鑑定家としてはきわめて目利きのウィキは、そのつど、まわりの森からもっとも適した蔓植物を選んできました。それから、この奈落への旅でなぎ倒してしまった枝の中を、その蔓でひっぱり上げるのです」。そのうち、今度はそのウィキが落ちてしまったのだが、彼にいわせると、彼を助けるのに使われた蔓はとうてい満足できるしろものではなかった。このときのことを思い出すと、メアリはそのたびに「冷や汗が流れる」のだった。この危険な地域に広がる森林は、まさに信じがたいほどの美しさだったが、夜のうちにエフォアに着こうと思えば、のんびりしている暇はなかった。ファン族の男たちは、その村には友人がいると自信ありげだったが、もしいなかった場合に備えて、暗くなってから入り込む危険を冒したくなかったのである。五時には、一行はエフォアの近くにさしかかっていた——

その道はいくらかぼやけて見えましたが、ずっと目をこらしていると、確かに見わけられました。まもなく道がとぎれたところにでたのですが、下生えの茂みの向こう側にまた現れているのがはっきりわかります。近道をしようとそこに向かったのですが、次の瞬間、わたしは、何本もの杭が突き出た穴の中に落ちていました。地下十五フィートはある獣捕獲用の、袋型の穴の底に転落してしまったのです。

良質の分厚い生地のスカートのありがたみがわかるのはこうしたときです。もしわたしが、イギリスで多くの方々に忠告されたことを気にして、男性のような服装をしていたら、杭に串刺しになって死んでいたでしょう。忠告してくれた女性の方々も、自分は男みたいな格好をしているわけではないのだから、そんなことを言わなくたっていいのに——。こうして、わたしはあちこち打ち傷だらけにはなったものの、たっぷりしたスカートを身体の下にたくしこんだおかげで、十二インチほどの黒檀の杭九本の上にそれほど苦痛でもなく座りこみ、ここから出してと大声をはりあげました。デュークが真っ先にやってきて、穴の中のわたしをのぞきこみました。「蔓をとってきて、わたしをここから出してちょうだい」と言うと、彼はぶつぶつ言いながら丸太に腰をおろしました。次に来たのはパッセンジャーで、穴をのぞいて「死んだか？」と聞きます。「まだ死なないわ」とわたし。「蔓をとってきて、ここから出してよ」と頼むと、「ちょうどいい蔓、ない」と言って、彼も丸太に座りこんでしまいました。けれども、まもなくキヴァとウィキがやってきて、ウィキが英国人のレディを引き上げるのに最適の蔓をとりに行きました。穴から救出するために、わたしの年齢や背格好にぴったりの蔦を探してきてくれたのです。時間がだいぶかかったことからみて、その蔦はこの辺ではめずらしい種類のようでした。黄色の砂粘土の岩肌はつるつるしているうえに、内側に湾曲しているので、どうやってよじのぼろうかと思案していたのですが、蔦をみつけた彼が戻ってくると、わたしはたちまちのうちに引き出されました。わたしは恥ずかしくて、顔から火が出る思いでした。ところが今度は、先頭を歩いていたサイレンスがこの世の終わりのような悲鳴をあげて、わたしたちの前から姿を消してしまったのです。男たちは全員、銃から皮のカバーをはずして、注意深くあたりを確かめ、ヘビ皮の鞘に入ったナイフをいつでも抜けるようにかまえました。それからわたしたちは、哀れなサイレンスの引き上げにかかり、ひんやりした緑の葉っぱで彼の身体の要所要所を包んでやりました。サイレンスはスカートをはいていなかったので、とがった杭の先ですり傷だらけになっていたからです。

エファウアで一行はまたしても驚きの目で見られたが、幸い、敵意をもたれることはなかった。だがそれも、デュークが、村人から人殺しだと糾弾されるまでのことだった。それほど遠くない過去に、彼らの仲間のひとりを殺したというのである。けれども、一行は証拠がないと言い張って、危機を乗りきった。その夜、メアリは自分の荷箱のあいだに身を縮め、煙草を詰めた袋を枕にして、やっと眠りについた。そのうち、いわくいいがたい異臭に目をさました彼女は、それが頭の上にぶら下がっている袋から漂ってくるのに気がついた。袋をあけてみると、中身は、なんと身の毛のよだつような人間の身体の一部だった。慎重に自分の帽子の中にあけると（貴重なものをなくしたら大変なので）、しなびた片手、足のつま先と目と耳が数個――。メアリは自分のノートに「犠牲者の記念の品を取っておく」というファン族の習慣を書きとめた。王立地理学協会博物館に陳列されているモールスキン★製のピルボックス★は同博物館の自慢の品だが、はたして、それがこのときの帽子なのだろうか？

次にめざしたのはエガジャという悪名高き村で、同行の男たちは誰もこの村に知り合いがいなかった。一行は、朽ちた倒木が重なった斜面を何度も滑りおちながら丘を越え、雨裂の中に続く沼地をいくつも通りぬけて、へとへとになって行進を続けた。メアリもふくめた全員が交代で先頭に立ち、「小麦粉の練り衣みたいな、真っ黒なヘドロ」の中を通りぬけ、天日で表面が薄くかちかちになった沼地を越えて、試行錯誤を繰り返しながら浅瀬を見つけた。そんなとき、メアリの護衛団のあいだでトラブルがもちあがった。ファン族の男たちは「やたらに威勢がよくて、ンゴウタに対してあからさまに横柄な態度をとっていました。彼らはわたしがこの魅力的な土地にしばらく足をとめて、自分たちや、この土地のさまざまなすぐれた人々と一緒に狩りをすることを望んでおり、エファウアのときのように、すぐその人たちと友達になれるからと、わたしにうけあうのです」。

しかし、メアリは平和をたもち、エガジャの村長を言葉たくみに説得して村に入れてもらった。村長に対して、「この村は〝泥棒の村〟だという噂を耳にしたけれど、わたしは、根も葉もない嘘だと証明してくれることを信じている」

★モールスキン　モグラ毛皮に似た毛羽のある厚地綾織り綿布

★ピルボックス　縁なしの円形の婦人帽

ときっぱり語ったのである。彼女は口先だけでなく、村長の母親の腕に腫瘍ができていたのを治療して、善意を行動で示した。その腫瘍は実に胸の悪くなるようなもので、さすがの強心臓のメアリも見たとたんに吐きそうになった。それで、お茶を飲んで心を落ち着かせ、大手術にのぞんだ。

それでも、メアリたちはトラブルなしにエガジャを出ていくことはできなかった。キヴァが昔、ふみたおした借金の返済を迫られたのだ。村人たちはあっというまにキヴァを縛りあげ、はからずもメアリは、えんえんとつづく〝法的なもめごと〟に参加するはめになった。これは有益かつ実に面白い経験となった(何しろ、彼女は現地人の習慣を研究しにアフリカに来たのだから——)。途中で、彼女自身、儀式用語の〝Azuna!〟——「静粛に、これからわたしが話します!」と宣言して発言し、重要な役割を担ったのである。彼女はキヴァを自分の交易品の一部で買い取り、「〝よその悪い奥さんのもめごと、わたしのふたごの弟がしたことね〟とアリバイを主張する」ウィキが、これ以上、問題を引き起こさないうちにエガジャを出ていくことに決めた。

そのウィキが、五頭のゴリラがいるのをメアリに教えたのは、旅の三日目のことだった。

年老いた雄が一頭に子どもの雄が一頭、それに雌が三頭でした。一頭の雌には、よじれのある毛が波打った黒く美しい毛並みの子どもがしがみついていました。大きな雄はしゃがみこんで長い両腕をたらし、手のひらをうわむけて甲を地面にぺたっとつけています。年長の雌はパイナップルを細かく引き裂いて食べていましたが、ほかのゴリラが選んだのはプランテーン★で、それも食べるというよりなぎ倒しているというほうがあたっています〔…略…〕わたしはウィキがゴリラに発砲しないように手を伸ばして、彼の銃を押さえたのですが、彼は彼でわたしが撃つと思ってわたしの手首をつかみました。

わたしがしばらく興味津々でゴリラを眺めていると、ウィキが小さく異様な声をあげました。見ると顔をひどくゆがませ、片手で荒々しくのどをつかんでいるではありませんか。さあ、大変！　わたしは、彼が発作を起こすと思いました。そうなったら、今度こそ、お手上げです。彼は頭をがくがく前後にふりながら、両手で頭を抱えて、プランテーンの茎の根元につもった枯葉の山に顔を押しつけました。そして、猛烈なくしゃみをしたのです。ゴリラたちはいっせいに手に持っていたものを放りだし、さっと身を起こすと、吠えるとも唸るともつかない奇妙な声をあげました。そし

★プランテーン　料理用バナナともいい、ふつうのバナナより甘くない。熱帯地方では基本食品

て、雌のゴリラと子どもたちは家に帰っていきました。

まもなく、一行はめざすランブエ川とおぼしき方角に向かって北西に流れる川を渡った。今度は、現地人の集団がゴムの樹液を採集しているところに通りかかった。ウィキとキヴァは、メアリに商いの常套手段について教えてくれた。蔓性のゴムから樹液を絞りだし、村の女性たちが煮詰めて団子状に丸める。このときに巧妙に手を加え、実際よりも大きくみせるやり方がいろいろあるのだという。このゴムと、男たちが狩りで採ってきた象牙がアフリカを巡回する交易商人やもよりの現地工場に売られる。そこから何人かの仲買の手を通して、沿岸部の町の白人商人のもとに運ばれるのである。そうした知識は、どれもメアリの助けとなり、飼い慣らされていない野生の国のイメージをつくり上げるのに役だった。その野生の国においては、薄皮一枚のところで、危険のマグマが今にも噴火しそうに煮えたぎっていた。それが彼女の旅に刺激を与え、唯一の贅沢であるお茶の時間にぴりっとした味わいを添えていた。メアリは観察したものを残らずノートに書きとめていたが、「大切な科学者の友人」の助言には従わなかったと、こっそりうち明けている――「いつも測定をすることを忘れないように、ミス・キングズリ。それも必ず、成人の雄で測ることですよ」。

ゴムを採集する人々の姿や耕作地が、エスーンの村の近いことを告げていた。エスーンは比較的静かな村だった。

わたしはこの村が好きになりました。ここの人々はランブエ川のことをよく知っていて、ほかの村の住人みたいに、川への道を聞いても、「悪い人、たくさんたくさん、あっち側に住んでる」と言って漠然とした方向をさして手をふるだけ、ということはないからです。もちろん、彼らが語りぐさになっている〝悪い人たち〟を恐れていることは言うまでもありませんが、わたしは新たな知人たちの道徳性に関してはかなり平気になっていました。人殺しという強烈な蛮行にかけては、前からのファン族の知り合いのほうがもっとすごい――いいえ、今、一緒に旅をしている同行のファン族の男たちでさえ、さらに上をいくことを確信していたからです。

そうはいってもメアリは、ランブエ川への最短の近道を阻む〝血で血を洗う戦い〟について、なにか手を打たなければと思っていた。次の村の住人は、よそものが近づいてくるのをみとめようものなら、ただちに銃を発砲してくる。村の入り口には、仕掛け線や鈴を使った警報装置がはりめぐらされていた。

デュークは、前にも言ったように実に勇敢で、どんな仕事でも進んで引き受けてくれるのですが、その彼がわたしに、この道を最初に——わたしひとりで、みんなより一マイル先に——行ったらどうかと勧めるのです。わたしが先にいけば、たぶん、次の村の住民たちは、すぐには銃を発射しないだろう。わたしの風変わりな外見に、折よく彼らが気づいてくれればの話ですが——。そのあと、わたしが事情を説明し、それから残りのみんなが続けばいいというのがデュークの提案でした。わたしは、「大胆かつ勇敢であることほど、大切なことはないわ、親愛なるデューク」と彼に言いました。「たとえ勇気を示すのに、誰かを身代わりにたてたとしてもね。だから、あなたの言うとおりにすれば、あなたにとってすごく大きな名誉になると思うわ。でもね、あなたたちの魅力的な言語に関するわたしの知識は実にお粗末なものだから、村の人たちに間違った印象を与えてしまうんじゃないかと心配なのよ。わたしがうやうやしく貢ぎ物をもってきたと——八人の野蛮人を食べてもらうために連れてきたと、誤解されてしまうかもしれないでしょう。八人というのは、あなたもふくめた、ほかのみんなのことよ、わかるわね。」わたしの部下《マイ・メン》たちは、それは危険きわまりないことだと悟ったようです。これでなんとか、わたしは危機を脱することができました。いわば、自分の身丈をはるかに超えた巨人の服を着させられ、服の裾が足にからまって危うく転ぶところだった、というところでしょうか。立ち入り禁止の道を進んでいって、待ち伏せしている原住民に自分をさらし、おめおめ狙い撃ちの対象にされるなんて、まさに自分から火の中に飛びこむ虫と同じではありませんか。わたしはまだ、そんな目に遭うのはごめんです。

メアリはこの道の代わりに、アゴンジョの下流のンドルコでランブエ川にいきあたる回り道をとるようデュークたちを説得した。アゴンジョにはハットン・アンド・クックソン商会とジョン・ホルト両方の交易所があるはずだった。こうしてメアリは、オゴウェを立つときに脱いだブーツをふたたび履いて、エスーンから西北西に向かう道に男たちをうまく誘導していった。

やがて道はマングローブの沼地に入った。これが感潮河川★の沼——長く突き出たガブーンの三角江★であることに、メアリが気がついたのは、まさに間一髪のときで、明らかに潮が満ちてきていた。一行は方向を転じ、あわてて逃げ出した。それから一時間以上、熱帯の午後の陽射しの中、どろどろの土とひどい悪臭の中を進み、やっと安全な乾いた丘の中腹にたどりついた。そこで行きあ

★感潮河川　潮汐の影響を受けて水位・流速などが変化する河川（の下流部）
★三角江　丘陵や台地に囲まれたラッパ状の入り江

たった道は、北のランブエ川に向かって小さな滝のように流れ落ちる渓流を越えて東につづいており、午後遅くにはプランテーションが見えてきた。農場の向こうには、霧に包まれた美しい谷――まるでターナーの絵のような風景が広がっている。だが、その中には、足を踏み入れると女性なら胸のところまでつかってしまうような沼地もあった。濡れねずみになったほかは無事に湿地帯を抜け出た一行は、ンドルコにゴムを運ぶ男女の一団に行きあい、ンドルコはもうそこで、次の沼地を越えたところだと言われた。

どの方角を見ても、汚れた水が一面に広がっています。水の中から華やかな沼地の水生植物が突き出し、島々には、タコノキ★が大きな堤のように広がり、サケラフィアというアフリカのヤシが小さな森を作っています。静かな水に影を落とす愛らしいヤシの葉。鏡のようななめらかな水面に映った葉影は、どちらが本物かわからないくらい鮮やかでした〔…略…〕わたしたちの道は、沼地を縁取る黒い岩々を越えてまっすぐこの沼につづいています。"これっきゃない、ぐだぐだ言わずにまっすぐ来い"といわんばかりに――。魚の標本の入ったたくさんの瓶とゴリラの標本をかついで先頭を歩いていたシングレットは、男らしく、沼に向かいました。そして、

★タコノキ　タコノキ科タコノキ属の植物。アジア、オセアニア、アフリカの熱帯に広く分布する。海岸に自生することが多いため古く大航海時代から目にとまり、その葉や果実の形状からスクリューパインと呼ばれ、親しまれてきた。タコノキの名称は、放射状の気根がタコの足のように見えることによる

彼のあとをぴったりついていたわたしたちの目の前で、あっと思うまもなく、水の中に姿を消してしまったのです〔…略…〕わたしは、ゴムを運んでこの道を通る人をつかまえて、浅瀬に案内してもらおうと提案しました。そこで、疲れ切ったわたしたちは、なんともみすぼらしい格好で、しょんぼりと岸辺に座りこみ、ゴムの運搬人が通りかかるのを待ったのです。やがてやってきた彼らはすぐさま水の中に飛びこんだりはせず、いらいらするくらいゆっくりと準備を始めました。まず服を脱いでひとまとめにすると、驚いたことにそれを頭の上にのせたのです。最初に男たちが銃を頭上高く掲げ、沼の縁をまわってから水の中に入りました。そのあとに、女性たち、そしてわたしたちの一行が続いたのですが、すぐにわたしたちは全員、水にあごまでつかってしまいました。

わたしたちは二時間十五分かけて沼を抜けました。（わたしは一時間四十五分。）でも、わたしはゴムの運搬人のすぐうしろについて、ぬかりなく進んだので、頭までずぼっと水に浸かったのは全部で二度だけです。ほかのみんなは、わたしほど運が良くありませんでした。そのうちのひとりは、気づいたときには背の立たないところにいて、とっさにヤシの葉をつかみました。それでも、さらに深みにひきずりこまれそうになったので、ヤシの木立の中で、鳥が止まり木にとまるみたいにして助けを待ったのです。さっそく、背の高い男性だけで編成された特別遠征隊が救助に出向き、花でも摘むように彼を拾いあげました。また、ほかのひとりは、近道をしようとしてタコノキの木立の中に迷いこみ、全身、ひっかき傷だらけになりました。彼はタコノキがなかなかあなどりがたいことを知らなかったので、特別救助隊の助けに預からなければならなかったのです。この沼にはヒルが多くて、わたしたちは全員、ぞっとするほどたくさんのヒルに吸いつかれ、首のまわりに襟飾りのようにヒルがついたさまは、まるで黒く艶やかなアストラカン★の襟のようでした。沼地を出るときは、両手もびっしりヒルで覆われていました。沼の深さはどこもほとんど同じで、わたしたちは首まで水に入って浅瀬を抜け、向かい岸の岩によじのぼりました。

彼らは今にも倒れそうになりながら、ついにランブエ川岸にあるンドルコにたどりついた。全身泥だらけの上にヒルとハエにまとわりつかれて——。ここでメアリは、ハットン・アンド・クックソン商会の副代理人でちゃんとしたイギリス英語を話せるアフリカ人に出会った。また、ライバル会社ジョン・ホルトの代理人にも会ったが、「全体の見た感じは、まるで『アラビアン・ナイト』

★アストラカン　ロシア南西部アストラハン産の子羊の毛皮。黒くて光沢があり、巻き毛が密なもののお芝居から抜け出てきたみたい」な、この代理人は、会うというよりは、自分のほうからいきなり声をかけてきたのである――「〃わたし、ホルティの代表！　わたし、ホルティの代表！〃と叫びながら、群衆の中を突進してきました」。メアリは片や煙草と布、片やラム酒をそれぞれの代理人から買い入れたあと、アゴンジョまでカヌーで流れをさかのぼった。

アゴンジョはハットン・アンド・クックソン商会の本工場があるところで、メイはここで数日間の休養をとることができた。彼女は同行の男たちに物品で報酬を支払って解雇し、オバンジョと呼ばれているアフリカ人商人と一緒に、元気いっぱいにカヌーを漕いで川を下った――「でも、本人はオバンジョより、キャプテン・ジョンソンと言われるのを好みました」。「この彼には、〃やあ、相棒、元気かい〃とでもいうような陽気な雰囲気が、それこそ帽子のてっぺんから足の裏まで、花の香りのようにふわりと漂っているのです。」メアリは、奥地の旅の同行者として信頼のおける男の知人を五人あげるとしたら、彼をそのひとりに選ぶだろうと一目で判断した。「少なくともわたしたちのどちらかはは生き抜いて、この冒険によって何か重要な成果をあげることができるでしょう。」「わたしたちが初めて出会ったとき、彼は大きなソンブレロをかぶり、染み一つないシャツと、清潔でしゃれたダンガリーのスーツを着ていました。

さっそうとした着こなしが、ひきしまったみごとな身体つきと整った顔立ちをひきたて、実に力強い印象を与えます。いつもあけっぴろげにめいっぱい感情を表しながらも、常に、小さな鋭い目が、自分の愛想のいい笑みや快活な笑い声の生みだす効果をうかがっているのです。彼の顔の中で、その目こそがオバンジョの目で、残りはキャプテン・ジョンソンのものでした。」

メアリはランブエ川を下るのに〝白人としての最遅記録〟をうち立てた。ひとつにはキャプテン・ジョンソンのカヌーが半壊状態だったのと、帆がわりに使っていたキルティングのベッドカバーが破れてしまったせいだ。もうひとつは、広範で複雑な取引業務を処理しなければならなかったのと、地元の部族との争いを回避しなければならなかったためだった。メアリは夜間は、自分が船長の代わりに舵をとると申しでた。船長は、彼女が自分のなすべきことを熟知しているのがわかると、毎晩、船の操縦をまかせるようになった。

わたしはアフリカの生活をずいぶん楽しんできたけれど、夜ごと、ランブエ川をくだった日々ほど、心ゆくまで楽しんだことはなかったと思います。まがりくねった、黒い大きな川。その水面の真ん中に、月の光に照らされていぶし銀のように輝く道がつづいています。両側には漆黒のマングローブの壁がそびえたち、頭上には星の一団と月明かりの天空がマングローブの壁の上にかいま見えて——。前方には、ただのシーツから出世をとげた船の帆が、ひるがえっています。料理用の火のかすかな赤い輝きが、冴え冴えとした月の冷たい光に、唯一の暖かな彩りを添えていました。

河口に着き、ようやく文明社会に戻ることのできたメアリは、眠っていたために、甲板から波止場の水の中に転がり落ちてしまった。とんだ上陸祝いとなったわけで、ミスター・ハドソンの出迎えを受けたときも、なんとも盛り上がらない結末となった——「わたしは彼と会うのにどきどきしていました。彼は、かつて、何をするにも慎重にという厳命をあれこれつけて、わたしをマダム・ジャコットの安心な手にゆだねたのですが、その後、とうてい彼にほめてもらえそうもない出来事がわたしの人生にはたびたび起きていたからです〔…略…〕彼はやっぱりほめてはくれませんでした。わたしの旅の行状はほとんど彼の耳に入っていたのです」。

そうこうするうちに、メアリに、コリスコの島を訪ねて魚とフェティッシュの両方を研究する機会が与えられた。その島では女たちが、特別な季節に特別な方法によって、奥地の湖で釣りをするのだという。島はコリスコ湾から船で一日の距離で、メアリはラファエッテという「乗り心地のよい、すてきな船」を宣教師のナッソー博士から借り受け、快適な船旅を楽しんだ。彼女は、この研究好きの老練な宣教師から、アフリカの現地人のことをいろいろ学んだ。その中にはファン族のような奥地の部族のほかに、沿岸部に住むもっとおおらかな種族もいたが、メアリはファン族ほどの興味は覚えず、感服もしなかった。

コリスコは期待はずれだった。人々はまるで眠りこんでしまっているかのように不活発で、性格も穏やかすぎた。釣りの習慣にしても興味深いところはまるでなく、魚自体もどこでも見かけるようなありふれたものだった。まもなくメアリは、自分が納得のいくように船荷を積んで、ふたたびラファエッテ号に乗りこんだ。船には、彼女のほかに、本土まで乗せてくれと押しかけてきた人々が乗っていた――「わたしはアボカドやバナナを抱えた乗客に囲まれて座らなければなりませんでした。それで、西海岸の船長というよりは、つけ合わせの果物と一緒に食卓に乗せられた、肉の切り身になったような気がしました」。それでもまもなく、彼女はラファエッテ号の舵をとった。そして、夕刻に風が凪ぐまで、外海に船を進めていった。「船尾から身を乗り出し、自分の傘でせっせと水深を測ったあと」(「傘は最高でした。これは航海術にはありませんが、実に役立ちました」)、碇を砂州の砂にしっかり係留して、一行は船上で夜を過ごした。メアリたちは、「大きな雄羊」に「危険きわまりない夜襲」をかけられないように、テントがわりの大檣帆《メーンスル》★の下に身を寄せあった。「この羊はミスター・イベアがガブーンに届けるもので、新月刀《シミタール》★に似た鋭い角をもち、ひっきりなしに動きまわる習性があります。わたしは、この羊が次から次へと眠っている人々を起こし、さんざん困らせて文句を言わせるのをこの目でしっかり見ることができました」。メアリにとって船旅は、常にこうした愚にもつかない事件を提供するだけでなく、たとえば、次にあげるような高尚な喜びをも与えてくれたのである。このとき、彼女は船尾に座って、対岸の森に目をはせていた——

　静止した森が黒い線となり、畝《うね》のように隆起した砂の浜辺がつづいています。その背後の潟から、白いやわやわとした霧が低くたちこめ、林の樹木のあいだを忍び寄ってきます。霧は林の下から砂浜を越えて海へと広がり、あるときは高く伸びあがり、あるときは砂の上にうずくまって、長く白い腕、いいえ、触手を、うち寄せる波に向かってさしのべる。やがて、あたかも魂をもった、毒のある、悪意に満ちたもののように、すっとその触手をひっこめる〔…略…〕わたしたちに触れたいと思いながらも、波の

★メーンスル　メーンマストのいちばん下の帆

★シミタール　アラビア・ペルシア起源の湾曲した新月形の片刃刀

雷鳴のような轟きと水煙を恐がり、怯えているのです〔…略…〕この種の霧が健康にいいものとは思いませんが、しばしばこの上なく美しく感じられ、常にわたしを魅了してやみません〔…略…〕森林の中で行き暮れ、何マイルもその中を足早に歩くとき、霧はすばやくわたしのまわりに渦巻き、ゆれるスカートにまつわりつきます。そして、月明かりが照らしてくれる足もとの小道をいたずらっぽく隠してしまうのです〔…略…〕わたしの軽薄さについて批判がましく言う人がそばに誰もいないとき、わたしはよく霧と遊びます。霧がちょうど地面から三、四フィートのところに立ちこめているときは、両手にすくいあげては落としたり、小枝で打ったりしてたわむれるのです。

そんなメアリだったが、なかなかたくましい一面もあった。男たちはラファエッテ号のにわかづくりのテントの下に、経帷子《きょうかたびら》をまとった遺体さながらにうずくまって寝ていたが、そのいびきたるや神経がおかしくなりそうなほどすさまじいものだった。それでなくても、船の碇がぎしぎしと波にひっぱられる音で夢の世界から引きずり戻された彼女は、船を固定し、プランテーンの頑丈な枝葉で男たちをたたいてまわった。いびきさえ静かになれば、彼らの眠りが破られたところでかまいはしなかったのである。

そんなこんなでメアリは、ハットン・アンド・クックソン商会の荷揚げ場に着いたときはほっとした。そして短い休息をとったあと、ドイツ領のカメルーン川に途中寄港する本国行きの蒸気船に乗りこんだ。彼女はドイツとドイツ人に対して憧れを抱いていたが、それはひとつには、大ブリトン人とチュートン人のあいだに民族的類似があるという考えに基づいていた。この考えは一時期、われわれの祖父母の時代に浸透していたものだが、今日ではすたれている。もうひとつはたぶん、メアリがドイツ語に堪能だったからだろう。彼女はアフリカにおける英国、フランス、ドイツ、ポルトガル、スペインの行政機関を比較することは興味深いと示唆しているが、カメルーンにとどまったのはそうした調査をしたいがためではなかった。ふと心に浮かんだカメルーン山★、マンゴ・マー・ロベー（〝雷の玉座〞）に登りたいという思いが、激しい情熱にまで高まっていたのである。自分の計画の中に登山の占める位置のないことはわかっていた。何しろ、魚は一匹もいないし、フェティッシュを行なう人もほとんどいない。それでも、一八九三年に海岸線を船で通過したときに初めて大カメルーンと小カメルーンのふたつの峰を目にして以来、ずっと、西アフリカの最高峰に立つ夢を抱きつづけてきたのである。

★カメルーン山　カメルーン西部の活火山（四〇七〇メートル）。一八六一年に英国人バートンが初登頂したメアリは登攀が困難な南東の――つまり、内陸側のルートを選んで登頂をこころみ、山頂に到達した二番目の登頂者となった。彼女はその体験を、いつもの陽気な調子で語っている。思いがけない災難や天にものぼる喜び。頂を制覇した征服感や、こっけいな失敗談などもりだくさんだが、その中には、これよりもっと危険なオゴウェ川の冒険では意識しなかった緊張感が、一貫して流れていた。同伴した荷物運び兼従者は、役立たずの上に意気地なしで、メイはファン族の友人たちがなつかしかった。一晩の宿を得た伝道所に押し寄せてきた現地の人々とのふれあいも、とりたてて楽しめなかった。しかも山頂にたどりついたときは、深い霧にすっぽりと包まれていたので、目の前わずか数フィートしか見晴らしがきかなかった。

このときのメアリが、それまで実に多くの偉大な旅行家が陥った危険な状態に近づいていたことは、容易に想像がつく。こうなると、危険と困難がもはや挑戦ではなくて一種の中毒となり、リーダーにしても隊員を励ますのではなく駆りたてるようになるのである。リビングストンは、マコロロの友人たちを追いたてるようにして、ケブラバサ峡谷の焼けつくような石の上を越えさせたし、ジョセフ・トムソン★は自分自身も病気で消耗していたが、それでも天然痘に苦しむ隊員たちに情け容赦なかった。イザベラ・バードは中国のはるかな辺境で

★J・トムソン（一八五八―九五）スコットランドの地質学者・探検家。中央アフリカ遠征隊に地質学者として参加し、その後リーダーとしてタンガニーカ湖に到達し、マサイ族の土地を通過して、一八八三年ビクトリア湖に到達

猛吹雪の中を死にものぐるいで進み、マリアンヌ・ノースは耳が聞こえなくなり、疲れと恐れに責めさいなまれながらも、もう一本の木を描きあげるまではあきらめまいとしていた。そこまで後戻りできない状態には達していなかったが、メアリ・キングズリにとって、カメルーン登攀はそれに近かった。しかもひどい豪雨に見舞われている。実は、水が彼女の旅に繰り返し現れる主題《ライトモチーフ》となっていて、あるときは空から滝のように降りそそぎ、あるときは行く道をはばみ、あるときは服の裾までぐしょぬれにした。ちなみに、この水のせいで次にあげるエピソードが生まれたのだが、ヴィクトリア朝時代の女性らしい抑制心がふたたび顔をのぞかせていて、興味深い。「わたしの格好ときたら、さんざんなものでした」と、メアリは川の浅瀬を渡ったときのことを、次のように記している。

スカートは泥の固まりみたいになって、顔も両手も血だらけ。このまま洗わずに出かけていって、交易所をとりしきっている、これまで会ったこともないドイツ人役人に恥をさらしていいものでしょうか？　もちろん、いいわけがありません。わたしは川の中で、スカートの泥を払いおとし、手と顔を洗いましたが、なんと、タオルをもっていなかったのです〔…略…〕

わたしは灰色の目の、りっぱなドイツ紳士に心からの歓迎を受けましたが、残念ながら、清潔できちんとした格好で彼の前に出たいという、わたしの努力は徒労に終わったことがわかりました。というのも彼は、わたしの姿をぎょっとしたように眺めると、すぐに熱いお風呂はいかがですかと勧めたからです。わたしはお断りしました。男性だったら入れたでしょうけれど——。ドアもなく、目隠しになりそうもない鎧戸《ウインドウシャッター》しかない家で、誰がお風呂に入りたいと思うでしょう？

マナーを重んじたメアリが、ロンドンではバスにも乗らなかったことや、ヴィクトリア時代の〝ニューウーマン〟の象徴である二輪戦車★も認めなかったことはよく知られている。ちなみに、婦人参政権にも強く反対を唱えていた。

一八九五年十一月三十日、リバプールに上陸したメアリは、新聞社の特派員たちの出迎えを受けた。すっかり有名人になっていたのである。彼女の名声は、一年後にマクミラン社から出版された『西アフリカの旅』によってさらに高まった。前にも述べたように、これはすばらしい本だったが、それでも話の半分も伝えてはいない。ひとことで言えば、『西アフリカの旅』は水と陸両方の旅について記したものだ。水陸どちらもかかった時間は一週間足らずで、オゴウ

★古代エジプト、ギリシア、ローマなどの一人乗り軽二輪戦車。通例、二頭立てで御者が立ったまま駆り、戦い、競争、狩猟などで用いていた。ここでは自転車のこと

ェの急流の旅も、ランブエに向かう森林を抜ける旅も描かれている。また、ガブーンとカラバルのヨーロッパ植民地の圏内でカヌーや徒歩によった旅も、思いつくままにあげられており、コリスコへの航海やマンゴ・マー・ロベーの登攀も載っている。

しかし、メアリの冒険譚はそれだけにとどまらなかった。その一部は、彼女の伝記作家が、友人宛の手紙や、無名の学校誌に印刷された講義録や、さらには会話からも汲みとって、あやうく葬り去られるところを救いだしている。その中には、メアリが遠慮したか、どうせ信じてもらえないだろうと思ったかして、意図的に『西アフリカの旅』から削除したものもある。オゴウェ川の北方地方への探検の話も、そっくり削られてしまったようだ。この地方の旅でメアリは、村民が人喰いワニを殺すのに手を貸し、小さな島でカバに行く手を阻まれたときは、日傘で突っついて退散させている。また、チェルトナム女子カレッジの少女たちに、自分のブラウスを半裸のファン族の一団と物々交換した話をして聞かせ、イートン校★の少年たちには、ランブエへの道すがら、ファン族の放った弾丸が運よくゴリラにあたって、命拾いした話を披露した（おかげで〝シングレット〟はゴリラの標本を手に入れることができたのだが、ンドルコの近くの大きな沼でなくしてしまった）。オゴウェの大型ボートのキャビンの

★イートン校　イングランド南東部イートンにあるパブリックスクール。一四四〇年ヘンリー六世によって創立。紳士教育を伝統とし、上流階級の男子を全寮制で教育する

床の上で司教と総督がとっくみあいのけんかをした話については、あまりにも不謹慎なので削除するよう友人たちから説得されている。

ことによると、書きとめられたエピソードの中でいちばんの傑作は、次の話かもしれない。それは、捕獲用の罠にかかった美しいヒョウが、死にものぐるいで鉄格子に体当たりしているのを、メアリが逃してやった話である。自由になったヒョウはとまどったように、一瞬、メアリの前で足をとめた。彼女はヒョウに向かって足を踏みならして叫んだ。「お馬鹿さん、早く家に帰るのよ！」ヒョウはメアリに背を向けると、林の中に去っていった。

旅をしていて怖いと思ったことは一度もないの、と友人たちはメアリに尋ねた。そんなことはなさそうに見えるけれど、絶体絶命の窮地に陥って、口の中が「すごく塩っからく」感じ、必死に立ち向かわなければ生き残れなかったことは、何度かあったのである。

いうまでもなく、メアリは、本の執筆が終わり、また弟のチャールズ・キングズリがひとりでもやっていけるようになったら、すぐにでもアフリカに戻るつもりでいた。弟は彼女ほど有能ではなかったが、自分でも漫然と旅に出かけることはあった。弟に必要とされるたびにメアリは家を切り盛りし、彼の面倒をみてきたのである。けれども、年ごとに彼女の足をとどめるのは、家の務めだけではなくなってきた。否応なしにさまざまな論争に巻きこまれるようになったのである。情熱家のメアリにとって、すべての体験が意義深いものだった。彼女は西アフリカを二度訪れたあいだに自分の意見を固めていた。その意見に十分根拠があることを彼女は知っていたし、重要なものであると確信していた。同様に、他の人と意見が衝突するのはさけられないことだった。というのも、メアリの意見は伝統的な考え方とは違っていたからだ。黒人は法をもたない野蛮人などではなく、拘束力のある明確な規則に従って生きている。白人が危険を承知で、その規則を妨害するのである。また、商人は、原住民を輸入品のジン★で堕落させる放逸な無法者の一味などではない。アフリカ人は、商人が訪れるずっと前から自分たちでつくった酒を楽しんでいた。おそらく、アフリカ人にとって自家製のヤシ酒★よりもジンのほうがよかったから、ジンを愛飲するようになったのだろう――。

中でも、もっとも歓迎されなかったメアリの主張は次のようなものだった――概して、宣教師はアフリカの古代宗教の桎梏を打ちこわすと同時に、自由をも破壊している。そして、ヨーロッパ人でさえ完全に理解しておらず、その示すところをすべて実践しているわけでもないキリスト教を代わりに提供することで、益よりも大きな危害を与えているというのである。

★ジン　ネズ（ジュニパー）の実の香りをもった蒸留酒。十七世紀の中頃、最初にオランダで薬として作られたもので、ジンの語源もオランダ語のジュニーバによる

★ヤシ酒　（特に西アフリカで）パームワイン。糖分の多い種類のヤシの果汁を発酵させて造る酒。アルコール度約四パーセント

彼女は、アフリカに対する英国の統治権に異議を唱えることはなかったが、英国の統治のやり方には激しく反論した。古来より伝わる独自の複雑な法律と宗教をもつ人々に、ヨーロッパの法律と宗教を押しつけることには最後まで反対した。彼女が忌み嫌ったこの押しつけこそが、アフリカから遠く離れたホワイトホールから熱のない調子で統治を行ない、実際に現地で労する人の意見など一顧だにしない英国王直轄植民地制度の骨子だった。一例をあげれば、人の財産に税金を課すことはアフリカ人の公正の概念にはまったく相容れないものであり、一八九六年、シエラレオネ保護領に小屋税を課することによって、英国政府は破滅的な過ちを犯したのである。例によってメアリは、小屋税が無慈悲に徴収されていること、それが原因でシエラレオネに起きた混乱を鎮圧したことに対して、即座に政府を非難した。彼女の怒りの矛先は、地元の警察や収税吏にではなく、アフリカ人の家に課税することで彼らの神聖な所有権を侵している無知な政府に向けられたのである。彼女の小屋税への反対は、アフリカの法律に関する理論的かつ実際的なかなりの知識に基づいていた。彼女は西海岸でアフリカの法律を学んでいたからで、一八九七年八月には、このテーマで英国学術協会において講演を行なっている。同年には研究の成果も含め、西アフリカをいかに統治すべきかについての彼女の理論を詳しく説明した『西アフリカ研究』を出版した。権力の座にある人々は、なぜメアリのすべての冒険のめざすところ――「ものごとを理解しようとする努力」をともに実践しようとしないのか。「必要なものは唯一、適切な方法だけです」とメアリは主張した。「そしてわたしが確信をもって主張する方法は、学問――スピノザ★が神の内なる助けと呼んだ真の知識が与えうるものなのです。わたしは学問の女神ではなく、彼女のために労する職人のひとりにすぎませんが、彼女に目を向けてくださるようお願いするものです。アフリカの問題について、彼女なしで四百年間もやろうとしてきたことを、そしてアフリカにおける文明化と進歩の途上で、キャベツの葉に頼って――すなわち、きわめて逼迫した予算の範囲でやってきたことを、思い出してほしいのです。」

一八九五年から植民地相をつとめた、かの名宰相ジョセフ・チェンバレン★に建設的な提案を求められ、メアリは、商人に西アフリカ保護領を統治する主要な責務を担わせる制度を考えだした。というのも、商人は誰よりもアフリカ人のことをよく知っていたからだ。ホワイトホールではなく、リバプールとマンチェスターをはじめとする大都市の商工会議所が決定権をもつべきではないか。商人に統治される地域と共存して、アフリカ人は彼ら自身の法律によって自分たちの地盤を統治するよう奨励され、人身御供や奴隷売買などの悪習を英国の

★スピノザ（一六三二―七七）オランダの哲学者。『神学政治論』（一六七〇年）、『エチカ』（一六七七年）

★J・チェンバレン（一八三六―一九一四）英国の実業家・政治家

力によって一掃されるべきなのだ。交易は、そもそも英国がアフリカに滞在する唯一の正統な理由であったし、そうあるべきなのである――メアリはそう考えた。

彼女は、ヨーロッパは原住民のためにアフリカにおける所有権を主張しているのだと言い張る博愛主義者にはがまんできなかった。コンゴ自由国は、白人が不等な理由によってアフリカに介入した恥ずべき例だが、そのコンゴ自由国という仰々しい目標を掲げたレオポルド王の国際アフリカ連合から、結果として何が生じただろうか。メアリはアフリカ人をキリスト教に改宗させることには賛同していなかった。命よりも魂の救済を使命とする〝真の宣教師〟は尊敬できたが、人の命を救うために魂を殺せる博愛主義者は耐えられない存在だった。

目をみはるような業績をうちたて、斬新な意見を精力的に発表し、社交界、学問の世界どちらにも重要なつながりを築いていたメアリは、いちやく世間から脚光を浴びるようになった。もし彼女ほどゆるぎない信念をもったものでなければ、きっといい気になってしまっていただろう。有力者から助言を求められ、英国の各主要紙はこぞって寄稿欄の執筆を依頼した。大英博物館は彼女の持ち帰った魚の標本を歓迎し、三種類の魚に彼女にちなんだキングズリアエと

1899年、ケンブリッジ大学にて講演した際に
学生が描いたメアリの戯画

中央の魚＝クテノポマ・キングズリアエ。
メアリは8種類の新種の魚を発見したが、
そのうち3種に彼女の名にちなんだ学名
がつけられた。『西アフリカの旅』より

いう学名をつけた。講演を求められ、友人として愛され、著書はベストセラーになった。メアリには、意見の対立する人ともうまくやっていけるなみはずれた才能があった。彼女の話はときどき脱線することがあってそれが魅力でもあるのだが、自分の性格のたぐいまれな資質についても、次のようにさりげなく、しかし的確に指摘している――「わたしは単に、白人であると黒人であるとにかかわらず、わたしの同胞の長所を引きだす力を持っているだけなのです。それはある意味で彼らにとっては名誉であり、わたしにとっては幸運なことです」。

メアリは、わたしはこれまで一度も恋をしたことがありません、そして誰にも恋をされたことがないのです、と語っている。それはアフリカの自然や〝野生の孤独〟に対して、彼女がどれほど激しい感情的反応を示すかを思い出すとで、初めてうなずける。なぜなら、もしひとりの人が、完全に自分の心を明け渡すことがなかったら、愛にいったい何の意味があるだろうか？　そしてまた、ほかの誰かや宗教や、あるいは偉大な詩人たちの言うように、人格をもたない空や森や海の壮麗さに心をゆだね切るのでなければ、愛に何の価値があるだろうか？「わたしの同胞はマングローブであり、沼や川、海なのです」と、メアリはかつて友人に書いた。「彼らは人間のようにその行為によってわたし

★★ミドルトンは一九八二年版の序文で、メアリが孤独な少女時代を送り、大人になってからも他人との深い親密な関わりを信じ切れなかったのは、彼女が生まれたのが、両親が入籍したわずか四日後であり、身分違いの結婚生活が幸せなものでなかったことを理由にあげている

をまどわすことは決してありません。★★」

　メアリはチャド湖に近い辺鄙な河川流域に注目し、行きたいと思っていた。だが、ようやく機会が与えられると、それは彼女が望んでいた形でも場所でもなかった。当時、英国軍が苦戦していた南アフリカ戦争★における看護奉仕を、祖国への義務感から自らかってでたのである。オレンジ川でギュンター博士のためにもう少し魚をみつけたいという思いもあったが、いざ着いてみるとそんなふうに〝楽しんで遊びまわる〟暇などないのは明らかだった。メアリは、自分がいちばんお役に立てるところがあればどこへでも行きます、今、もっとも困難なところに派遣してくださいと端的に志願し、その言葉どおりに受け入れられた。シモンズタウンでボーア人の捕虜を看護するために派遣されたのだが、そこの状況はむしろスクタリ★を連想させるほどひどいもので、違いといえば「ブランデーやミルク、卵、シャンパンがいくらでもある」ことだった。しかし、肝心の医者はたったひとり、看護婦もふたりで、蔓延する腸チフスと麻疹に対処しなければならなかった。「わたしはこれまでの人生で、こんなにも過酷な状況におかれた〝死の陰の谷★★★〟にさまよいこんだことはありません」と彼女は語っている。昼も夜も働きとおし、それでもいつもの冷静で機敏な観察をする時間をみいだしていたのである――「わたしたち英国人は帝国主義者とし

★南アフリカ戦争　十七世紀にオランダ東インド会社が開設したケープ植民地は、一八一四年より正式に英領となるが、オランダ系白人であるボーア人が英国の支配を避けて建国したトランスバール共和国、オレンジ自由国などと、ダイヤモンドや金鉱の支配を巡って争いを繰り返していた

★スクタリ　トルコ西部ユスキュダルの旧称。現在はイスタンブールの一地区。中近東及びバルカン半島の支配権を巡りロシアと英仏などが争ったクリミア戦争（一八五三―五六）時にイギリス軍の基地が置かれ、ナイチンゲールの活躍した野戦病院があった

★★★「主は我が牧者なり。我、乏しきことあらじ」から始まる旧約聖書「詩篇」二十三章の有名な成句から。「……たとえ、我、死の陰の谷を歩むとも、災いを恐れじ。」二〇〇一年九月十一日米国同時多発テロ直後の追悼集会でも、ブッシュ大統領がこの箇所を引用した

て生まれました。ここの人たちは民族主義者として生まれたのです。けれども、そのことについては、今はもう何も言いますまい。これは未来に向かう困難な問題なのです」。

メアリは二か月のあいだ、せいいっぱい苦境に耐えて任務にはげみ、もちまえの沈着かつ実際的なやり方で、混沌の中にしばしの秩序をもたらした。そして自らも腸チフスに感染し、一九〇〇年六月三日、三十七歳でこの世を去った。遺体は彼女の遺言にしたがって、水葬に付された。最後まで、海を愛した海の旅人として……。

訳者あとがき

ふだん、何気なく使っている「がんばる」という言葉を、この頃、つらく感じることはありませんか。

「自分がいちばん好きなことなら、いくらでもがんばれるものよ」とマリアンヌ・ノースは言うけれど、そのエネルギーがない。学校でも職場でも家庭でも、もうこれ以上がんばれないくらいがんばってきた……。

わたしもそうだったとイザベラ・バードが答えます。更年期にさしかかって「気力がなくなり、精神的な不安で眠れなくて、このままでは本当にだめになってしまうかと思ったのよ」。そして、「わたしも突然、人生に対するいいしれない不安に襲われて、家に引きこもってしまったことがあったわ」と言うのはマリアンヌ・ノース。「神経の病いが再発したり、厳しい寒さや嵐に襲われたりもしたけれど、それでもくじけなかった」と——。

そう、バードやノースだけでなく、本書に登場するレディ・トラベラーは決して若くはなかったし、持病も抱えていました。それでも夢をかなえるのに遅すぎることはないと教えてくれるのです。そして、さまざまな制約にがんじがらめにされて、今日を生きていくのがせいいっぱい、夢をもつ余裕なんてないというあなたに、そのままのあなたでいいの、心を解き放してあげてと、呼びかけているのです。ほら、バードが「わたしも旅に出てはじめて、すべてを生まれ変わったような生き生きした思いで受け止められて、なんでもできるようになったのよ」と言っているのが聞こえませんか。

一九八二年版の序文で、ミドルトンはこう語っています――「彼女たちはヴィクトリア時代の息の詰まるような因習を拒絶し、〝自己実現〟を共通の目的として、自由を求めて海外へと旅立った。めざす目標はさまざまでも、あるひとつの願いを抱いていることでは同じだった。ヴィクトリア朝社会においてきわめて多くの女性たちが甘受していた家庭内の務めと従属的な地位とに縛られることなく、他人に依存しない〝自立〟した人間になりたいという、同じ願いを抱いていたのである」。

彼女たちは決してあきらめることなく、つぎつぎに襲いかかる困難を乗り越えていきました。それによって自分の中にひそんでいた力が引き出され、男女の性差を超えたひとりの人間として〝自己実現〟をはたすことができたのです。

仕事と家事と育児に息つくまもないあなた。子育てが終わったら親の介護、自分も老いや病いの不安を抱え、心身ともに疲れはてているあなた、そして仕事やリストラ、職場の人間関係にうちのめされているあなたを、大丈夫、いつか、必ず目的地につけるからと励ましてくれるのです。彼女たちも病気やけがで旅を続けられなくなったり、目的地の寸前までいって追い返されたこともあった。そんなときは引き返し、休養して次のチャンスを待った。「つらかったら休んでいいのよ。何度でも出直せばいいんから」——そう言って慰めてくれるにちがいありません。

あんなに求めていたひとりの時間なのに、今は寂しくてたまらないあなた。仕事をやめて肩書きがなくなったら、自分がなくなったようでどこにも身の置きどころがないあなた。そして、愛する人を失って音も光もない闇の中につきおとされてしまったあなた……。

彼女たちも同じ魂のちぎれそうな思いをしてきたのです。父親を亡くして「人生のたったひとつのよりどころを失ってしまった」ノース。結婚後わずか五年で夫を失うという「人生の最大の悲劇に見舞われた」バード。「わたしが成しとげたことは、すべて彼のおかげ」という夫の突然の逝去に、「耐えがたい悲しみの重荷を負いつづけた」シェルドン……。

あなたが人生の旅で猛吹雪に襲われ、心も体も凍えきって、もう一歩も進めないと思うとき、ワークマンは氷の斧をふりかざし、あなたに道を示してくれるでしょう。そして、まぶしく輝く昼が終わって、淡いピンクからラベンダー色の空に変わる黄昏どき、絹のドレスで正装したシェルドンが〝午後のお茶〟に誘ってくれることでしょう。

この本を読んでくださったあなたが、本書のレディ・トラベラーのことをときおり思い出して、ミドルトンが「もっとも心を惹かれ、いちばん彼女たちらしいと思っている」旅行家としての彼女たちを、あなたの旅の同伴者としていただけたら、訳者としてこんなにうれしいことはありません。

終わりに、本書の翻訳にあたってご協力をいただいたジェラルド・メイ宣教師、岩崎孝志氏に心からの感謝を申し上げます。日本語が堪能なメイ氏は難解な英文の行間から多くのことを読みとってくださり、西欧の歴史や文化に詳しい岩崎氏からは多大なご教示をいただきました。

そして、段ボール箱二箱分の書籍や資料を文字通り奔走して集め、「雨の日にかぎって子どもはおねしょするんですよね」と笑いながら、母が急逝したときにはさりげなく慰めのカードをくださった八坂書房の三宅郁子さん――一緒にお仕事ができたことを本当に幸せに思っています。このお三方の励ましとご協力のおかげで、非力な私が翻訳を完成することができました。深くお礼を申し上げます。

二〇〇二年十月

佐藤知津子

◆人名索引

ア　行

カ　行

サ 行

タ 行

ナ　行

ハ　行

マ 行

ヤ 行

ラ 行

ワ 行

◆事項索引

ア 行

カ 行

タ　行

ナ　行

ハ　行

マ 行

ヤ 行

ラ 行

◆原著参考文献

Bishop, Isabella Bird, *Six Months in the Sandwich Islands*, 1875.

── *A Lady's Life in the Rochy Mountains*, 1879.（小野崎晶裕訳『ロッキー山脈踏破行』平凡社ライブラリー、1997）

── *Unbeaten Tracks in Japan*, 1880. （高梨健吉訳『日本奥地紀行』平凡社ライブラリー、2000）

── *The Golden Chersonese*, 1883.

── *Journeys in Persia and Kurdistan*, 1891.

── *Korea and her Neighbours*, 1898.（時岡敬子訳『朝鮮紀行』講談社学術文庫、1998；朴尚得訳『朝鮮奥地紀行』平凡社 東洋文庫、1994）

── *The Yangtze Valley and Beyond*, 1899.

→Stoddart, A. も参照

Carey, William →Taylor, Annie R. を参照

Clark, Ronald, *The Victorian Mountaineers*, Batsford, 1953.

Crone, G. R., *The Explorers*, Cassells, 1962.

Davidson, Lilian Campbell, *Hints to Lady Travellers*, 1889.

Duncan, Jane E., *A Summer Ride in Western Tibet*, 1906.

Fleming, Peter, *News from Tartary*, Johnathan Cape, 1938.

── *Bayonets to Lhasa*, Rupert Hart-Davis, 1955.

Greaves, Rose Louise, *Persia and the Defence of lndia 1884-1892*, The Athlone Press, 1959.

Gwynn, Stephen, *Llfe of Mary Kingsley*, Macmillan, 1932.

Hore, Annie, *To Lake Tanganyika in a Bath-chair*, 1886.

Howard, Cecil, *Mary Kingsley*, Hutchinson, 1957.

Johnson, Henry, *The Life of Kate Marsden*, 2nd ed., 1895.

Kingsley, Mary, *Travels in West Africa*, 1897.

── *West African Studies*, 1899.

→Gwynn, S. ; Howard, C. ; Wallace, K. も参照

Larymore, Constance, *A Resident's Wife in Nigeria*, 2nd ed., 1911.

Latourette, Kenneth Scott, *A History of Christian Missions in China*, S.P.C.K., London, 1929.

Marsden, Kate, *On Sledge and Horseback to Outcast Siberian Lepers*, 1893.

—— *My Mission to Siberia : A vindication*, 1921.

→Johnson, Henry. も参照

Mason, Kenneth, *Abode of Snow, Rupert Hart-Davis*, 1955.（田辺主計、望月達夫共訳『ヒマラヤ：その探検と登山の歴史』白水社、1957）

North, Marianne, *Recollections of a Happy Life*,（ed. Mrs. John Addington Symonds）, 2 vols., 1892.

—— *Further Recollections of a Happy Life*, 1893.

Pavey, Elizabeth, *The Story of the Growth of Nursing*, Faber and Faber, 1951.

Robinson, R., John Gallagher and Alice Denny, *Africa and the Victorians : the Official Mind of Imperialism*, Macmillan, 1961.

Robson, Isabella S., *Two Lady Missionaries in Tibet*, 1909.

Sawyer, Major H. A., *A Reconnaissance in the Bakhtiari Country, Southwest Persia*, Simla : Government Central Printers, 1891.

Sheldon, May French,（翻訳）Flaubert, Gustave, *Salammbo*, 1887.

—— *Herbert Severance*, 1889.

—— *Sultan to Sultan*, 1892.

Stoddart, *Anna, Life of Isabella Bird*, 1906.

Taylor, Annie R., 'Diary', in William Carey's *Travel and Adventure in Tibet*, 1902.

→Robson, I.S. も参照

Taylor, Dr. and Mrs. Howard, *Life of Hudson Taylor*. 2 vols : *I. Growth of a Soul; II. Growth of a Work of God*, China Inland Mission, London, 1911.

Tweedie, Mrs. Alec, *Through Finland in Carts*, 1898.

—— *Thirteen Years of a Busy Life*, 1912.

—— *Women the World Over*, 1916.

—— *Me and Mine*, 1933.

Wallace, Kathleen, *This is your Home : A Portrait of Mary Kingsley*, Heineman, 1956.

Workman, Fanny Bullock and William Hunter :

—— *Algerian Memories*, 1895.

—— *Sketches Awheel in fin-de-siécle lberia*, 1897.

—— *In the lce World of the Himalaya*, 1900.

—— *Through Town and Jungle : 14,000 Miles Awheel among the Temples and Peoples of the Indian Plain*, 1904.
—— *Ice-bound Heights of the Mustagh*, 1908.
—— *Peaks and Glaciers of Nun Kun*, 1909.
—— *The Call of the Snowy Hispar*, 1910.
—— *Two Summers in the Ice Wilds of the Eastern Karakoram*, 1917.
Younghusband, Francis, *India and Tibet*, 1910.（村山公三訳『西蔵：英帝国の侵略過程』小島書店、1943）

また、以下の定期刊行物なども参考にした。

The Queen, *China's Millions*, *Journal of the China Inland Mission*（1884-1889）, *Womanhood*（November 1901）, *The Lady's Gazette*（January 1902）, *The Temple Magazine*（September 1901）, *The Geographical Journal*.

◆訳者参考文献

——もっと知りたい人のためのブックガイド

ヴィクトリア朝時代という政治・文化・歴史面で幅広い知識を必要とする時代——しかも7人ものレディ・トラベラーについて、著者ミドルトンが資料を収集するには、きっと大変な苦労があったことでしょう。そのためか、訳者の知識不足に加えて、ミドルトンの原文や引用が唐突すぎて、他の文献を参照しないと前後のつながりがわからないことがときとしてありました。そこで下記にあげる文献を参考にさせていただき、レディ・トラベラー本人の著書などから明らかに間違いと判明した地名や人名、年月日等については本文を修整し、どうしても意味が取れない場合は補い訳をつけました。それでも調査が足りなくて事実と食い違う箇所、また翻訳上の間違いについてはおわびするとともに、ご指摘ご教示をいただけましたら幸いです。また、下記の文献の著者訳者の方々に、この場を借りてお礼を申し上げます。

＊＊＊

本書を読んで、もっとレディ・トラベラーのことを知りたいと思われた方はぜひ、下記の文献の何冊かをお読みになってください。中でもまっさきにお勧めしたいのが、井野瀬久美惠氏の『女たちの大英帝国』（講談社現代新書、1998）。決して易しいとはいえないテーマで内容も濃いのに、わかりやすい物語のような語り口でぐいぐい引き込まれてしまいます。本書の翻訳にあたってはずいぶんお世話になりました。

これでレディ・トラベラーの概要がつかめたら、今度は個人に関するものを読まれたくなるかもしれませんね。ミドルトンもいちばん多く手に入ったのはイザベラ・バードの資料だったと言っていますが、日本でも同じです。東京から北海道までの旅行記の高梨健吉訳『日本奥地紀行』（平凡社ライブラリー、2000）がよく知られてい

ますが、オリーヴ・チェックランド／川勝貴美訳『イザベラ・バード旅の生涯』（日本経済評論社、1995）もよくまとまっていて読みやすく、写真も豊富な時岡敬子訳『朝鮮紀行』（講談社学術文庫、1998）とあわせて一読されると、バードのことがより身近に感じられるでしょう。

また、P.レイビー／高田朔訳『大探検時代の博物学者たち』（河出書房新社、2000）ではキングズリとノースについて一章が当てられています。これまで女性がこうした形で取り上げられることはあまりなかったので、画期的な本と言えるでしょう。

英語文献では、Jane Robinson, *the Wayward Women*（Oxford University Press, paperback, 1991）と *Unsuitable for Ladies*（Oxford University Press, paperback, 1995）をお勧めします。どちらも同じ著者で、前者は300人以上のレディ・トラベラーについて簡略にまとめており、本書に登場するレディ・トラベラー全員が紹介されています。後者はレディ・トラベラーの著作の一部を引用したもので、「出発」から「アフリカ」、「北米」などを通して「帰国」までの12章に、それぞれのタイトルに沿った引用文が集められています。2冊併せて読むと、いっそう興味深いものがあるでしょう。本書のレディ・トラベラーはバード、ノース、テイラー、キングズリのものが収録されています。

以上はわりと最近出版され、比較的手に入りやすいものですが、これからご紹介する文献の中には、すでに絶版になっていて入手が困難なものもあることをお含み置きください。

ダニエル・B・ベイカー編／藤野幸雄編訳『世界探検家事典(2) 19・20世紀』（日外アソシエーツ、1997）にはバード、ワークマン、テイラー、キングズリが載っています。

Dea Birkett, *Spinsters Abroad*（Basil Blackwell, 1989）は謝辞で、ミドルトンの著作は、レディ・トラベラーに関する本の執筆者全員にとってインスピレーションの源泉であると述べており、本書を叩き台として書いたもののようです。たとえば、本書の索引でも地名・人名のほか、「トラベラーの服装」などの項がありますが、この本ではさらに使いやすく、バードでは、「王立地理学会」、「子ども時代」、「結婚」、「妹（ヘンリエッタ）との関係」のような事象でもひけます。引用文献が各ページの欄外に記されているのも親切です。また、本書には5行以上の長文が多く、ときには10行以上にもなるのに比べると、簡潔な

読みやすい英文で書かれています。巻末には20人のレディ・トラベラーの略歴が付き、本書のバード、ワークマン、シェルドン、キングズリ、ノースが取り上げられています。本書のように各個人を別の章にするのではなく、第1章の「旅立ち」から8章の「本国への旅」まで、全員の記述を織り交ぜているのがしゃれています。

A. Allen, *Travelling Ladies*（Jupiter, 1983）は本書と同じ、シェルドン、マーズデン、ノース、バードを含む10人のレディ・トラベラーを各章であげ、構成も本書とほぼ同じ時間的経過に従っていますが、引用文が多く、詳細に記述されているので、ミドルトンの原文の補いにとても役立ちました。また、多くの写真を本書に転載させていただきました。

このほか、一般の参考文献として長島伸一『大英帝国』（講談社現代新書、1989)、同『世紀末までの大英帝国』(法政大学出版局、1987)、角山榮・川北稔編『路地裏の大英帝国』（平凡社ライブラリー、2001)、小林章夫『イギリス貴族』（講談社現代新書、1991）などを参照しました。

＊第一部

以下のインターネットのサイトでは、ジョン・ミルトンの叙事詩『失楽園』（John Milton's Paradise Lost）の原文が全文読めます。どの巻の何行と数字で検索できるので、邦訳と合わせて読むのに便利です（http ://elf. chaoscafe. com/milton/）。

ガートルード・ロージアン・ベル、レディ・ヘスター・スタノップについては、ベルの著書／田隅恒生訳『ペルシアの情景』（法政大学出版局、2000）の付録、「中東を旅した女性たち」に詳しく述べられています。

なお、本文で書名をあげたものは除きました。

＊第二部

・第1章　イザベラ・バード・ビショップ

まず、インターネットのサイトから――。

Victorian Women Writers Project（http://www. indiana. edu/~letrs/vwwp/）は、ヴィクトリア朝期の女性作家によるイギリス文学についてまとめたサイト。ここのLibraryから、*The Hawaiian Archipelago*（1875）の全文が挿し絵付きで読めるサイトに接続できます（http://www. indiana.

edu/~letrs/vwwp/bird/hawaii. html)。

A Lady's Life in the Rocky Mountains（1881）も同様にして読むことができます（http://www. indiana. edu/~letrs/vwwp/bird/rocky. html)。

このほか、日本の旅の途中でバードが訪れ、「東洋の桃源郷《アルカディア》と称賛した米沢平野――その置賜地区にある南陽市のHPでは、「ハイジアパーク南陽」に設けられたイザベラバード記念コーナーや、彼女の生涯について紹介しています（http://www. city. nanyo. yamagata. jp/)。

A. Stoddart, *The Life of Isabella Bird*（John Murray, 1906）には、バードの生涯が簡潔な英文で書かれており、ほかには朴尚得訳『朝鮮奥地紀行』（平凡社 東洋文庫）があります。バードの「旅の区分とルートの復原」などを詳細に調査された金坂清則氏の論文「イザベラ・バード論のための関係資料と基礎的検討」(『旅の文化研究所 研究報告3』所収、1995）には、ミドルトンの原文をチェックする上でとても助けていただきました。

・第2章 マリアンヌ・ノース

Recollections of a Happy Life（University Press of Virginia, 1993）はノースの自伝を、マイアミ大学の教授スーザン・モーガンが編集したもの。序文でノースの略歴を述べている中で、バードと比較し、「バードのほうが広い範囲に旅しているし、著作も多いし、有名だけれど、ノースのほうが家柄からみても正真正銘のレディ」と言っているのがほほえましく感じられます。巻末に詳しく読みやすい注がついていて、役立ちました。長い本なので、邦訳の出版が期待されます。

このほかには、*A Vision of Eden*（Webb & Bower, 1980)、L. Ponsonby, *Mariannne North at Kew Gardens*（Webb & Bower, 1990）があり、この2冊はマリアンヌの絵が実際にカラー写真でみられるのが興味深く、邦文では、中野美代子「フローラの時間」(『奇景の図像学』所収、角川春樹事務所、1996）を参照しました。

第三部、第四部の第3-6章については原著参考文献をご参照ください。

＊第五部

・第7章 メアリ・キングズリ

アンヌ・ユゴン／堀信行監修『アフリカ大陸探検史』（創元社、1993）はイラストと写真がふんだんに入り、読みやすい訳で絵本のような感覚です。

キングズリ本人の著書 *Travels in West Africa*（Everyman Classic,1993）は「夜明けまえに出発するよとファン族のみんながいうから、寝ようとしたけど——蚊にシラミ！——これじゃ、眠れやしない」といった“くだけた口語体によるきびきびした文体”で、ヴィクトリア時代の英文にしては格段に読みやすく、楽しいエピソードを堪能できます。これは縮約版ですが、オリジナル版は700ページを超えるので、これも早く邦訳が出てほしい本のひとつです。

C. Lloyd, *Travelling Naturalists*（Croom Helm, 1985）の第10章では、Fishes and Fetish（魚と物神崇拝）のタイトルで、キングズリについて詳しくとりあげています。

そのほか、栗本英世・井野瀬久美惠編『植民地経験』（人文書院、1999）には、井野瀬氏の論文「メアリ・キングズリの西アフリカの旅」が収録されています。

＊本書中の訳語に今日からみると不適切な語句があるが、参考文献などに拠り当時の資料における表現ということで、そのままとした。

著者紹介

ドロシー・ミドルトン（Dorothy MIDDLETON）

1909年11月9日、父がインド高等文官としてインドに在住中、ラホール（現在はパキスタン）で生まれる。

1938年にローレンス・ミドルトンと結婚。

1951年より王立地理学協会のスタッフとなり、『ジオグラフィカル・ジャーナル』の副編集長を20年間務める。

1976年から79年まで同協会の副会長、1987年から亡くなる1999年まで名誉副会長を務めた。

1999年2月3日逝去。

著書に “Baker of the Nile”、“The Life of Charles, 2nd Earl of Middleton” や A.A. Thomson との共著で “Lugard in Africa” がある。また “Dictionary of National Biography” の編纂にもたずさわっている。

訳者紹介

佐藤知津子（さとうちづこ）

1950年、東京都出身。青山学院文学部英米文学科卒。

訳書に『ボリビア・アンデスの旅』（心交社）、『あのチキンはどこにいったの』（東京書籍）、『ファイナル・ウィーク』（いのちのことば社）などがある。

世界を旅した女性たち —ヴィクトリア朝レディ・トラベラー物語

2002年10月25日　初版第1刷発行

訳　者　佐藤知津子
発行者　八坂立人
印　刷　(株)ディグ
製　本　田中製本印刷(株)

発行所　(株)八坂書房
〒101-0064 東京都千代田区猿楽町1-4-11
TEL.03-3293-7975　FAX.03-3293-7977
郵便振替口座　00150-8-33915

ISBN 4-89694-498-4

落丁·乱丁はお取り替えいたします。

無断複製·転載を禁ず。

©2002 Sato Chizuko

既刊書の御案内

アマゾン自然探検記　―女性画家の花に捧げた生涯―
M.ミー著／T.モリソン編／南日康夫・南日育子訳　戦後30年以上にわたりアマゾン熱帯雨林で　身の危険をも顧みず、植物を描き続けた女性画家マーガレットの生涯と作品を紹介。　B5　7573円

セルボーンの博物誌
G.ホワイト著／西谷退三訳　18世紀後半にロンドン郊外の小村セルボーンで書かれた精確でなおかつ詩情にみちた自然観察の記録。優れた文学としても永く読みつがれ、各国で愛されてきた名著。　A5　4660円

イングリッシュ・ハーブガーデン
横　明美著　花とハーブのプロフィールを織りまぜながら、英国流田舎暮らしの楽しみを語る。ネイション・オブ・ガーデナーの国が、心豊かな人生の過ごし方を教えてくれる。　四六　1800円

チューリップ・ブック　―イスラームからオランダへ、人々を魅了した花の文化史―
小林頼子・ヤマンラール水野美奈子・國重正昭他著　花の故郷トルコ・イランとオランダの美術に描かれた姿をカラーで紹介する他、主な原種・園芸品種の解説など、目に愉しく資料性も高い美しい本。四六　2900円

アンブレラ　―傘の文化史―
T.S.クローフォード著／別宮貞徳・中尾ゆかり・殿村直子 訳　実用品・装飾品としての流行のみならず、傘の起源、宗教的・政治的な権力の象徴としての役割、傘に関する伝承等々をウイットに富んだ文章と豊富な挿図で語り尽くす！　四六　2500円

メガネの文化史　―ファッションとデザイン―
R.コーソン著／梅田晴夫訳　13世紀から、ファッションが華やかだった1960年代に至るまでの700年間の膨大な眼鏡の変遷を当時の人々の言葉と650点の図版で通観するユニークな大著！　四六　3000円

◆表示価格は税別